세기의 미술관

전시와 컬렉션의 도전

배현진

東文選 文藝新書 402

東文選 文藝新書 402

세기의 미술관
전시와 컬렉션의 도전

초판 발행 2021년 9월 16일

지은이 배현진

펴낸곳 東文選
제10-64호, 1978년 12월 16일 등록
서울 종로구 인사동길 40
전화 02-737-2795
팩스 02-733-4901
이메일 dmspub@hanmail.net

ISBN 978-89-8038-942-1 94600
ISBN 978-89-8038-000-8 (세트)

정가 20,000원

세기의 미술관

전시와 컬렉션의 도전

일러두기

- 인명과 지명을 비롯한 외국어 용어는 국립국어원의 표기를 원칙으로 하였으며, 표기의 용례가 없는 경우 현지 발음을 따랐다.
- 필요한 경우 원어와 한문을 병기하였고, 원어는 처음 나올 때에만 병기하되 필요에 따라 예외를 두었다.
- 본문에서의 제목 표기시 작품명과 논문명은 〈 〉로, 저서명은 《 》로, 전시명은 ' '로 표시하였다.
- 본문에서의 주석 표기시 기관 웹사이트의 세부 주소는 생략하였다.
  예) Guggenheim, MoMA, Tate, MIT Media Lab 등.
- 본문에서 동시대는 현대 이후 최근의 경향을 나타내는 포괄적인 의미로 사용하였다.
- 동시대 미술관의 전시와 컬렉션에 관한 자료 수집은 각 기관의 웹사이트를 활용하였다.
- 강조된 단어나 문장은 ' '로, 개별 문장으로 쓰인 인용문은 " " 로 표시하였다.
- 외화의 한화 표기는 내용과 관련한 해당 시기의 환율을 하나은행 환율조회로 계산하였다.

차 례

추천서문

세계의 뮤지엄과 비영리 전시에서는 큐레이터가 뮤지엄 혹은 미술계의 일방적 영향력으로부터 독립을 선언하고, 도발적이면서도 신선한 이슈를 제시하는 창작적 큐레이션의 새 장을 열어 왔던 핵심적인 전시가 잇달아 개최되었다. 선진 여러 나라에 비하여 아직 반세기에 못 미치는 뮤지엄 전시 기획의 역사를 지니는 한국에서는 전시 횟수와 증가된 뮤지엄수에 비하여 학술적 연구 성과는 매우 미미한 실정이다.

배현진 박사는 석사과정 이후 줄곧 미술사 관점의 연구를 해오면서 한편에서는 박물관 미술관학·아트마켓 등에 대한 정책 연구를 진행함으로써 통섭적인 연구체계를 확보해 왔고, 학술지를 통해 논문을 발표해 왔다.

《세기의 미술관, 전시와 컬렉션의 도전》은 순수한 학술적 관점의 세계 주요 전시 사례 분석이라는 점에서 한국의 미술관학, 나아가 미술비평적 가치가 적지않다. 그 중에서도 특히 한스 울리히 오브리스트(Hans Ulrich Obrist)·하랄트 제만(Harald Szeemann) 등의 저명한 기획 핵심과 함께 동시대 21세기형 글로벌 미술관들이 지향하는 '과학과의 융복합', 퍼포먼스를 비롯한 '무형의 예술'에 대한 기록과 컬렉션 방법 등은 한국의 현실에도 많은 부분을 시사하고 있다.

전체 연구의 일부를 저술로 간행한 이 책은 이와 같은 점에서 내용은 세계적 유수한 뮤지엄과 큐레이터들이지만 확장과 폭발적인 수요의 증대가 한창인 한국 뮤지엄의 현실적 과제를 반추하고 설계해 가는 데 적지않은 의미를 지니고 있다.

최병식/미술평론가, 경희대 객원교수

프롤로그

이 책은 동시대의 전시와 컬렉션이 지역 문화와 국경을 초월해 대화를 확장하고 새로운 도전으로 나아가기 위한 실천 과정과 방향을 설정하였다. 큐레이터의 역할과 예술의 경계를 넘어선 학제간 상호 연계와 통합을 실천한 대안적 방식의 주제에 대한 해석과 지속 가능한 컬렉션 방법론은 그 중에서도 가장 핵심적인 내용이다.

전체 주제는 '전시'와 '컬렉션'으로 구분하였다. 전시는 5개 주제로 〈한스 울리히 오브리스트(Hans Ulrich Obrist)의 '두 잇(Do It)' 실천하기〉, 〈뉴욕 현대미술관(MoMA)의 기억으로서의 '위임된 퍼포먼스(Delegated Performance)'〉, 〈하랄트 제만(Harald Szeemann)의 태도가 전시가 될 때〉, 〈MIT 미디어랩(MIT Media Lab)의 예술과 과학의 탈경계〉, 〈'15개 방(15 Rooms)'이 있는 '살아 있는 조각(Living Sculptures)'을 위한 집〉을 기술하였다.

1960년대 중반 이후 개념미술과 퍼포먼스 · 포스트미니멀리즘 · 아르테 포베라 등 도전적인 흐름은 당시 전통적인 미술관에서 수용하지 못했으며, 특히 새로운 매체와 행위를 창조한 라이브 아트는 관객의 참여를 유도함으로써 예술가와 작품, 그리고 관객 사이의 전통적인 구분을 해체하는 등 큐레이션의 입장에서 볼 때 기존의 전시 개념과는 판이하게 다른 현상을 보여주었다.

하랄트 제만은 이러한 현대미술의 여러 충격적인 경향을 전시로 해석하는 새로운 장을 열어 가는 데 결정적인 역할을 하였으며, 예술을 비롯한 역사 · 종교 · 철학 · 여행 · 지리 등 다양한 자료를 강박적으로 수집하는 독특한 형식을 보여주었다. 특히 제만의 '태도가 형식이 될 때(When Attitudes Become Form)'는 전시에 대한 파격적 실험을 통해 미술관 전시 큐레이션에 하나의 전환점을 마련하는 데 기여하였다.

한스 울리히 오브리스트(Hans Ulrich Obrist)의 기획은 1993년부터 지속적으로 진행되는 특별한 전시로서, 작가의 지시문을 관객들이 다양한 관점으로 재해석하는 형식으로서 시간과 공간에 제한되지 않고 유동적이면서 지속 가능한 전시 형태를 구사하였다. 이외에도 '위임된 퍼포먼스(Delegated Performance)'—티노 세갈(Tino Sehgal)의 전시에서는 행위자 혹은 공연자에게 구두로 퍼포먼스를 진행하도록 하여 전시 기간 동안 행위를 수행하는 형식을 취함으로써 역시 새로운 전략적 전시의 의도와 흐름을 보여주었다.

한편 시각예술과 과학·인문학·의학 등 다양한 분야와의 소통 및 연계 과정은 많은 미술관에서 시도된 전시의 확장으로 이어졌으며, 최근 현대미술관(MoMA)의 '네리 옥스만(Neri Oxman)' 전시는 '예술'과 '과학'이라는 탈경계적 연구를 통해 자연에서 받은 영감을 디자인 원칙에 적용하였다. 그는 이러한 원칙을 실현하여 자연과 예술, 생물학적 환경 간의 관계를 화합과 상생의 개념으로 해석해 가는 독특한 기획을 보여줌으로써 MIT 미디어랩에서 시도해 오던 다양한 공학과 과학적 예술의 성과를 미술관으로 유입하여 관심의 집중을 받았다.

컬렉션으로는 다원화되는 동시대 미술의 흐름에서 미술관들이 안고 있는 가장 시급한 과제로 2개의 주제를 선정하여 동시대 뮤지엄의 대안을 모색하고자 하였다. 하나는 〈지속 가능한 테이트 모던(Tate Modern)의 퍼포먼스 아트 컬렉션〉으로 무형의 예술, 자료에 대한 미술관의 기록과 소장을 다루었으며, 〈구겐하임 미술관 컬렉션의 지형 변화와 의미〉에서는 미래지향적 컬렉션의 사례를 연구하였다.

위의 사례는 주로 솔로몬 R. 구겐하임 미술관(Solomon R. Guggenheim Museum)과 현대미술관(MoMA)·테이트 모던(Tate Modern)이 중심이 되었으며, '15개 방(15 Rooms)' 전에서는 상하이의 류이첸(劉益謙)이 설립한 롱미술관(龍美術館), 독일의 폴크방 미술관(Folkwang Museum) 등의 전시와 컬렉션을 대상으로 하였다.

국내 미술관의 가파른 증가 추세와 함께 전시 기획의 파워는 비영리 공간과 공공 예술에 이르기까지 급격한 확장세를 보이고 있으며, 전시의 수준 또한 향상되어 왔다. 이와 함께 동시대 미술관에 대한 열망, 전시 생태계의 변화, 실험적 도전, 영역의 확장에 따라 풀어 가야 할 과제가 적지않다.

이 책에서 연구된 미술관은 이러한 과제들에 대하여 지속적인 고심과 대안을 제시해 온 실천 사례들 중 일부이다. 큐레이터들의 기획은 경계넘기, 융합과 도발적 기획력을 읽을 수 있는 대표적인 사례들로서 우리에게도 시사하는 바가 크다. 또한 유형과 무형의 형태를 넘나드는 동시대 미술관의 퍼포먼스에 대한 행위와 기록, 보존과 가치 평가에 대한 논의를 기술함으로써 컬렉션 지형 변화를 공동의 주제로 제시하고, 미래지향적 과제와 대안을 고심하였다.

졸고가 출간되는 데 배려해 주신 동문선 신성대 대표님과 편집진께 감사의 말씀을 드린다.

I

한스 울리히 오브리스트의
'두 잇(Do it)' 실천하기

1. 머리말

스위스 출신의 큐레이터 한스 울리히 오브리스트(Hans Ulrich Ob-rist, 1968-)는 1993년 파리의 한 카페에서 프랑스 조각가이자 화가인 크리스티앙 볼탕스키(Christian Boltanski, 1944-)와 프랑스 현대미술가 베르트랑 라비에(Bertrand Lavier, 1949-)와 함께 지시문만으로 전시를 만들 수 있는지에 대해 토론하였다. 이에 대해 오브리스트는 다음과 같이 회상하였다. "나는 1993년 크리스티앙 볼탕스키 · 베르트랑 라비에와 두 잇(Do it)의 전시 모델을 시작하였고, 지속적이고 개방적이며 끝이 없는 이 전시를 위해 우리는 작가들에게 지시문과 악보, 요리 레시피를 작성하도록 요청한 후 매번 전시할 때마다 다른 사람에 의해 다시 해석될 수 있도록 하였다."[1]

1970년대 초부터 볼탕스키와 라비에, 이 두 예술가는 다양한 형식의 교육 과정에 관심을 가지고 있었다. 라비에는 여러 서면으로 된 설명이 포함된 작품을 제작하였으며, 그와 마찬가지로 볼탕스키도 예술을 해석하는 개념에 관심을 가지고 있었다. 그는 설치 작품에 대한 자신의 지시문이 오페라나 교향곡처럼 다른 사람들에 의해 실행되고 해석될 때 무수하게 반복적인 실현을 거치는 음악에서의 악보와 유사하다고 생각하였다.[2]

---

1) Luma Foundation, *It's Urgent!-Part II.* https://www.e-flux.com/announcements/282928/it-s-urgent-part-ii/

2) Independent Curators International-Do It. https://curatorsintl.org/exhibitions/do-it-1997

(사진 1) 한스 울리히 오브리스트(Hans Ulrich Obrist) ⓒDazed

　오브리스트는 이들과의 만남에서 '너 스스로 하라(Do it your-self)'는 DIY 설명문이나 지시문 전시에 대한 아이디어를 생각해 냈다. 이는 전통적인 전시 방식을 벗어나 전시를 더욱 개방적이며 유연하게 만들 수 있는 방법을 실험하기 위한 시작이 되었다. 실제로 이렇게 개방적 전시 형식에 기원을 둔 '두 잇'전을 위해 오브리스트는 우선 12명의 예술가들에게 짧은 지시문이나 작품 설명서를 요청하였는데, 이는 이후 9개의 다른 언어로 번역되어 주황색의 책 형태로 만들어져 배포되었다.

　얼마 지나지 않아 다른 예술가들도 이 프로젝트에 참여하도록 초대되었으며, 루이스 부르주아(Louise Bourgeois, 1911-2010) · 솔 르윗(Sol LeWitt, 1928-2007) · 오노 요코(Yoko Ono, 1933-) · 로렌스 와이너(Lawrence Weiner, 1942-) · 아드리안 파이퍼(Adrian Piper, 1948-) · 펠

릭스 곤잘레스 토레스(Félix González-Torres, 1957-1996)·아이 웨이웨이(Ai Weiwei, 1957-)·카르스텐 휠러(Carsten Höller, 1961-)·트레이시 에민(Tracey Emin, 1963-)·리암 길릭(Liam Gillick, 1964-)·차오페이(Cao Fei, 1978-) 등 수백 명의 예술가들이 지시문을 제공하였다. 그리고 현재까지 거의 30년 가까이 가장 오랜 시간 진행되고 있는 전시가 되었다.

이 프로젝트가 '두 잇'이라는 전시로 발전하며 전 세계 각지로 확대될 수 있었던 것은 1997년 오브리스트가 뉴욕의 국제독립큐레이터협회(Independent Curators International/ICI)와 협력하여 북미 지역을 기반으로 아이다호주 보이시(Boise)에서 캘리포니아주 팔로 알토(Palo Alto), 테네시주 멤피스(Memphis) 및 캐나다 서부에 위치한 서스캐처원주 레지나(Regina)에 이르는 25개 도시에서 진행하면서부터였다.[3]

이후 전시는 미국·스코틀랜드·포르투갈·콜롬비아·아이슬란드·타이·덴마크·프랑스·멕시코·중국 등 최소 169곳이 넘는 갤러리와 뮤지엄 등 여러 예술 공간에서 발표되었다.[4] 각 지역의 '두 잇' 전은 'do it(museum)' 'do it(TV)' 'do it(in school)' 'do it(homework)' 'do it(seminar)' 'do it(outside)' 'do it(party)' 'do it(home)' 등과 같이 여러 버전을 생성하며 작품 해석의 가능성과 경계의 확장을 보여주고 있다. 관객들은 자유로운 방식으로 예술가의 지시문 시리즈에 응답하면서 새로운 형태의 교류와 만남을 시도할 수 있었고, 동일한 지시문이 두 번 반복된다 하더라도 관객들의 해석에

---

3) Independent Curators International-Search for the do it archive. https://www.e-flux. com/announcements/34646/
4) Do it(australia) Catalogue Contents. https://doit.kaldorartprojects.org.au/catalogue

따라 모두 다르게 나타나 전시 개념의 다양성을 강조할 수 있었다.

특히 2020년 코로나19의 전 세계적 대유행으로 오프라인 전시
가 제한되었고, 중국과 유럽의 봉쇄 및 사회적 거리두기로 인해 자가
격리된 사람들 사이에서 오래된 '두 잇' 지시문이 다시 실행되기 시
작하면서 새로운 버전의 '두 잇(홈)'이 발표되었다. 국제독립큐레이
터협회와 오브리스트는 '두 잇(홈)'을 통해 이 프로젝트를 확대하였
으며, 적합한 예술가 55명의 지시문을 선정하여 제시하였다.

이러한 지시문은 예술가들의 안내에 따라 작가를 대신하여 집안
에서 재현할 수 있도록 하였고, 인스타그램(Instagram)에서 해시태그
두잇홈(#doithome)을 통해 다른 행위자들과 교류할 수도 있었다. 이에
대해 오브리스트는 "두 잇은 최근 몇 개월 동안 많은 사람들의 생활
에서 구체화되었고, 공적 장소와 사적 장소에서 일어나고 있다"[5]고
언급하였다. 즉 전 세계 사람들은 언제 어디서나 읽을 수 있는 두 잇
의 지시문 모음에 따라 이를 집에서 실현하고, 온라인상에서 스스로
해낸 모든 것을 공유하면서 자신만의 예술 경험을 실천하였다.

'두 잇(홈)'에는 국제독립큐레이터협회와 런던의 서펜타인 갤러
리(Serpentine Galleries) 및 호주 시드니의 칼도르 공공예술 프로젝트
(Kaldor Public Art Projects), 블룸버그 자선재단(Bloomberg Philanthropies)
이 함께 참여하였다. 이들 협력기관은 공동으로 각각 다른 버전을 진
행하였는데 서펜타인 갤러리는 전 세계와 함께하는 두 잇을, 칼도르
공공예술 프로젝트에서는 호주에서의 두 잇을 새롭게 제시하였다. '두

---

5) Do it(around the world) Press Release From Serpentine Galleries. https://curatorsin
tl.org/special-projects/do-it

(사진 2) 두 잇 아카이브(Do It Archive), 국제 독립큐레이터협회(Independent Curators International) ⓒCuratorsintl.org

(사진 3) 두 잇 타이 버전(Do It Thai Version) 아카이브 ⓒSurasi Kusolwong

잇(전 세계)'에 대한 아이디어는 이탈리아 및 기타 지역에 격리된 사람들이 2020년 3월 소셜 미디어를 통해 '두 잇' 지시문을 실행하고 공유하면서 시작되었다.

또 다른 버전인 '두 잇(호주)'은 세계에서 가장 오래 운영되고 있는 호주의 비영리 공공예술 기구인 칼도르 공공예술 프로젝트에서 진행하였으며, 호주 예술가들은 몇 주에 걸쳐 새로운 지시문을 발표하였다. 설립자인 존 칼도르(John Kaldor, 1936-)는 지금과 같은 위기 상황은 '두 잇'의 새로운 버전을 시작할 적절한 기회라고 하였다.[6] 이 프로젝트는 구글 아트 앤 컬처(Google Arts & Culture) 웹사이트가 새로운 전시의 장으로 제공되었다.

본고에서는 30년에 가까운 역사를 가진 '두 잇'전의 개념 형성과 전개 과정을 살펴보고, 그 특징과 의미를 고찰함으로써 지시문을 활용해 전시를 기획하는 큐레이터의 역할과 이를 수행하는 관객의 인식 변화를 확인하고 동시대 미술 현장에서 작품의 기획과 전시·감

---

6) Do it(australia) Catalogue Contents. https://doit.kaldorartprojects.org.au/catalogue

상에 대한 유연한 사고를 제시하고자 한다. 더 나아가 모든 시대적 · 지역적 · 매체적 경계를 벗어나 유동적이며 지속 가능한 참여적 전시 개념과 예술 탐구를 실천한다는 것에서 가치가 있다.

2. '두 잇(Do it)'전의 시작과 과정

1) '두 잇'전의 개념

한스 울리히 오브리스트는 2009년 영국의 권위 있는 미술 전문잡지인 《아트 리뷰 *Art Review*》가 선정하는 세계 미술계 파워 인물 100인 중 큐레이터로는 최초로 1위에 올랐으며, 2006년 이후 런던 서펜타인 갤러리의 관장을 맡고 있다. 그는 대학에서 경영학과 정치 · 사회과학 분야를 전공하였으며, 그가 큐레이터로서 활동을 시작한 것은 1991년 7월부터 9월까지 자신의 아파트 부엌에서 첫번째 '키친 쇼(The Kitchen Show)'를 개최하면서부터였다. 오브리스트는

(사진 4) 리차드 웬트워스(Richard Wentworth), '키친 쇼(The Kitchen Show)' 설치 장면, 1991 ⓒWaysofcurating

(사진 5) 두 잇 타이 버전(Do It Thai Version) 아카이브 ⓒSurasi Kusolwong

이 쇼를 부엌에서 열린 미술 전시가 아니며, 예술은 그 사이에서 행해졌다고 하였다.[7]

여기서 부엌의 현실과 예술 작품의 현실은 서로 연결되어 있으며, 이 두 가지 현실의 결합은 공생적인 것이 된다. 부엌의 본래 기능은 유지되며, 동시에 전시의 자율성과 기능에 대한 문제는 전시를 위해 계획되지 않은 맥락에서 발생한다. 이러한 아이디어의 출발점은 일반적인 장소에서 전시를 발표하는 것이었다.[8] 다시 말해, 이 쇼의 개념은 인간 생활 중 가장 평범한 부엌이라는 공간을 큐레이팅을 통해 특별하게 만들 수 있음을 제시하는 것이었다.

여기에는 크리스티앙 볼탕스키도 포함되었는데, 그는 싱크대 아래에 양초 필름을 플레이하였고, 싱크대 선반 문틈을 통해 깜빡거리는 것을 볼 수 있었다. 이 전시는 시작하고서 3개월 동안 30명만이 관람하였으며, 전시를 찾은 사람들 중에는 파리 현대미술미술관 까르띠에 재단(Cartier Foundation)에서 근무하던 큐레이터도 있었다. 얼마 후 까르띠에가 그에게 3개월의 펠로우쉽을 제안하면서 오브리스트는 스위스를 떠나게 되었다.[9]

1993년 당시 24세였던 오브리스트는 '두 잇'전을 구상하게 되는데, 만약 지속적으로 새로운 버전의 전시를 진행한다면 어떤 일이 일어날지 궁금했고, 예술가들에게 발표할 때마다 새롭게 해석될 수 있

---

7) Catalogue for 'The Kitchen Show.' https://waysofcurating.withgoogle.com/exhibition/the-kitchen-show

8) Catalogue for 'The Kitchen Show.' https://waysofcurating.withgoogle.com/exhibition/the-kitchen-show/media/4745215361417216

9) Max, D.T. *The curator who talked his way to the top*. The NewYorker. https://www.newyorker.com/magazine/2014/12/08/art-conversation

는 짧은 텍스트로 이루어진 지시문을 요청한 것에서 시작되었다. 이렇게 지시문을 기반으로 지금까지 이어지고 있는 '두 잇'전은, 1994년 오스트리아 남부 도시 클라겐푸르트(Klagenfurt)의 쿤스트할레 리터(Kunsthalle Ritter)에서 최초로 공개되었다.

여기에는 크리스티앙 볼탕스키 · 리크리트 티라바니자(Rirkrit Ti-ravanija, 1961-) · 장 자크 륄리에(Jean-Jacques Rullier, 1962-) · 베르트랑 라비에 · 앨리슨 놀스(Alison Knowles, 1933-) · 마이크 켈리(Mike Kelley, 1954-2012) · 일리야 카바코프(Ilya Kabakov, 1933-) · 파브리스 이베르(Fabrice Hybert, 1961-) · 펠릭스 곤잘레스 토레스 · 폴 아르망 제트(Paul-Armand Gette, 1927-) · 한스 피터 필드만(Hans-Peter Feld-mann, 1941-) · 마리아 아이크혼(Maria Eichhorn, 1962-) 등이 참여했다.

오브리스트의 모든 전시가 그렇지만, 특히 이 '두 잇'전의 모델은 그의 친구이며 멘토인 프랑스 철학자이자 시인 · 문학비평가인 에두아르 글리상(Edouard Glissant, 1928-2011)에게서 영감을 받았고, 그의 관점은 오브리스트에게 중요한 이론적 영향을 끼쳤다. 처음 글리상의 작품을 읽도록 권유한 사람은 이탈리아의 개념미술가 알리기에로 보에티(Alighiero Boetti, 1940-1994)였다. 보에티는 오브리스트와의 첫만남에서 예술가와의 대화를 통해 기존의 전시와 다른 실현 불가능한 기획을 가능하게 해야 하며, 특히 동질성보다는 차이들을 선호하는 글리상의 관점을 강조하였다.

글리상은 오브리스트의 전시 모델이 된 여러 개념 중 '크레올화(creolisation)'에 대해 언급하였다. 그의 모국어인 크리올(Creole)은 프랑스 식민 통치자의 언어와 아프리카 노예 언어가 결합해 형성된 것으로, 언어적 결합 과정에서 이 두 가지를 모두 포함하지만 예상하지 못한 새롭고 독립적인 결과가 발생하였다. 글리상은 오늘날 우리는 실제로 글로벌(global)과 로컬(local) 사이, 동시에 어느 정도 이 둘을 조합한 '글로컬(Glocal)'의 방식으로 자신을 투영할 수 있다고 말한다.[10]

또한 글리상은 우리가 여러 인종과 언어·문화 현상의 실종을 경험하고 있으며, 모든 것을 획일화·균질화하려는 세계화 시대에 살고 있고, 이러한 '세계화(mondialisation)'에 따른 반작용과 위험에 어떻게 잘 저항할 수 있는지 질문하였다. 그리고 그 대안으로 '세계성(Mondialité)'이라는 새로운 개념을 제안하였다. 이는 다양한 문화를 유지하기 위해 지속적인 글로벌 교류가 긍정적인 역량으로 작용할 수 있다는 것으로, 글리상은 우리가 스스로를 잃어버리거나 희석시키지 않고 다른 사람과의 교류를 통해 자신을 변화시킬 수 있다고 하였다.[11]

오브리스트의 전시 대부분이 글리상의 이러한 '크레올화'와 '세계성'이라는 개념에 바탕을 둔 것으로, '두 잇'전은 1994년 이후 지금까지 여러 도시를 순회하였고 전 세계적으로 이동하며 장소는 전시를 바꾸고 지역과 세계 사이에서 교류하며 차이를 생산해 내며 또 다른 결과를 제시하였기 때문에 변화와 다양성을 유지하였다. 글리상의 생각은 전통적인 전시 형태가 아니라 유동적으로 사람들에게 전달될 수 있는 참여적인 전시 아이디어로 하나의 세계를 다른 세계

---

10) Guo, S.X. *Shanghai Urban Space Art Season(SUSAS) 2019: On the Urgency of Public Art an Interview with Hans Ulrich Obrist*. Architectural Practice, 2020, p.37.

11) Luma Foundation, *It's Urgent!-Part II.* https://www.e-flux.com/announcements/282928/it-s-urgent-part-ii/

와 연결시키는 새로운 전시 모델로의 확장이었다.

글리상의 "나의 자아를 잃어버리거나 속이지 않고 상대방과 교류하며 변화하라"[12]는 말은 지역과 세계 사이의 동화보다 차이를 만드는 방식이 되었다. 그리고 이러한 그의 개념이 바로 '두 잇' 전에서 일어날 수 있는 일이 되었고, 예술가가 지시문을 제작하고 전시가 개최될 때마다 그에 관한 열린 해석이 가능한가에 대한 문제로 발전하였다. 지시문 예술은 관객이 주체가 되어 예술가의 작업에 능동적인 참여와 움직임을 불러일으켰으며, 음악에서의 악보와 같이 연주와 재해석을 반복한다. 음악이 악보를 통해 지속적으로 해석되고 영원히 연주되는 것처럼 두 잇은 악보와 같은 예술가의 지시문이 이러한 가능성으로 제공되었다. '스스로 하기'식의 지시문이나 설명은 누구나 따라 할 수 있도록 구성되어 예측하기 어려운 상황과 결과물을 만들어냈고, 또한 실현되지 않은 것을 실현할 수 있는 유연한 사고는 작품 창작의 일부가 되었다.

2) 지시문으로서의 예술과 전시 역사

'두 잇' 전의 지시문에 대한 아이디어는 예술 작품의 전 역사에서 영향을 받았고, 특히 1960년대 이후 전위예술운동 중 하나로 언어와 문서를 통한 작업 지시를 주요 형식으로 사용하는 개념미술과 플럭서스(Fluxus)에서 영감을 얻었다. 개념미술이라는 용어는 1961년 철학

---

12) 한스 울리히 오브리스트, 양지윤 옮김, 《한스 울리히 오브리스트의 큐레이터 되기》, 아트북프레스, 2020, p.24.

자이자 플럭서스의 일원이었던 헨리 플린트(Henry Flint, 1940-)의 저서에서 처음 사용되었다. 그는 "개념미술은 음악의 재료가 소리인 것처럼 무엇보다 개념을 재료로 하는 미술이다. 개념들은 언어와 밀접한 관계가 있으므로 개념미술은 언어를 재료로 하는 미술의 형식이다"[13]라고 정의하였다.

이를 위해 당시 다수의 작가가 이미 언어 자체를 재료로 사용하기 시작하였는데, 과거 그림과 조각이 있던 자리는 이제 기록과 지도·사진·지시 목록·정보 등으로 메워지게 되면서 작품은 작가가 무엇을 우리에게 말하려고 하는가를 묻기보다는 주어진 정보가 어떤 식으로 의미가 있을 수 있는지를 '수용자'에게 물어보는 것이 되었다.[14] 당시 또 다른 미술운동인 플럭서스 역시 예술과 일상의 경계를 허물며 다양한 매체를 넘나들고 관객 참여와 소통을 강조하였다. 이는 전위예술가였던 조지 마키우나스(George Maciunas, 1931-1978)에 의해 창시되었는데, 그는 1963년 '플럭서스 선언문'을 발표하였고 기존의 예술과 문화를 반대하며 살아 있는 예술을 발전시키라고 강조한다. 다시 말해, 플럭서스는 1970년대까지 세계 미술계에 확산된 실험적이면서 반체제적인 형식을 통해 기존 가치와 질서를 거부하고 전통적인 미술 형식을 벗어나 반예술과 비예술을 주장하였으며, 일상적인 행위가 곧 예술로 확장될 수 있는 개방적 환경을 실현한 것이었다.

---

13) Flynt, H. *The Crystallization of Concept Art.* http://www.henryflynt.org/aesthetics/conart. html
14) 마이클 아처, 이주은·오진경 역, 《1960년 이후의 현대미술》, 시공아트, 2007, pp.89-90.

(사진 6) 마르셀 뒤샹(Marcel Duchamp), 〈불행한 레디메이드(Unhappy Readymade)〉, 1919(1958년 출판) ⓒMoMA Library

(사진 7) 수잔 뒤샹(Suzanne Duchamp), 〈마르셀 뒤샹의 불행한 레디메이드〉, 1920 ⓒ WikiArt

　이렇게 개념과 언어를 주요 매체로 사용하여 행위를 결합하고 관객 참여와 소통을 이끈 예술 전략들은 20세기 초 마르셀 뒤샹(Marcel Duchamp, 1887-1968)의 영향을 받아 이후 지속적으로 발전한 결과라고 말할 수 있다. 뒤샹은 작품 제작의 새로운 경로와 유연한 사고에 대한 영감을 주었으며, 예술적 가치를 결정하기 위한 상상력과 시스템의 한계를 확장하였다.[15]

　지시문과 관련한 그의 대표적인 작품 중 하나로 〈불행한 레디메이드(Unhappy Readymade)〉를 예로 들 수 있다. 이 작품은 1919년 뒤

---

15) Lim, N. *Marcel Duchamp's Readymades: Celebrating the Centennial.* https://www.moma.
org/explore/inside_out/2016/01/15/marcel-duchamps-readymades-celebrating-the-centen
nial/

샹이 아르헨티나에 머물 때, 여동생 수잔(Suzanne, 1889-1963)이 파리
에서 예술가 장 크로티(Jean Crotti, 1878-1958)와 결혼했다는 소식을 듣
고 보낸 결혼 선물이었다. 여기서 뒤샹은 수잔에게 기하학 책을 발코
니에 걸어두고 자연적 요소에 노출될 수 있도록 지시하였다.[16] 끈에
매달려 비바람 등에 영향을 받은 책은 시간이 가면서 페이지가 찢어
지고, 텍스트는 지워졌다.

이후 수잔은 그 결과물을 사진과 그림으로 남겼으며, 뒤샹은 이
를 〈불행한 레디메이드〉라고 하였다. 책을 기후에 노출시켜 바람이
그 속으로 들어가 책장을 넘기며 찢어 버릴 때 책은 본래의 기능과
의미를 상실하며, '행복'에서 '불행'으로 바꾸어 놓았다. 여기서 중요
한 것은 작가의 아이디어, 즉 개념이 작업을 제시한다는 것이었으며,
이는 또한 현재까지 지시예술로 알려진 첫번째 작품 가운데 하나가
되었다.

이외에도 라즐로 모흘리 나기(Laszlo Moholy Nagy, 1895-1946)는
전화로 지시를 내림으로써 그의 작품을 실현한 것으로 유명하다. 간
판장이들에게 지시문을 주고 예술 작업을 만들었다. 오노 요코는
1950년대에 쓰기 시작한 DIY 지시문만으로 구성된 《그래이프프루
트 *Grapefruit*》를 1960년대 페이지가 없는 책으로 출판하였는데, 이
는 '두 잇' 전에 중요한 영향을 미쳤다. 음악부터 회화 · 퍼포먼스 · 오
브제 · 시 · 무용 · 영화 등의 내용으로 구성되었으며, 글을 읽는 동안
다른 독자들이 무엇을 하고 있는지, 또 어떤 일이 일어날지 생각하게

---

16) Girst, T. *That very funny article, pollyperruque, and the 100th anniversary of duchamp's Fountain.* The Nordic Journal of Aesthetics, 28(57, 58), 2019, pp.49-51.

(사진 8) 오노 요코(Yoko Ono), 《그래이프프루트 *Grapefruit*》, 1964 ⓒMoMA

하였다.[17]

또한 앨리슨 놀스(Alison Knowles, 1933-)는 1962년 작업인 '모든 붉은 것에 대한 경의(Homage to Every Red Thing)'에서 다음과 같이 지시한다.

전시 공간의 바닥을 아무 크기의 정사각형으로 나눕니다.

각 사각형에 빨간색을 하나씩 넣으십시오.

예를 들면:

과일 한 조각

빨간 모자를 쓴 인형

신발 한 짝

이런 방식으로 바닥을 완전히 덮으십시오.

---

17) Ioanes, A. *Observations on an Event: Yoko Ono: Poetry, Painting, Music, Objects, Events, and Wish Trees.* http://asapjournal.com/observations-on-an-event-yoko-ono-poetry-painting-music-objects-events-and-wish-trees-anna-ioanes/

앨리슨 놀스는 플럭서스의 주인공으로 1960년대 '이벤트 악보(Event Scores)'라는 작업을 진행하였고, 플럭서스의 일원이었던 조지 브레히트(George Brecht, 1926-2008)는 신문에 악보를 게재하여 누구나 연주할 수 있도록 제안하였다. 개념미술의 공식적인 1세대라고 할 수 있는 더글러스 휴블러(Douglas Huebler, 1924-1997)는 "세상은 다소 흥미로운 사물들로 가득 차 있다. 나는 더 이상 어떤 것도 추가하고 싶지 않다. 간단히 말하면, 나는 시간 또는 장소적인 측면에서 사물의 존재를 언급하는 것을 더 선호한다"[18]라고 하였는데, 이 진술은 한때 개념미술의 기초에 결정적인 역할을 하였다.

개념미술의 조직적 등장은 미국 출신의 딜러이자 큐레이터·출판업자인 세스 시겔롭(Seth Siegelaub, 1941-2013)에 의해서였고, 그는 1968년 개념미술의 첫번째 전시를 기획하였다. 시겔롭은 "우리는 사무실 공간에서 전시할 것이며 갤러리는 필요 없다. 우리는 인쇄물을 전시할 것이다. 그것은 곧 사라져 버릴 작업이며, 단지 일시적으로만 정의되고 문자에 근거를 두고 있으며 실제의 물질적인 장치를 필요로 하지 않는다"[19]라며 텍스트에 기반한 작품을 통해 전복적 소통 방식을 탐구하였는데, 이는 이후 개념미술 정의에 중요한 영향을 끼쳤으며, 휴블러는 이러한 양상이 잘 드러난 시겔롭의 '1월전(The January Show)'에 참여하였다.

이 전시는 1969년 1월 5일부터 31일까지 한 달 동안 진행되었

---

18) Kim, L. *Douglas Huebler's "Works from the 1960s"*. https://www.art-agenda.com/features/240775/douglas-huebler-s-works-from-the-1960s
19) 할 포스터·로잘린드 크라우스 등저, 배수희 등역, 《1900년 이후의 미술사》, 세미콜론, 2007, p.529.

고, 카탈로그로 이루어진 첫번째 그룹전으로 맨해튼 동쪽 52번가 44 호의 임시 공간에서 열렸다. 이는 전통적인 예술 기관에 대한 직접적인 비판이었으며, 예술 작품은 하나의 방에, 그리고 또 다른 방에는 카탈로그가 전시되었다.[20] 여기에는 휴블러 외에 로버트 배리(Robert Barry, 1936-)·조셉 코수스(Joseph Kosuth, 1945-)·로렌스 와이너(Lawrence Weiner, 1942-)가 참여하였다. 이렇게 뒤샹 이후 1960년대와 1970년대 이러한 개념미술과 플럭서스 운동은 '두 잇'전의 운영 방식을 도출하게 하였다.

3. '두 잇(Do it)'전의 전개와 의미

1) '두 잇'의 전개와 특징

지시문을 기반으로 관객의 행위와 실행으로 이루어지는 '두 잇'전은 예술 작품의 독창성과 원본 해석에 대한 전통에 도전하는 것이었다. 1970년대 초반부터 볼탕스키와 라비에르는 그런 실천들에 관심을 가졌고, 이들 모두 작업의 행위자이자 관찰자가 된 관객에게 방향을 제시하는 작품을 제작하였다. 예술가는 지시문을 통해 아이디어만 제공할 뿐 어떤 것도 관여할 수 없고, 실제로 이를 실행하고 작품으로 실현하는 것은 일반 대중들이나 미술관의 직원들에 의해 이루어졌다.

---

20) MoMA. https://www.moma.org/

그럼에도 전시는 일정한 연속성을 보장하는 몇 가지 '게임의 규칙'을 중심으로 조직되어 있었다. 그 가운데 하나는 각 미술관이 30점의 잠재적인 예술 작업 중에서 최소 15점을 만들어야 한다는 것이다. 지시문의 진행을 각각의 기관에 맡기면서 전시가 열릴 때마다 새로운 그룹의 출현을 보장하게 되었다.[21] 이러한 작품들은 일상적인 소재와 행위로 실현되며, 자료의 이동이 필요 없고 작품을 전시될 장소로 보내지도 않는다. 이는 위에서 살펴본 것처럼 개념과 의미에 대한 미술로 예술가의 원작이나 원본에 대한 독창성도 없고, 올바른 방향이나 정확한 답도 없이 예술의 확장과 재창조를 보여주는 것이다.

'두 잇'전은 관객 참여에 의한 새로운 사유를 통해 지시문에 대한 공개적이고 열린 해석을 가능하게 하였으며, 다양한 지역과 장소로 범위를 확장하였는데 1994년 오스트리아를 시작으로 미국과 프랑스·스코틀랜드·멕시코·코스타리카·러시아·중국·일본·한국 등 전 세계적으로 지속되고 있다. 또한 여러 분야에서 활동하는 많은 예술가들의 참여를 통해 두 잇은 보다 유연하고 개방적인 전시 형식을 실험할 수 있었고, 20세기 이후 큐레이팅의 영역을 확대하며 전시의 새로운 패러다임을 제시하였다.

이러한 '두 잇'전의 원동력은 '예술은 모든 시대 모든 사람들 사이의 게임'이라는 뒤샹의 말에 적절하게 요약되어 있으며, 지역 사회가 예술가의 지시문에 응답하고 참여하며 진행중인 결과물의 생성과 누적은 다양한 교환과 반복에서 실행되는 것으로 예술 작품의 복제

---

21) 한스 울리히 오브리스트, 양지윤 옮김, 《한스 울리히 오브리스트의 큐레이터 되기》, 아트북프레스, 2020, pp.26-27.

나 물질성에 대한 개념보다 인간 해석의 미묘한 차이를 드러내는 것에 관심이 있다. 이러한 방식으로 과거 · 현재 · 미래의 시간적 틈을 채울 수 있다.[22]

(사진 9) 솔 르윗(Sol LeWitt)의 2001년 '두 잇 (Do it)' 지시문, 뉴욕 소크라테스 조각 공원, 2013 ⓒSocrates Sculpture Park

(사진 10) 솔 르윗(Sol LeWitt)의 2001년 '두 잇(Do it)' 지시문, 네덜란드 쿤스트 노테르담, 2012 ⓒLuuk Bode

이는 솔 르윗의 작품에서도 확인할 수 있는데, 그는 대략 벽의 중앙에서 좌우 수평으로 직선이 아닌 검은색 선을 그리고, 벽의 끝에서 끝까지 검은 선 위아래로 빨강 · 노랑 · 파랑색 선을 번갈아 가며 그리라는 지시문을 제시하였고, 그에 대한 결과는 모두 달랐다. 두 잇은 동일한 지시문이라고 하더라도 해석의 차이가 갖는 복잡함을 통해 또 다른 모델을 제안하고자 하였다.

이렇게 새로운 해석을 중시하는 두 잇의 지시문들은 가족과 함께 모든 연령대에서 누구나 실행할 수 있는 내용에서부터 짧은 시간 안에 할 수 있는 간단한 지시문, 그리고 실현보다 명상에 더 도움이 되는 작품부터 방대한 예산이나 대규모 인원이 있어야 구현되는 지

---

22) Doing it. https://doingit.fba.up.pt/en/about/do-it/

시문까지 다양한 매체와 방식을 통해 새로운 시각으로 세상을 바라보고 도전할 수 있게 한다. 따라서 내용적으로 개념적이거나 행동주의적이며, 또 한편으로 실용적이기도 하고 이 모두를 거부하듯 실현 가능성이 낮고 기괴한 것도 있다.

예를 들어 아이 웨이웨이는 CCTV 감시카메라에 페인트를 분사하는 데 사용할 수 있는 장치를 만드는 방법에 대한 지시서를 제공하고, 마우리치오 카텔란(Maurizio Cattelan, 1960-)은 전시가 시작될 때 속옷과 신발만 착용하도록 지시하였으며, 니콜라스 슬로보(Nicholas Hlobo, 1975-)는 큐레이터에게 자신의 작품을 달에 설치하라고 말한다. 미국의 시인이자 작가인 아일린 마일스(Eileen Myles, 1949-)는 대통령 출마 방법에 대해 말한다.[23] 이러한 두 잇의 여러 지시문을 살펴보면, 예술가의 제안에 응답해 자신의 작품을 제작하는 사람들만큼이나 광범위하고 실험적이다.

이렇게 다양한 지역과 분야에서 활동하는 이들의 지시문과 작품은 아이디어에서 제작·설치에 이르기까지 예술의 전통적인 위계를 역전시켰고, 전시가 끝나면 작품은 폐기되어 사라진다. 이후 전 세계적으로 다양한 분야에서 활동하는 새로운 예술가들이 초대됨에 따라 현재까지도 다양한 매체와 방식을 포함한 지시문 아카이브는 계속해서 확장되고 있다. 뿐만 아니라 do it(museum), do it(home), do it(TV), do it(seminar), do it(outside), do it(party), 그리고 문화와 과학 분야 국제기구인 유네스코(UNESCO) 어린이들의 '두 잇' 등 여러 형태의 새

---

23) DIY Art: Just Do It, in the Economist. https://curatorsintl.org/press/diy-art-just-do-it-in-the-economist

로운 버전으로 발전해 왔는데, 특히 사이버 환경은 '두 잇'전을 크게 변화시켰다.

2) '두 잇'의 온라인 플랫폼 확장

'두 잇'전은 2004년 이-플럭스(e-flux)와 함께 '두 잇'의 온라인 버전을 제작하였으며, 지금까지 이어지고 있다. 이렇게 온라인 플랫폼을 활용한 것은 지난해 코로나19의 대유행이라는 위기 상황에 따른 시간과 공간적 제한과 고립에서 벗어날 수 있는 대안이 되었고, 30만 명이 넘는 팔로워를 가진 오브리스트의 인스타그램 계정[24]도 큰 변화를 겪었다. 그가 수년에 걸쳐 게시한 유명한 예술가들이 손으로 쓴 메모는 사라지고, 그 자리에 사용자가 어디서든 읽을 수 있는 텍스트를 기반으로 한 예술 작품이 자리하게 되었다.[25] 오브리스트는 다음과 같이 말하였다.

> 두 잇은 최근 몇 개월 동안 많은 사람들의 삶의 영역과 결합되어 항상 세계적이며 지역적이고 공적이며 사적이었다. 전 세계 사람들이 코로나19로 인한 격리 기간 동안 두 잇 프로젝트에 참여하고 있다는 사실에 나는 크게 감동하였다. 신체적 이동이 제한되어 있지만 예술은 당연한 상황을 넘어서는 삶을 경험하는 방법이 될 수 있다. 회화·문자·음악·음식 또는 다른 매체들을 통해 모든 분야의 예술가들은

---

24) Hansulrichobrist. https://www.instagram.com/hansulrichobrist/

25) Do it(around the world) featured in ARTnews. https://curatorsintl.org/press/

대중들이 자신의 세계를 바꾸도록 안내하였다. 그것은 수동적인 관찰자로서가 아니라 스스로 무언가를 함으로써 예술이 그들의 지평을 넓힐 수 있도록 누구에게나 열린 하나의 초대였다.[26]

2020년 세계 각지의 많은 사람들이 집에 머무르라는 요구를 경험하였고, '두 잇'전은 사회적 거리두기라는 새로운 현상에 대한 대응으로 국제독립큐레이터협회와 오브리스트는 집에서 실현하기 적합한 예술가들 55명의 지시문이 담긴 '두 잇(홈)'을 확대하였다. 지시문은 국제독립큐레이터협회의 웹사이트에 영어와 스페인어로 제공되며, 온라인상에서 다운로드할 수 있다. 또한 국제독립큐레이터협회의 국제 네트워크 안에서 50개 이상의 협력 공간을 통해 이용할 수 있다.

여기에는 아르헨티나 코르도바의 220동 시대 문화(220 Cultura Contemporánea), 서울 일민미술관(Ilmin Museum of Art), 라스베이거스의 마조리 배릭 미술관(Marjorie Barrick Museum of Art), 남아프리카 케이프 타운의 케이프타운대학 미첼리 갤러리(Michaelis Galleries, University of Cape Town), 뉴욕 코로나의 퀸즈 뮤지엄(Queens Museum), 아이슬란드 레이캬비크의 레이캬비크 미술관(Reykjavik Art Museum), 사우스오스트레일리아대학 샘스텍 미술관(Samstag Museum of Art, University of South Australia), 미네소타주 미니애폴리스의 와이즈먼 미술관(Weisman Art Museum) 등이 포함되어 있다. 이는 국제독립큐레이터

---

26) Independent Curators International-Do It(Home). https://curatorsintl.org/special-projects/do-it

협회의 이사회와 국제독립큐레이터협회의 액세스 펀드(ICI's Access Fund), 앤디 워홀 시각예술재단(Andy Warhol Foundation for the Visual Arts), 쟌과 데니스 마젤재단(Jeanne and Dennis Masel Foundation)의 지원을 받아 무료로 제공된다.

'두 잇(홈)'은 국제독립큐레이터협회와의 협력 외에 런던의 서펜타인 갤러리(Serpentine Galleries) 및 호주 시드니의 칼도르 공공예술 프로젝트(Kaldor Public Art Projects), 블룸버그 자선재단(Bloomberg Philanthropies)이 함께 참여하였다. 이는 구글 아트 앤 컬쳐(Google Arts & Culture) 및 해당 갤러리와 기관의 인스타그램, 그리고 블룸버그 커넥트 앱(Bloomberg Connects App)와 구글 플레이(Google Play)를 통해서도 사용할 수 있고, 누구나 자신의 작품을 다른 이들과 공유할 수 있다. 예술가의 지도에 따르고, 그들의 세계에 들어가 예술가들을 대신하여 작품을 실현하는 것은 예술이 사람들의 삶과 결합할 수 있는 새로운 방법이 되었다.

특히 전시의 새로운 장이 된 구글 아트 앤 컬쳐의 두 잇 플랫폼에서는 "세계적인 아티스트·음악가·디자이너들의 지시문과 함께 창의력을 발휘해 보라"고 전한다.[27] 온라인으로 지시문 모음을 살펴보지만 정작 '스스로 하기'식 도전을 통해 모니터나 핸드폰 화면에서 벗어나 집에서 예술 경험을 재현할 수 있다.

예를 들어 오노 요코는 소원을 종이에 적어 나무에 묶어두고서 친구들에게도 똑같이 해달라고 부탁하며 나뭇가지에 소원이 뒤덮일 때까지 계속해서 소원을 빌며 소원을 가질 것을 권한다. 루이스 부르

---

27) Google Arts & Culture. https://artsandculture.google.com/

When you are walking, stop and smile at a stranger.

(사진 11) 루이스 부르주아(Louise Bourgeois) (사진 12) 다야니타 싱(Dayanita Singh)의 지
의 지시문, 2002 ⓒGoogle Arts & Culture 시문, 2020 ⓒCuratorsintl.org

주아는 낯선 사람에게 미소지을 것을 요구하였으며, 트레이시 에민
은 나만의 식탁차리기 가이드를 제시하고 있다. 그녀는 지시문을 읽
는 사람들에게 테이블을 하나 가져오고, 27개의 서로 다른 크기와
색을 가진 병을 그 위에 놓은 후 그것들을 붉은색 무명실 한 타래로
연결하여 마치 하나의 망처럼 그 주변을 감싸도록 하였다. 인도의 모
습을 담고 있는 사진작가 다야니타 싱(Dayanita Singh, 1961-)은 당신
자신만의 뮤지엄을 세우라고 지시한다.

　올라퍼 엘리아슨(Olafur Eliasson, 1967-)은 '지구 전망들(Earth pers-
pectives, 2020)'에서 다음과 같이 지시한다.

새로운 시각을 창조하기 위해…
1) 약 10초 동안 지구 위의 점을 응시합니다.
2) 그런 다음 검은색 표면에 초점을 맞추는 훈련을 합니다.
3) 엘리아슨의 눈에 보이는 보색의 잔상이 나타납니다.

4) 당신은 새로운 시각을 투영하게 되었습니다.

이는 올라퍼 엘리아슨의 9가지 지구 이미지를 제시한 것으로 보는 이들에게 각 지구 중심에 위치한 검은색 부분을 10초간 응시하도록 요구한다.[28]

 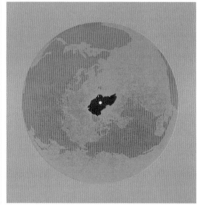

(사진 13) 올라퍼 엘리아슨, 지구의 전망들, 3/9(Earth Perspectives, 3/9: The Earth Viewed over Yakutia, Siberia) ⓒGoogle Arts Culture

(사진 14) 올라퍼 엘리아슨, 지구의 전망들, 7/9(Earth Perspectives, 7/9: The Earth View above the Greenland Ice Sheet) ⓒ Google Arts Culture

영상은 올라퍼 엘리아슨의 공식 홈페이지를 통해서도 배포되었는데, 이는 전 세계의 특정 장소로 호주의 세계 최대 산호초 지대인 그레이트 배리어 리프(Great Barrier Reef)와 마리아나 해구(Mariana Trench), 러시아 시베리아의 야쿠티야(Yakutia), 인도의 갠지스 강

---

28) Olafur Eliasson: Earth perspectives, 2020. https://olafureliasson.net/press/earthperspectives

(Ganges River), 에티오피아의 시미엔 산맥(Simien Mountains), 우크라이나 프리피야티(Pripyat)의 체르노빌(Chernobyl), 에콰도르(Ecuador), 그린란드 빙상(Greenland ice sheet), 그리고 남극점(South Pole)을 담은 모습이다.

원래의 지구 이미지와 반대되는 색채 위의 검은 면을 응시하다 보면 곧 지구의 이미지는 사라지고 검은 부분과 배경만 남게 되는데, 이때 컴퓨터나 핸드폰으로 이들을 바라본 눈에 잔상이 생기면서 푸른색의 원래 지구의 색으로 잔상이 남게 된다. 올라퍼 엘리아슨은 이 작품을 통해 관람객들에게 세상에 대한 새로운 시각을 투영하게 하였고, 지구 온난화와 해수면 상승, 멸종 동물 등 환경 문제로 인한 세계적 위기에 대해 생각하며 모두 함께 더 나은 미래를 위해 노력할 것을 희망한다.

'두 잇(홈)'의 또 다른 지시문으로 조지프 그리즐리(Joseph Grigely, 1956-)는 음소거 상태에서 1시간 동안 TV를 시청하라 하고, 아사드 라자(Asad Raza, 1974-)는 돌볼 존재를 선택하고 그들의 성장 원리를 존중하며 그들이 자랄 수 있도록 도와주라고 요구한다. 유리 아란(Uri Aran, 1977-)은 낙서하라는 짧은 지시문을 적었고, 에반 이페코야(Evan Ifekoya, 1988-)는 침묵을 연습하라 한다. 리크리트 티라바니자는 아침에 일어나 이를 잘 닦고 일하러 가지 말라고 하는데, 비디오 아티스트 히토 슈타이얼(Hito Steyerl, 1966-)은 더 나아가 '그것을 하지 말라'고 지시한다. 이렇게 '두 잇(홈)'은 세계에서 가장 오래 지속되고, 또 영향력 있는 예술가들이 주도한 '두 잇' 프로젝트의 최신 버전을 더욱 구체화하였다.

'두 잇(홈)'의 협력기관인 서펜타인 갤러리는 2020년 5월 '두 잇

(전 세계)'라는 제목의 플랫폼을 시작하였고, 지난 수년간 다양하게 반복된 잘 알려진 지시문과 함께 지금껏 볼 수 없었던 지시문을 매주 새롭게 공개하는데, K-POP그룹 방탄소년단(BTS)도 다음과 같은 지시문을 제시하였다.

점과 점을 연결합니다.
선을 잇고, 면을 그립니다.
시간과 공간의 경계를 넘어,
'너'와 '나'는 '우리'가 됩니다.
우리의 미래는 한 폭의 아름다운 그림입니다.

방탄소년단 외에도 한국 작가로 구정아(Koo Jeong-A, 1967-)의 지시문 등이 포함되었다. 온라인으로 경험할 수 있는 또 다른 버전으로 호주에서 온 두 잇은 오브리스트가 존 칼도르(John Kaldor)와 함께하는 세번째 프로젝트였다.[29] 이 프로젝트는 2020년 오브리스트의 요청에 따라 대중이 수행할 수 있는 새로운 두 잇 지시문을 만들기 위해 기획되었고, 칼도르와 작업한 적이 없는 다양한 분야에서 활동하는 18명의 호주 예술가들이 참여하였다.

예를 들어 로렌 브린캇(Lauren Brincat, 1980-)은 오이의 끝을 잘라 이마 중앙에 올려놓고 다른 하나는 연인의 이마에 올려주고 오이를 계속해서 자르라는 지시문을 제공하였고, 메간 코프(Megan Cope, 1982-)는 물에 대해 아는 모든 단어의 목록을 작성하고 가족이나 친구

---

29) Do it(australia) Catalogue Contents. https://doit.kaldorartprojects.org.au/catalogue

들에게 더 추가해 줄 것을 요청한 후, 마지막으로 물에 대해 자신이 느낀 가장 기분 좋은 감각을 기억하고 이를 다시 느껴 보라고 말한다. 플로리스트인 사스키아 하베케스(Saskia Havekes)는 자연에서 원을 만들고, 그 원 안에 들어가 소원을 말해 보라고 권한다. 조나단 존스(Jonathan Jones)는 자신의 손에 맞는 돌을 찾아서 콘크리트나 바위 같이 단단한 표면에 홈이 만들어질 때까지 돌을 문지르고, 필요할 경우 새 돌을 찾으라고 제시한다.

(사진 15) 조나단 존스(Jonathan Jones)의 지시문, 2020 ⓒKaldor Public Art Project

이처럼 두 잇은 전 세계 각지의 여러 분야에서 활동하는 예술가들이 참여하고, 사람들에게 풍부한 상상력을 일으키는 재치 있는 지시문들을 통해 누구나 스스로 할 수 있는 DIY 정신을 실행하며 우리 내면의 아티스트를 깨우라고 제시한다. 최신의 두 잇 지시문을 살펴보면 텍스트와 사운드·이미지·유튜브(YouTube) 등 모든 매체를 다양하게 활용하고 있는데, 웹사이트를 통해 발표한 이러한 지시문들은 사람들에게 여러 감정을 일으켰고, 마치 예술가가 말을 하는 것처럼 사람들을 포용하는 놀라운 힘을 보여준다.

3) '두 잇'전의 가치와 평가

'두 잇'은 관객들이 예술가의 지시문을 따르며 그들 자신의 세계로 진입해 자신만의 작품을 실현하도록 초대하였고, 지시문을 공유하는 것으로 예술가와 관객 사이의 소통과 교류를 가능하게 하였다. 이러한 두 잇 전시는 다음의 몇 가지로 그 의미를 정리해 볼 수 있다.

첫째, 오브리스트는 전시의 장소성에 대해 주목하며 화이트 큐브를 벗어나 시간적·공간적 제약을 깨뜨리고, 일상적이지 않은 장소에서 앞으로 더 성장할 수 있는 잠재적인 가능성을 찾기를 원하며 비정상적인 장소에서의 전시를 계속하였다. 이로써 전시 작품에 대한 해석의 지적 한계를 뛰어넘고자 하였는데, 이는 오브리스트의 초기 큐레이팅에서부터 드러난다.

그는 니체가 《차라투스트라는 이렇게 말했다 *Also Sprach Zarathustra*》의 일부를 집필한 시골집에 게르하르트 리히터(Gerhard Richter, 1932-)의 회화를 전시하였고, 스위스 소설가이자 시인인 로베르트 발저(Robert Walser, 1878-1956)가 오랫동안 산을 따라 걷는 동안 멈췄던 호텔 레스토랑에서 쇼를 진행하였다. 또한 그가 머물렀던 파리의 칼튼 플레이스 호텔(Hotel Carlton Palace) 763호에서 개최된 '옷장 쇼(The Armoire Show)'나, 런던에서 자신이 임대한 3개의 침실이 있는 아파트 열쇠 50개를 복사해 지역 예술가와 큐레이터에게 나눠 주고 밤새도록 대화를 이어 가기도 하였다.[30]

오브리스트는 21세기의 성공은 우리가 다채로운 언어를 경험할 수 있는 장소에 얼마나 귀를 기울이느냐의 여부에 달려 있다고 전한다.[31] 두 잇은 서로 다른 지역적 조건과 관계를 형성하며 전시가 열리는 지역 공동체와 함께 역동적이고 복잡한 시스템의 장소 특정적 전시를 구성하였다.

둘째, 두 잇은 유동적 참여 방식과 소통을 강조하는데, 오프라인에서 개인적으로 혹은 온라인을 통한 복합적인 발표 모델을 사용하고 있다. 즉 오프라인을 벗어나 전시를 보지 못한 관객들도 온라인에서 참여할 수 있도록 웹사이트를 개설하였고, 온라인으로 새로운 지시문을 지속적으로 업로드하며 전 세계적으로 공유하였다. 특히 2020년 코로나19는 지역적으로는 예술가들의 디지털 콘텐츠 생성에 대한 의존을 높였고, 온라인상의 소통이 일상이 된 현시점에서 오브리스트는 대부분의 전시 프로젝트를 가상으로 변경하였다.

지시서 기반 예술인 두 잇에 참고 모델이 된 것은 기술의 오픈 소스 모델(open-source model)로, 이는 개방형 협업을 장려하며 대중이 자유롭게 이용하고 수정할 수 있는 소스 코드를 일반에 공개한 컴퓨터 프로그램을 말한다.[32] 이는 또한 글리상이 예술은 사회 대부분의 사람들이 볼 수 없고, 이것이 우리가 오픈 소스식의 좀더 편견 없는 전시 모델과 관련한 모든 형식의 참여 방식을 탐구하고 격려하는 이유라는 견해를 받아들인 것이다.[33] 두 잇은 유동적 성격이 강해 전

---

30) Do it(australia) Catalogue Contents. https://doit.kaldorartprojects.org.au/catalogue

31) Buchhart, D. *Hans Ulrich Obrist: do it.* https://www.kunstforum.de/artikel/hans-ulrich-obrist-do-it/

32) Rangel, G., Obrist, *H.U. What anti-extinction art can do.* Content Engine LLC.CE Noticias Financieras, English ed. Trans(2020, July 17).

시가 끝나도 온라인 플랫폼을 방문하여 언제 어디서든 과거의 지시
문을 확인할 수 있고, 인스타그램과 같이 소셜 미디어에서 팔로우하
는 등 유동적 참여 방식과 소통으로 더 많은 사람들이 접촉할 수 있
게 하였다.

　셋째, 두 잇은 다양한 배경의 예술가들의 참여로 국제적인 전시
가 되었다. 여기에는 예술·음악·시·패션·디자인 분야에서 활동하
며 전 세계 각지에서 온 미술가·안무가·무대 디자이너·음악가·
건축가·작가·시인·철학자·영화감독·영화제작자·영상 아티스
트·음반제작자·미술비평가·플로리스트 등의 지시문이 포함되어
있고, 이들 사이에 경계는 없으며 서로의 영역을 넘나들고 있다.

　이는 구글 아트 앤 컬쳐를 통해 확인해 볼 수 있는데, 예를 들
어 음식과 관련하여 영화감독이자 시나리오 작가인 아그네스 바르다
(Agnès Varda, 1928-2019)는 차드 그라탕(chard gratin)에 대한 레시피를
제시하였으며, 리크리트 티라바니자가 선보이는 건조된 할라피뇨가
많이 들어간 즉흥적인 요리 레시피와 영상을 보여주었다.[34]

　이렇게 여러 분야에서 활동하는 예술가들의 텍스트와 사진·유
튜브 동영상을 통해 요리 과정을 따라가며 개인 부엌에서 실행해 볼
수도 있다. 그외 음악적 요소를 결합하기도 하는데, 아르헨티나의 개
념미술가인 데이비드 라멜라스(David Lamelas, 1946-)는 마음속 모든
생각을 비우고 이렇게 '문(Moon)'이라고 말하면서 입술로 완벽한 원
형을 만들고 그대로 정지하라고 지시한다. 아드리안 파이퍼는 관객

---

33) Guo, S.X. *Shanghai Urban Space Art Season(SUSAS) 2019: On the Urgency of Public Art an Interview with Hans Ulrich Obrist.* Architectural Practice, 2020, p.36.

34) Serpentine Galleries. https://youtu.be/MLN47_Gaurk

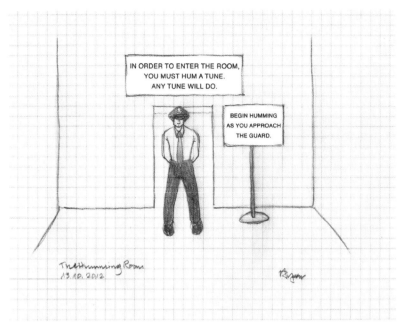

IN ORDER TO ENTER THE ROOM,
YOU MUST HUM A TUNE.
ANY TUNE WILL DO.

BEGIN HUMMING
AS YOU APPROACH
THE GUARD.

(사진 16) 아드리안 파이퍼(Adrian Piper), '허밍 룸(The Humming Room)' 지시문, 2012
ⓒGoogle Arts & Culture

들에게 방에 들어가기 위해서 콧노래를 흥얼거릴 것을 요구한다.

또한 안무가 시몬 포르티(Simone Forti, 1935-)가 새롭게 제안한 것은 '가면 퀼로트(masque-culotte)' 간단하게 'MC'라고 부르는 비키니 마스크 만들기로, 이는 코로나 자가격리 기간에 마스크를 착용하는 데서 생각해 낸 것이다. 우선 준비한 속옷이나 비키니의 허리 부분에 머리를 넣은 다음 다리 넣는 구멍에 정수리를 넣고 마스크를 제자리로 당겨 남은 천들은 묶어서 만들게 되는데, 이는 약간의 실험이 필요하다. 최근 뉴욕을 기반으로 활동하는 모로코 예술가 메리앙 벤나니(Meriem Bennani, 1988-)는 시청자에게 유튜브로 이동해서 좋아하는 노래 상위 40곡의 이름을 입력하고, 음악에 맞춰 춤추는 자신의 모습을 촬영하여 자신만의 틱톡(TikTok™)을 제작하고 첫 리허설을 진행하도록 한다. 따라서 두 잇은 지역적 · 형식적 · 매체적 경계를 벗어나 세계성과 국제성을 실현한다는 것에서 가치가 있다.

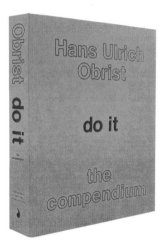

(사진 17) 한스 울리히 오브리스, 《두 잇: 개요서 *Do It: The Compendium*》 ⓒAmazon

넷째, 두 잇은 전시를 위하여 1993년 이후 지속적으로 추가된 아카이브 자료를 선택하고 새로운 장소에서 재맥락화한다는 것에서 의미가 있다. 2004년에는 두 잇의 중국어 버전이 나왔고, 2013년 두 잇 프로젝트 20주년을 기념하기 위해 오브리스트는 국제독립큐레이터협회와 공동으로 400페이지가 넘는 《두 잇: 개요서 *Do It: The Compendium*》 출판을 진행하였다. 여기에는 250명의 예술가들이 선정되었으며, 이들 중 84명은 새롭게 참여하였다.[35] 이 지시서에는 퍼포먼스와 조각, 특정 장소와 상황에 따른 도시 공공 디자인 및 철학적 성찰, 심지어 요리 레시피까지 광범위한 예술가들의 지시문이 포함되었다. 오브리스트는 두 잇이 '단거리달리기가 아니라 마라톤'이라며, 이 책은 지속적으로 여러 가지 해석이 가능한 프로젝트 '진행 보고서'라고 언급하였다.[36]

---

35) Do it: the compendium book launch. https://www.e-flux.com/announcements/32727/do-it-the-compendium-book-launch/

출판물 외에 온라인상에서 아카이브를 형성하고 있는데, 구글 아트 앤 컬쳐에서는 지난 27년간의 '두 잇'전 아카이브를 살펴볼 수 있다. 1993년 크리스티앙 볼탕스키의 지시문부터 2020년까지 연대별로 114개의 항목으로 구성되어 있고, 1990-2000년대, 2000-2010년대, 2010-2020년대로 나누어 두 잇에 참여한 더 많은 예술가들의 지시문도 확인할 수 있다.

또한 '도전하기'로 이동하면 세부 정보와 함께 추천 사항으로 동시대에 제작된 작품과 시각적으로 유사한 지시문, 관련 화파에 속한 작품이나 같은 대상, 같은 장소, 같은 인물을 묘사한 작품 등이 소개되어 있어 더 많은 자료와 연결될 수 있다. 이렇게 두 잇은 모든 시대의 모든 지역, 모든 사람들과 함께하는 열린 전시로서 아카이브를 통해 과거와 현재·미래가 만나는 새로운 곳에서 여전히 현재 진행중에 있다.

4. 맺음말

1993년 이후 오브리스트에 의해 시작된 '두 잇'은 그의 경력을 결정짓는 대표적인 프로젝트 중 하나로 예술가들에게 누구나 실현할 수 있는 간단한 지시문을 제작하도록 요청하였다. '스스로 하라'는 제목에서도 알 수 있듯이, 기존 예술 작품을 그대로 받아들이고 감상

---

36) Do It: 20Years of Famous Artists' Irreverent Instructions for Art Anyone Can Make. https://www.brainpickings.org/2013/06/03/do-it-the-compendium-hans-ulrich-obrist/

하는 것이 아니라 예술가의 지시문을 관객이 실행하게 함으로써 작품은 누구도 알 수 없는 결과로 살아 있는 현실이 되게 하였다. 그러므로 두 잇은 그 자체로 불완전하고 미완성인 전시가 되며, 예술 역사상 처음으로 영원히 멈추지 않고 현재까지 지속되고 있는 전시이다. 이는 작품을 완성하기 위해 예술가들에게 많은 자료를 수집하거나 오랜 시간 작업실에서 시간을 보낼 것을 요구하지 않으며, 제작에 대한 부담을 주지 않고 새로운 작품을 창작할 수 있게 지원하였다.

2020년 코로나 바이러스의 세계적인 대유행은 일상 생활을 뒷받침하는 사회·정치·경제 시스템을 재평가하는 시대를 열었고, 두 잇은 국제 파트너인 서펜타인 갤러리와 국제독립큐레이터협회, 칼도르 공공예술 프로젝트 및 구글 아트 앤 컬처가 팀을 이루어 지시문 제시를 확대하였다. 이러한 시대적 변화는 관객 스스로 지시문을 보고 현실에서 작품에 참여하는 과정으로 실행되기 때문에 참가자를 모니터에서 멀어지게 하였으며, 그 결과물을 온라인상에 발표함으로써 예술가의 작품에 참여할 수 있는 기회를 확대하였다.

이는 유럽과 미국·아시아에 이르기까지 전 세계로 연결되면서 여러 다른 버전의 '두 잇'이 등장하였는데, 전시가 진행됨에 따라 지시문은 반복되지만 각 지역의 차이를 반영한다는 사실은 오랫동안 오브리스트의 흥미를 끌었다. 그는 "큐레이팅의 기본은 독립된 각각의 요소들을 연결하고 서로 만날 수 있도록 네트워킹하는 것이다. 큐레이팅은 문화의 교류를 시도하는 것이다. 큐레이팅은 도시와 사람, 그리고 세계를 통해 새로운 길을 여는 지도를 제작하는 것이다"[37]라고 말하며, 또 모든 장소와 지역이 가지고 있는 고유한 특징과 교류하며 세계 각 도시의 지역적 특성을 드러내고자 하였다.

따라서 큐레이터는 '두 잇'전이 제공한 지시문을 선택하여 전시를 항상 유동적으로 만들었고, 여기서 전통적인 큐레이터의 역할은 완전히 벗어나 있다. 오브리스트는 전시뿐 아니라 일상 생활에서도 전형적인 삶이 아니라 비전통적인 과정을 능동적이고 창조적으로 존재하기 위한 대안적 삶을 실천하고자 하였으며, 전시에 있어 특별하고 새로운 규칙을 발명해야 한다고 강조하였다.

두 잇의 지시문은 작품의 개념과 원작에 대한 문제에 주목하게 하였고, 그 지시문을 읽는 사람들에게 무엇을 어떻게 해야 하는지 알려주며 각각의 현장에서는 원본의 독창성이라는 문제와 관계 없이 새롭게 의미를 생산하게 하였다. 예술가의 아이디어는 미술관이나 갤러리·학교·집·야외 공간 등 어느 장소에서나 실행될 수 있으며, 최종적으로 그것을 해석하는 사람들에게서 하나의 결과물로 시각화되어 스스로 전시의 일부가 되게 한다. 중요한 것은 마음이 있는 사람이라면 누구나 할 수 있다는 것으로 전시의 개념에 새로운 의미를 부여하였다.

두 잇은 처음 생성된 예술가의 지시문을 기반으로 전시가 실현될 때마다 예술가의 지시문에 대한 해석이 얼마나 다른지 보여주었다. 같은 지시문 세트에 대해 두 개의 동일한 해석은 있을 수 없고, 두 잇은 이 사실을 분명히 하였다. 이 지시문들은 텍스트와 이미지·사운드·영상을 사용해 퍼포먼스적이고 참여적인 성격을 내포하며 어떤 사건이 일어나게 하는 것이다. 이는 여러 가지 해석이 가능한

---

37) 한스 울리히 오브리스트, 양지윤 옮김, 《한스 울리히 오브리스트의 큐레이터 되기》, 아트북프레스, 2020, p.9.

개방형 지시문으로 아이디어가 중요한 역할을 하였고, 모든 영감이 되었으며, 텍스트가 실행되는 방식에 따라 작품은 변경될 수 있다.

따라서 두 잇은 일반적인 작업 방식을 전복시키고, 예술이 무엇인가에 대한 정의를 확장하는 데 기여하였다. 즉 예술과 삶의 경계를 넘어 예술의 잠재적인 힘이 미술관에 가지 않아도 사람들을 예술로 이끌 수 있고, 또한 예술이 사람들에게 다가갈 수 있는 방법에 관해서도 생각하게 하였다. 다시 말해, 두 잇은 지시문이라는 형태를 갖고 있지만 관객들은 지시문을 통해 모든 재해석이 가능하며, 예술가들의 목소리가 어떻게 사람들에게 전달되고 활력을 불어넣을 수 있는지 보여준다. 이를 통해 두 잇은 '스스로 실천하기' 전까지는 종이 위에서만 존재하고, 작품이 재연된 이후에는 기억 속에 남게 한다.

II

뉴욕 현대미술관의 기억으로서의
'위임된 퍼포먼스'

티노 세갈의 작품을 중심으로

1. 머리말

최근 세계 여러 미술관은 21세기 퍼포먼스 아트의 새로운 방향
성을 제시하며 퍼포먼스 아트 컬렉션에 주목하고 있으며, 동시에 새
로운 방식으로 이를 수용하고 있다. 1960년대 이후 퍼포먼스 아트가
시각예술의 주요 언어로 자리잡기 시작하면서 시간을 기반으로 순간
의 미학을 실천하는 퍼포먼스 아트를 소장한다는 것이 일반적인 일
은 아니지만 이에 대한 수집과 보존은 늘 논의의 대상이 되어 왔다.
이에 따라 동시대 미술관은 개인적인 역사와 기능·성격에 맞는 새
로운 작품을 지속적으로 소장하기 위해 기존의 컬렉션 작품을 재평
가하고, 시각적인 오브제 대신 개념과 행위를 중시하는 작품에 그 자
리를 내주기도 한다.

특히 뉴욕 현대미술관(The Museum of Modern Art/MoMA, 이하 모
마)의 컬렉션은 '회화와 조각(Painting and Sculpture)' '드로잉과 판화
(Drawings and Prints)' '사진(Photography)' '영화(Film)' '건축과 디자인
(Architecture and Design)' '미디어&퍼포먼스(Media and Performance)'의
6개 부문으로 나누어져 있는데, 2008년 기존의 미디어 부서에 퍼포
먼스 아트 작품을 추가함으로써 이 분야에 대한 장악력을 높이고자
하였다. 이는 2009년 모마의 이사회에서 인준된 컬렉션 관리정책에
서도 확인할 수 있다.

국가와 경계를 초월하여 회화·조각·드로잉·판화와 삽화·사
진·건축·디자인·필름과 비디오를 비롯하여 이 분야의 예술적 쟁점

을 반영하는 아직 계발되거나 이해되어지지 않은 새로운 형태의 종류를 비롯한 모든 '시각적 표현물(visual espression)'을 포함한다. 이러한 형태의 '시각적 표현물'은 전시와 설치를 통해 탐구될 수 있고, 미술관의 다양한 컬렉션이 지속적으로 반영되는 연속적 논의이자 대립적 논의이다. 미술관이 설립되었을 당시나 현재의 이상을 유지하기 위해서 동시대 예술 및 예술가의 중요성을 확인하는 것이 매우 중요하다. 현대미술관은 모던과 컨템포러리 아트의 쟁점에 부응하고, 대중들에게 접근 가능한 환경에서 평가된 것과 실험적인 것, 과거와 현재 사이의 대화를 창출해야 한다.[1]

모마(MoMA)는 설립 초기부터 지금까지 새로운 예술가들의 탐구를 강조하며 그와 관련한 미술관 컬렉션 방향을 제시하였고, 동시대 미술관 컬렉션의 지속적인 개선과 성장을 추구하며 동시대 미술로의 확장을 꾀하고 있다.

2018년부터 로스앤젤레스 현대미술관(The Museum of Contemporary Art/MOCA)의 관장을 맡고 있으며 현대미술관(MoMA)의 미디어&퍼포먼스 아트 부서를 공동 설립했던 클라우스 비센바흐(Klaus Biesenbach, 1967-)는, 미래 세대를 위한 미술관의 책임은 퍼포먼스 아트 작품을 '살아 있는 상태로 보존하는 것'이라고 말한다.[2] 그는 이제까지 퍼포먼스 아트가 미술관의 컬렉션에 잘 반영되지 못했고, 저평가되어 왔다는 것을 인정하며 퍼포먼스 아트를 수집할 방법에

---

1) 최병식, 《뉴 뮤지엄의 탄생》, 동문선, 2010, pp.330-331.
2) Wainwright, J. *How to Collect Performance Art*, The Art Newspaper, 2009, p.5.

(사진 18) 모마(MoMA)의 애비 앨드리치 록펠러 조각정원(Abby Aldrich Rockefeller Sculpture Garden)

대해 고민하고 있다고 밝혔다.[3] 실제로 1929년 설립 이후 현대미술관(MoMA)은 20만 점의 현대와 동시대 작품을 포함하고 있으며, 이중 9만여 점은 온라인에서 이용할 수 있는데 검색이 가능한 퍼포먼스 작품은 32점뿐이다.[4]

현대미술관(MoMA)은 퍼포먼스 부서를 신설한 후, 첫번째 퍼포먼스 작품으로 티노 세갈(Tino Sehgal, 1976-)의 〈키스(Kiss)〉를 소장하기로 결정하였고, 2015년에는 1960년대 뉴욕의 퍼포먼스 아트 대표작가이기도 한 시몬 포르티(Simone Forti, 1935-)의 〈댄스 구성(Dance

---

3) Vogel, C. *Inside Art*, New York Times, Late Edition(2009, February 27).
4) MoMA. https://www.moma.org/

Constructions, 1960-61)〉 4점을 소장하였다. 이외에도 로만 온닥(Roman Ondak, 1966-)의 2007년작 〈우주 측정하기(Measure the Universe)〉 등과 같은 새로운 작품을 구입하면서 퍼포먼스 아트 컬렉션을 확대하고 있다. 이러한 아트 컬렉션은 기존의 회화나 조각, 그외 다른 유형의 오브제를 수집하는 전통에서 벗어나 비물질적인 개념과 행위, 그리고 퍼포먼스 아트의 재공연 권리를 소장하게 된다.

다시 말해, 미술관이 퍼포먼스 아트를 수집한다는 것은 사물이 아닌 실제 대상으로서의 신체를 포함하는 것으로 미술관은 이를 지속적으로 공연하고 수행할 권리와 책임을 가진다. 또한 예술가는 자신의 신체가 직접적으로 개입된 행위의 실천이 아닌 퍼포먼스를 수행할 행위자들을 고용하고 작업에 대한 지시와 훈련을 제공하는데, 이와 관련한 대표적인 동시대 미술가로 티노 세갈을 들 수 있다.

그의 퍼포먼스 작품은 신체적 행위의 예술적 실행이 진행되는 순간에만 존재하고 기억되며 그 순간에 일어나는 일시적인 물질성, 즉 비물질성에 의미를 두고 있다. 이러한 퍼포먼스 아트의 행위와 몸짓은 '재공연(reperformance)'될 때마다 그대로 유지되지만, 동일하지 않아 작품이 다시 수행되면 제목에 새로운 연도가 추가된다. 세갈의 이러한 작품은 전통적인 미술품 컬렉션과 다른 복잡한 절차와 기획이 필요하지만 최근 퍼포먼스 아트에 매료된 컬렉터들은 이러한 작품들을 즐기고 있으며, 미술관은 이를 수집하고 공연하기 위한 특별 기금을 마련하고 있다.[5]

이에 2000년대 이후 세계 미술계에서 퍼포먼스 아트에 대한 인

---

5) Marks, T. *Collecting now*, Apollo, 184. Iss.646, 2016, p.25.

식 전환을 현대미술관(MoMA)의 퍼포먼스 아트 컬렉션의 확장을 통해 살펴보고, 티노 세갈의 '구축된 상황(constructed situations)'으로서의 '위임된 퍼포먼스(delegated performance)' 작품을 중심으로 동시대 미술에서 퍼포먼스 아트 컬렉션의 의미에 대해 고찰하는 것을 목적으로 한다.

그의 작품은 일반적인 미술관 전시의 개념을 벗어난 것으로, 서로 다른 분야에서 활동하는 참여자들을 고용하고 예술가의 행위를 대신하게 하였다. 따라서 퍼포먼스 아트는 인간의 신체를 빌려 예술가의 아이디어를 물리적인 대상처럼 다루고 관람객의 참여를 유도함으로써 예술가와 작품, 그리고 관람객 사이의 전통적인 구분을 해체하고 장르와 매체를 넘나들며 유연한 사고를 제시하고 동시대 미술관 컬렉션의 새로운 패러다임을 자극하였다는 것에서 가치가 있다.

2. 뉴욕 현대미술관의 퍼포먼스 아트 수집과 전개

1) 퍼포먼스 아트 형성과 수집

퍼포먼스 아트는 1960년대 후반 현대미술 발전에 있어 중요한 역할을 해왔고, 순수하게 '개념'을 '예술'에 포함시킨다는 아이디어에서 시작하여 최종적으로 작품에서 중요하게 다루는 지점이 완성된 어떤 대상에서 과정으로 옮겨지게 함으로써 예술가의 '신체적 현존'을 작품으로 인정하게 되었다. 영국의 2인조 그룹인 길버트(Gilbert, 1943-)와 조지(George, 1942-)는 자신들의 생애 자체를 미술로 규정하며

1969년 그들의 첫 퍼포먼스인 〈노래하는 조각(The Singing Sculpture)〉을 실행하였는데, 이는 정장을 차려입은 두 사람이 손과 얼굴에 금속성 분장을 하고 공공 장소에 나타나 두 개의 청동 조각이 되는 것이었다.[6] 이들은 스스로 '살아 있는 조각(living sculptures)'이 되어 그들 삶의 행위 자체를 미술로 확장시켰으며, 일상 생활의 모든 장소에서 모든 이들을 위한 미술이 되고자 하였다.

이렇게 일상적인 행위와 몸짓이 예술의 영역에 포함되면서 1960년대 예술가 자신의 몸은 주된 이미지 매체가 되었고, 1970년대 이후 퍼포먼스 아트가 더욱 확산되면서 신체적 한계를 실험하는 과격하고 충격적인 행위가 실행되었다. 이러한 변화와 함께 퍼포먼스 아트의 불확실하고 우연적인 육체적 언어를 수집할 수 있는 방법에 대해서도 모색하였다. 특히 1977년 설립한 뉴욕의 뉴 뮤지엄(New Museum)은 현대미술관(MoMA)과 휘트니미술관(Whitney Museum of American Art)의 대안으로 당시 전통적인 미술관에서 수용하지 못했던 비물질적 개념미술, 퍼포먼스, 과정 기반 미술에 주력하였다.[7]

이러한 예술은 시간적 요소를 기반으로 예술 작품의 미적 오브제가 아닌 오브제의 '비물질화'에 주목하였고, 예술적 실행을 통한 신체적 행위에 대한 대안적 재구성을 시작하였다. 이는 또한 무용과 영화·음악·회화·조각 등 각자 완전히 다른 양식으로 작업하는 시각예술가들을 흡수하였으며, 이들이 서로 만나 작업하며 의견 일치

---

6) 마이클 아처, 이주은·오진경 역, 《1960년 이후의 현대미술》, 시공아트, 2007, pp.121-122.
7) 클레어 비숍, 구정연 역, 《래디컬 뮤지엄 – 동시대 미술관에서 무엇이 '동시대적'인가?》, 현실문화, 2016, p.21.

를 볼 수 있는 만인의 영역이 되었다.[8]

퍼포먼스는 오브제의 탈물질과 비물질화로 당시 일반적인 미술관의 컬렉션과 전시에서 배제되어 있었고, 특별히 수명이 짧아 역사적으로 이를 자료화해 왔다. 예술가 자신의 신체를 예술 작품의 주체로 활용한 관련 사진은 퍼포먼스 아트를 집으로 가져갈 수 있는 가장 인기 있는 기념품이 되었고, 이외에 공연을 위해 제작한 소품이나 악보 · 스케치 · 작업 문서 · 비디오 등을 통해 수집이 이루어졌다.

그러나 이브 클랭(Yves Klein, 1928-1962)은 1959년에 자신의 '비

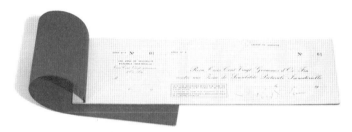

(사진 19) 이브 클랭(Yves Klein), '비물질의 회화적 감성 지대(Zones of Immaterial Pictorial Sensibility)' 영수증철, 1959 ⓒThe Estate of Yves Klein co ADAGP

물질의 회화적 감성 지대(Zones of Immaterial Pictorial Sensibility)'를 판매하는 퍼포먼스를 통해 비물질로서의 작품이 물질 없이도 수집 · 교환될 수 있는 가치라는 것에 주목한 선구자였다. 전시 오프닝 당일 클랭은 관람객들에게 작품을 소개하고, 구매 의사를 밝힌 이들에게 1kg의 금박을 받고 거래 장소에 미술평론가와 관장 등이 증인으로 동석하였다. 이 자리에서 클랭은 은행 수표처럼 생긴 영수증을 써주

---

8) 트레이시 워, 심철웅 옮김, 《예술가의 몸》, 미메시스, 2007, p.204.

없는데, 거래는 여기서 끝이 아니었다. 작품 구매자는 센 강에서 이 영수증을 불태웠고, 클랭은 금박의 절반을 날렸다. 나머지 금은 성 리타 성당에 봉헌되었는데, 그가 금박을 날린 행위는 금의 물질적 가 치는 부정하고 추상적인 가치만을 취한 것을 의미한다.[9]

클랭의 작품 구매자가 자신이 그 작품을 소유하였다는 유일한 증명서를 태워 오브제로서의 영수증을 파괴함으로써 비물질적 영역 을 완전히 소유한 것과 같이 1960년대부터 예술가들은 작품의 물리 적 요소를 절차에 따라 수집하고 보존하는 미술관의 역할에 저항하 기 시작한 것이었다. 즉 시간이 지나면 사라지는 퍼포먼스 아트의 수 집과 보존 방식에 대해 예술가들은 서로 다른 지시 원칙을 가지며 작 품의 흔적을 남겼다.

오노 요코(Yoko Ono, 1933-)의 1964년 작품 〈컷 피스(Cut Piece)〉 는 관람객들에게 자신이 입고 있는 옷을 자르라고 초대한 작품으로 영화와 사진, 그리고 런던 테이트(Tate) 미술관이 소유한 오노의 드

(사진 20) 오노 요코, 〈컷 피스(Cut Piece)〉, 1964 ⓒMCA Australia

(사진 21) 크리스 버든, 〈쏘다(Shoot)〉, 1971 ⓒThe New York Times

---

9) Wainwright, J. *How to Collect Performance Art*, The Art Newspaper, 2009, p.5.

레스 조각이 존재한다. 또한 마리나 아브라모비치(Marina Abramović, 1946-)의 현대적인 퍼포먼스는 판화로 제작되었다.[10] 비토 아콘치 (Vito Acconci, 1940-2017)는 자신의 여러 퍼포먼스를 비디오와 사진·텍스트로 제작하였고, 크리스 버든(Chris Burden, 1946-2015)은 1971 년작 〈쏘다(Shoot)〉에서 작품의 일부로 팔에 총을 맞은 것으로 유명한데, 갤러리에서 친구를 시켜 자신의 팔에 총을 쏘는 퍼포먼스로 작가는 이를 다시 공연하는 것을 허용하지는 않는다. 한편 퍼포먼스 아트가 등장한 이후 미술관은 기존의 규칙과 관행에 도전하며 이를 수집하고 전시하는 새로운 방법론을 개발하는 데 주목하기도 하였다. 《래디컬 뮤지올로지 *Radical Museology*》의 저자 클레어 비숍(Claire Bishop, 1971-)은, 시간을 기반으로 하는 일시적인 행위의 순간인 퍼포먼스 아트를 선호하며 역사적인 컬렉션 작업에 대한 큐레이터의 관심 부족을 분명히 밝히고 있다.

"많은 큐레이터에게 영구적인 컬렉션의 역사적 무게는 새로운 관객을 끌어들이는 데 필수적인 참신함을 억제하는 걸림돌이 된다. 왜냐하면 일시적인 전시의 끊임없는 회전은 진짜 작품을 보여주는 또 다른 방식을 찾는 것보다 더 흥미진진한 것으로 간주되기 때문이다."[11] 비숍은 일시적인 전시의 실체를 재해석이 가능한 자원으로 간주하였으며, 미술관의 영구적 작품 소장이라는 개념에서 벗어나 컬렉션의 확장을 이루고자 하였다.

---

10) Scott, I. *Can you collect performance art?* https://www.ft.com/content/b25e375a-54de-11e7-80b6-9bfa4c1f83d2
11) Fraser, M. *Collecting Forever? On Acquiring a Tino Sehgal*. International Contemporary Art. Toronto. Iss.143, 2019, pp.26-31.

현대미술관(MoMA)의 퍼포먼스 작품 구입은 기증과 구매를 통해 이루어질 수 있는데, 이런 경우 우연한 기회에 갑작스럽게 혹은 여러 해 동안 예술가와의 대화를 통해 구입할 수 있다. 현대미술관은 분기별로 연간 총 24회의 회의를 진행하며, 각 회의에서 적게는 몇 점에서 수십 점의 작품을 소장한다. 2008년 추가된 미디어&퍼포먼스 아트 부서에서는 미국의 예술가이자 작곡가인 데이비드 튜더(David Tudor, 1926-1996)의 역사적인 사운드 설치 작품으로 튜더가 구상하고 컴포저스 인사이드 일렉트로닉스(Composers Inside Electronics Inc.)가 실현한 〈레인포레스트 V(Rainforest V, 1973/2015)〉부터 뉴욕을 기반으로 원초적인 컴퓨터 그래픽 형태로 가상생물학을 표현한 타보어 로박(Tabor Robak, 1986-)에 이르기까지 다양한 작품을 컬렉션에 추가하고 있다.[12]

2005년부터 세계적인 아티스트들이 보여주는 라이브 퍼포먼스와 영상·전시·강연·심포지엄 등을 진행하고 있는 뉴욕 퍼포마 비엔날레(Performa Biennial)의 설립자이자 비평가인 로즈리 골드버그(RoseLee Goldberg, 1947-)는, 우리가 퍼포먼스 아트의 역할을 이해하지 못한다면 20세기 예술을 완전히 이해할 수 없다고 하였다.[13] 즉 전시 공간이라는 프레임 안에서 퍼포먼스 아트는 예술가가 만든 개념과 행위, 제스처와 상황을 관람객이 직접 호흡하고 경험하도록 하였다. 따라서 퍼포먼스 아트는 매체와 매체를 넘나들며 공연이 진행

---

12) Lim, N. *MoMA Collects: Introducing New Acquisitions*. https://www.moma.org/explore/inside_out/2015/12/19/moma-collects-introducing-new-acquisitions/

13) Harris, G. *Performance art in the marketplace*. https://www.ft.com/content/ef939b02-d19f-11df-b3e1-00144feabdc0

되는 동안 고정된 오브제로서의 완성된 작품이 아닌 예술가의 실행과 관람객의 창조적 역할을 중시한다.

2) 뉴욕 현대미술관의 퍼포먼스 아트 컬렉션

현대미술관(MoMA)은 2008년 기존의 미디어 부서에 퍼포먼스 아트를 신설함으로써 더욱 적극적으로 퍼포먼스 아트를 소장할 수 있는 새로운 방식을 모색하고 있다. 특히 2019년 내부 공사를 마치고 재개관한 현대미술관은 그 중심부에 마리-조제 앤드 헨리 크래비스 스튜디오(Marie-Josée and Henry Kravis Studio)와 같이 시간을 기반으로 한 퍼포먼스와 라이브 프로그램을 진행할 수 있는 하이브리드한 전용 공간을 설립하였고, 퍼포먼스가 가진 '일시적'이라는 난제를 극복하고자 퍼포먼스 아트에 대한 연구와 전시를 활발하게 진행해 왔다.

그 대표적인 예로 2009년 모마 P.S.1(MoMA P.S.1)에서 '100년: 퍼포먼스 아트의 역사(100 Years: A History of Performance Art)' 전을 개최한 것을 들 수 있다. '100년' 전은 20세기 퍼포먼스 역사의 형성을 소개하였고, 지난 10년 동안의 다양한 라이브 퍼포먼스를 보여주었다. 이는 퍼포먼스 기록과 보존에 대한 아카이브 연구로 아직 대중에게 생소하고 어려운 퍼포먼스를 영상·사진·오디오 등의 기록물로 보여줌으로써 퍼포먼스 아트에 대한 개념과 당시 상황을 전달하였다.

첫번째 전시실에서는 오스카 슐레머(Oskar Schlemmer, 1888-1943)의 〈삼부작 발레(Triadic Ballet)〉부터 프란시스 피카비아(Francis Picabia,

1879-1953)의 초현실주의적 발레 〈휴식(Relâche)〉, 현대무용가 마리 비그만(Mary Wigman, 1886-1973)의 〈마녀의 춤(Hexentanz)〉이 소개되었고, 두번째 전시실에서는 캐롤리 슈니만(Carolee Schneemann, 1939-2019) · 안나 할프린(Anna Halprin, 1920-) · 트리샤 브라운(Trisha Brown, 1936-2017) · 쿠사마 야요이(Yayoi Kusama, 1929-) 등을 볼 수 있었다. 이외에도 아나 멘디에타(Ana Mendieta, 1948-1985) · 매튜 바니(Matthew Barney, 1967-) · 타니아 브루게라(Tania Bruguera, 1968-) · 아드리안 파이퍼(Adrian Piper, 1948-) 및 알로라와 칼자디야(Allora & Calzadilla) · 지갈릿 란도(Sigalit Landau, 1969-), 그리고 라이언 트레카틴(Ryan Trecartin, 1981-) 등 현재까지의 자료를 연대순으로 소개하였다.[14]

또한 현대미술관(MoMA)은 2015년 12월 시몬 포르티의 명상적이면서도 거친 '댄스 구성' 작품 〈허들(Huddle)〉 〈플랫폼 (Platforms)〉 〈센서(Censor)〉 〈사선 보드(Slant Board)〉 4점을 공식적으로 퍼포먼스 아트 컬렉션에 추가하였다. 미술관은 포르티의 댄스 퍼포먼스 권한과 일련의 지침을 2년 동안 개발하였고, 비디오 교육 자료에서 스케치 · 사진 · 인터뷰 등 다양한 자료들과 이전에 수행된 버전을 광범위하게 문서화하여 미래 세대의 댄서들에게 정확한 지침을 제공한다. 또한 포르티와 큐레이터는 댄서 및 교사 그룹과 긴밀히 협력하여 새로운 세대의 공연자와 참가자에게 춤을 알리는 연례 워크숍을 진행하였다.

현대미술관 미디어&퍼포먼스 아트 부서의 수석 큐레이터인 스튜

---

14) Goldberg, R. *100 Years: A History of Performance*. https://www.moma.org/explore/inside_out
/2010/04/05/100-years-a-history-of-performance-art/

(사진 22) 시몬 포르티(Simone Forti), 〈허들(Huddle)〉, 퍼포먼스, 1961/2015 ⓒMoMA

어트 코머(Stuart Comer)는 이 작품에 대하여 다음과 같이 말한다.

　　포르티의 〈허들〉은 가장 잘 알려진 '댄스 구성'으로 참여도가 높고, 1960년대 커뮤니티에 대한 개념과 방식을 다시 제시한다. 캐롤리 슈니만의 1964년작 〈육체의 쾌락(Meat Joy)〉이나 쿠사마 야요이의 해프닝(Happenings) 같은 작품과 유사하지만 집단행동이 미국 정치의 중심이 된 순간이었다. 〈허들〉은 한 그룹의 사람들이 함께 모일 때 일어나는 일과 서로 협상하는 방식에 대한 반성을 촉구하는 것이다.[15]

---

15) Lim, N. *MoMA Collects: Introducing New Acquisitions*, https://www.moma.org/explore/inside_out/2015/12/19/moma-collects-introducing-new-acquisitions/

그녀는 일상적인 움직임과 소리·빛에 대한 다학제적 탐구와 현대무용의 제약을 거부한 실험적 안무가로, 예의 〈허들〉은 단단하게 무리를 이룬 무용가들 중 한 사람이 정해진 규칙 없이 무리를 딛고 기어오르고 뛰어넘는 행위를 즉흥적으로 반복하는 것이다.

(사진 23) 로만 온닥(Roman Ondak), 〈우주 측정하기(Measuring the Universe)〉, 퍼포먼스, 2009 ⓒMoMA

슬로바키아 예술가 로만 온닥의 〈우주 측정하기〉는 현대미술관 (MoMA)에서 3개월 가까이 진행되었고, 전시가 진행되는 동안 관람객들은 미술관 관람객들의 키와 이름·측정 날짜를 갤러리 벽에 표시한다. 비어진 하얀 공간에서 시작하여 시간이 지남에 따라 점차 수천 명에 이르는 사람들의 흔적이 축적되어 갤러리 벽에 두껍고 거친 검은색 띠가 형성되었다. 이는 부모들이 문틀에 아이들의 키를 기록하는 오랜 습관을 공개적인 활동으로 변경시켰고, 인류가 세계의 규모를 측정하고자 하는 오랜 욕망을 대표하고자 하였다.[16]

온닥은 이같이 말한다. "나는 일상 생활의 매우 주변적이고 한

16) MoMA. https://www.moma.org/

계적인 순간을 확장하고, 이를 전시의 맥락으로 전환시키고자 하였다."[17] 그는 예술과 일상 생활을 모호하게 만들어 하나로 결합시키고, 수많은 참가자들과 함께 작품을 창조하는데, 이때 관객은 작품에서 중요한 역할을 담당하게 된다. 예술을 만드는 과정에 관람객을 포함시키는 것은 퍼포먼스 아트의 오랜 역사로 사람들의 참여를 적극적으로 유도함으로써 예술가와 작품, 그리고 관객 사이의 전통적인 구분을 극복하고자 하였다.

이러한 시도는 퍼포먼스 아트가 더 이상 행위자 한 사람의 신체에 국한되는 것을 대신하여 사회적 그룹의 집단적 신체와 연결되는 것을 의미한다. 즉 1960년대 말부터 1970년대까지 초기 퍼포먼스 아트를 대표하는 비토 아콘치·크리스 버든·마리나 아브라모비치·지나 판(Gina Pane, 1939-1990) 등이 퍼포먼스를 직접 수행한 전통과 차이를 보이는 것이다. 클레어 비숍은 이러한 경향을 '위임된 퍼포먼스'라고 부른다. 이는 예술가를 대신하여 비전문가나 다른 분야에서 활동하는 전문가를 고용하고, 이들이 예술가의 지시에 따라 특정 시간과 장소에 등장해 퍼포먼스를 실행하게 된다.[18]

다시 말해, 위임된 퍼포먼스는 단일한 예술가의 행위에서 참가자들을 고용하여 예술가의 행위를 대신하게 하였는데, 이는 예술가 자신의 신체를 통해 즉각적으로 구현되는 일시적인 이벤트성 퍼포먼스가 아닌 특정 행동을 수행하도록 위임받은 퍼포먼스로의 새로운 형식적 전환을 보여주는 행위가 되었다. 티노 세갈은 이러한 퍼포먼

---

17) MoMA. https://www.moma.org/
18) Bishop, C. *Delegated Performance: Outsourcing Authenticity*, October 140. The MIT Press, 2012, p.91.

스를 대표하며 이를 진행하는데, 그의 가장 큰 도전 중 하나는 행위자들을 찾는 것으로 추천을 통해 인터뷰를 하고 이들을 설득하는 데 많은 시간을 보내게 된다. 세갈이 선택한 행위자에게 위임된 퍼포먼스를 진행하도록 하는 것은 그의 작품이 사물이 아니라 사람을 포함하고 있음을 강조한다.

3. 티노 세갈의 퍼포먼스 아트와 컬렉션

1) 티노 세갈의 안무적 초기 퍼포먼스

세갈은 런던에서 독일인 어머니와 인도인 아버지 사이에서 태어났고, 현재 베를린에 거주하고 있다. 그는 독일 훔볼트대학교에서 정치경제학을 공부하였고, 에센(Essen)의 예술대학에서 현대무용을 전공하였다. 세갈은 이 기간 동안 프랑스의 실험적 안무가인 제롬 벨(Jérôme Bel, 1965-)과 무용에 대한 새로운 시각을 제시한 자비에 르로이(Xavier Le Roy, 1963-)의 회사에서 활동하였다.

이들은 코레오그래퍼(choreographer), 즉 안무가로 이는 '춤의 글쓰기'라는 의미를 가진 '코레오그래피(choreography)'에서 나온 말이다. 안무 혹은 코레오그래피라는 단어는 1589년에 발간된 무용 지침서에서 처음 사용되었다. 이는 춤과 글쓰기가 하나의 단어로 압축되어 움직이는 주체와 글을 쓰는 주체 사이에 예상치 못한 강렬한 관계성이 생겨나며, 이러한 과정을 통해 몸은 스스로를 언어적 개체로 드러낸다.[19] 다시 말해, 스스로 무엇인가 재현하기 위해 일정한 공간에 제한된 신체로서 시각적·물질적 제한에 갇힌 주체라는 개념을 거부하고 지속적으로 이어지는 과정으로의 신체에 주목한 것이었다.

1999년 베를린을 기반으로 한 젊은 예술가 단체인 세드라베(Les Ballets C. de la B.) 무용단에 합류하면서 독립적으로 자신의 코레오그래피를 연구하기 시작하였다. 이후 이러한 코레오그래피적 움직임에 주목한 세갈의 초기 작품으로는 〈20세기를 위한 20분(Twenty Minutes for the Twentieth Century, 2000)〉을 들 수 있으며, 이는 그가 시도한 최초의 미술과 무용의 학제간 연계 작업이자 퍼포먼스 아트의 비물질성을 탐구한 선구적 작업이었다.[20]

이 작품에서 세갈은 작업 조명만으로 꾸며진 무대에서 누드로 혼자 공연을 하는데, 엄격한 형식의 무용에서 개성적이고 자유로운 현대무용을 개척한 이사도라 던컨(Isadora Duncan, 1878-1927)부터 러시아 무용가인 바슬라프 니진스키(Vaslav Nijinsky, 1890-1950)·게오르게 발란친(George Balanchine, 1904-1983)·머스 커닝햄(Merce Cunningham, 1919-2009)·이본느 라이너(Yvonne Rainer, 1934-)·트리샤 브라운(Trisha Brown, 1936-2017)·자비에 르 로이·피나 바우쉬(Pina Bausch, 1940-2009)에 이르기까지 현대무용에서 혁신을 이룬 이들에게 존경을 표하는 춤을 췄다. 세갈은 이들의 20가지 스타일의 특징적인 움직임을 가져왔고, 20분이라는 제목에도 불구하고 약 55분 동안 이어졌다.[21]

---

19) 안드레 레페키, 문지윤 옮김, 《코레오그래피란 무엇인가 – 퍼포먼스와 움직임의 정치학》, 현실문화, 2014, p.22.

20) Carpenter, E. *Intersubjectivity in Tino Sehgal's This objective of that object*. https://walkerart.org/collections/publications/performativity/be-the-work/

21) Lubow, A. *Making Art Out of an Encounter*, New York Times Magazine, 2010, p.7.

이는 춤이라기보다 안무적인 것으로, 미리 짜인 스텝들이 엄격하게 체계적이고 편집광적으로 실행됨으로써 움직임을 안무적으로 재구성한 것이다.[22] 그는 자신이 춤을 구상하고 퍼포먼스를 진행하는 안무가였지만 더 깊게 예술계로 들어가 퍼포먼스를 연극이나 영화와 관련된 엔터테인먼트적인 요소가 아닌 예술이 인정받는 것과 동일하게 진지한 태도로 춤을 추고 싶었다고 설명하였다.[23] 이후 세갈은 안무 자료를 '살아 있는 조각'으로 전환하기로 결정하였고, 행위자들이

(사진 24) 티노 세갈(Tino Sehgal), 〈무언가를 보여주는 대신에 브루스와 댄을 춤추거나 또는 다른 무언가를 하십시오(Instead of Allowing Some Thing to Rise up to Your Face Dancing Bruce and Dan and Other Things)〉, 퍼포먼스, 2000 ⓒThierry Somers

22) 안드레 레페키, 문지윤 옮김, 《코레오그래피란 무엇인가 – 퍼포먼스와 움직임의 정치학》, 현실문화, 2014, p.57.
23) Stein, D. *Tino Sehgal*. W Magazine. https://www.wmagazine.com/culture/angelina-jolie-churchill-painting-auction-record

일정 시간이 흐른 뒤 다른 행위자와 교대하는 것을 반복하면서 퍼포먼스를 지속적으로 수행할 수 있게 하였다.

그의 또 다른 초기 작품이자 자신의 퍼포먼스를 '구축된 상황'이라 부르는 첫번째 작품인 〈무언가를 보여주는 대신에 브루스와 댄을 춤추거나 또는 다른 무언가를 하십시오(Instead of allowing some thing to rise up to your face dancing bruce and dan and other things, 2000)〉는, 작품 제목에서 알 수 있듯이 1970년대 비디오와 퍼포먼스 등 다양한 분야에서 활동한 브루스 나우먼(Bruce Nauman, 1941-)과 댄 그레이엄(Dan Graham, 1942-)의 비디오 작품에서 16가지의 신체적 움직임을 포착하여 전시장 바닥에서 이를 수행하도록 한 작업이다.

이는 브루스 나우먼의 1968년작 〈월-플로어 포지션스(Wall-Floor Positions)〉에 대해 카메라를 보이지 않도록 한 비가시성을 비판한 댄 그레이엄의 1970년 작품 〈롤(Roll)〉을 재차 비판하는 퍼포먼스로, 한 명의 댄서가 바닥에서 몸부림치고 그레이엄과 나우먼의 비디오 속 움직임과 결합되는 것이 특징이다.

그의 작업 속 모든 움직임은 일상적인 행위에 가깝기 때문에 세갈은 이러한 과정 안에 예술적인 허구성을 강조하기 위해 움직임의 모든 포인트를 제거하고 해석자들이 동작을 느리게 연결하도록 하여 지속적인 흐름만이 존재하게 하였다.[24] 세갈은 〈무언가를 보여주는 대신에 브루스와 댄을 춤추거나 또는 다른 무언가를 하십시오〉에서 브루스와 댄의 작품 속 움직임을 캡처하여 두 시간마다 누군가에 의해 같은 동작이 느리게 반복되게 함으로써 행위의 전환을 만들어 냈

---

24) Lubow, A. *Making Art Out of an Encounter*, New York Times Magazine, 2010, p.8.

(사진 25) 댄 그레이엄, 〈롤(Roll)〉, 2개의 8mm 필름, 1970 ⓒWalker Art Center

(사진 26) 브루스 나우먼, 〈월-플로어 포지션스(Wall-Floor Positions)〉, 싱글 채널 비디오, 68분 17초, 1968 ⓒMoMA

고, 그 동작은 관람객의 관점에 따라 변화하게 된다. 또한 브루스와 댄이 영상화된 이미지로서 신체적 움직임을 보여주었다면, 세갈은 안무적 움직임 자체로 행위를 해석하고 시각화하였다.

이 작품 이후 2001년 독일 쾰른의 루드비히 미술관(Museum Ludwig)에서 진행된 세갈의 〈이것은 멋지다(This Is Good)〉는 안무적 행위 외에 언어적 요소가 결합된다. 관람객이 전시장에 들어서면 전시 운영요원들이 다함께 발레 동작을 하듯 뛰어오르며 "티노 세갈, 이것은 멋지다, 2001(Tino Sehgal, this is good, 2001)"을 외치고, 새로운 관람객이 들어올 때마다 이를 반복한다.[25] 이때 관람객은 이들의 말하기를 통해 작품에 대한 정보와 메시지를 전달받게 된다. 이후 세갈은 이와 같은 맥락의 작품으로 〈이것은 프로파간다이다(This Is Propaganda, 2002)〉 〈이것은 새롭다(This Is New, 2003)〉 등의 '이것(This)' 시리즈를 제작하였다.

〈이것은 프로파간다이다〉에서는 관람객이 전시장을 걷는 동안 경비원 복장의 행위자가 노래하듯 "이것은 프로파간다이다, 당신은 알고 있지, 당신은 알고 있지, 이것은 프로파간다(This is propaganda, you know, you know, this is propaganda)"를 반복하며, 마지막에 작가 이름과 작품 제목, 제작 연도를 말하면서 마무리된다.[26] 이렇듯 세갈의 퍼포먼스는 안무와 동시에 노래를 부르는 음악적 행위의 반복 및 언

---

25) Debra, M. *Tino Sehgal. Encyclopaedia Britannica.* https://www.britannica.com/biography/Tino-Sehgal#ref1233838

26) Finbow, A. *Tino Sehgal, This is propaganda 2002/2006, in Performance At Tate: Into the Space of Art,* Tate Research Publication. https://www.tate.org.uk/research/publications/performance-at-tate/perspectives/tino-sehgal

어적 요소를 포함한 문학적 요소를 종합적으로 다루었고, 2000년대 이후 미술관이라는 환경 안에서 관객의 수동적 역할에 대해 의문을 제기하며 행위와 말하기를 통한 관람객 참여와 소통을 유도하는 작품을 실행하였다.

그의 이러한 작품들은 구성상에서 크게 정적인 상황 속에서 관람객이 공연 참여자들을 수동적으로 바라보거나 듣는 전통적인 접근 방식을 취하는 작품과, 관람객 및 공연 참여자의 적극적인 관계 형성과 참여를 반영하는 쌍방향 소통과 수행하기로 구분할 수 있다. 특히 전자의 것을 대표하며, 세갈의 〈무언가를 보여주는 대신에 브루스와 댄을 춤추거나 또는 다른 무언가를 하십시오〉 같은 맥락의 안무적 움직임을 강조한 작품으로 2004년에 제작한 〈키스(Kiss)〉를 들 수 있다.

2) '해석자(Interpreters)'에게 '위임된 퍼포먼스' 컬렉션

세갈의 〈키스〉는 2008년 6월 현대미술관(MoMA)의 컬렉션이 되었고, 전시장 바닥에서 2명의 남녀가 몇 시간 동안 일련의 안무적 포옹을 계속해서 실행하는 것이다. 그의 이 위임된 퍼포먼스는 세갈로부터 특정 행동을 수행하도록 훈련받은 참가자들을 포함하는데, 세갈은 이들을 '플레이어(players)' 혹은 '해석자(interpreters)'라고 일컫는다. 세갈이 그의 작업을 수행하기에 적합한 잠재적인 해석자를 찾는 것은 오랜 인터뷰와 캐스팅 작업을 거쳐 이루어지며, 작품의 모든 신체적 움직임과 지시·인용·행위 등은 작가나 혹은 그의 대리인이 해석자에게 직접 구두로 전달한다.

이렇게 구두로 전달된 지시로 인해 세갈의 작품들은 자칫 무모하고 즉흥적이며 혹은 자유롭게 보일 수도 있다. 그러나 실제로 세갈은 통제할 수 없는 주변 환경에서 작업하는 것을 선택하였고, 지속적인 불안 상태에서 정성을 다해 이를 감독함으로써 이들 작품은 매우 섬세하게 계획된 결과물이 된다. 그는 해석자들을 훈련시키고, 전시의 마지막까지 이들이 열정을 유지할 수 있도록 정기적으로 모습을 드러내 이를 유도한다.[27)]

그의 작품에서 인간의 신체는 미술관의 조각품이 차지하는 역할을 담당하지만, 미술사 속 전통적인 조각의 정지된 상태라는 특성을 뒤집고 동작을 지속적으로 재현하도록 한다. 즉 세갈의 〈키스〉는 그의 가장 조각적인 작품 중 하나로 이 작품에서 매체가 아닌 신체 자체의 '살아 있는 조각'을 확인할 수 있는데, 그는 해석자들에게 정적인 자세로 움직임을 느리게 진행하도록 하였다. 세갈은 이를 다음과 같이 말한다. "나는 전통적인 조각 작품과 비교할 수 있을 만한 작품을 만들기 위해 노력하였고, 이후 나의 작업을 수행하는 사람들이 단순한 매체 이상이 될 수 있게 하였다. … 나는 이 사람들이 자신의 능력을 사용할 수 있는 상황을 점점 더 복잡하게 만든다."[28)]

세갈은 이 퍼포먼스를 통해 미술사적으로 '키스'라는 주제가 어떻게 표현되었는지 보여주는데, 로댕(Auguste Rodin, 1840-1917)의 〈키스〉(1882)로부터 클림트(Gustav Klimt, 1862-1918)의 〈키스〉(1908-09), 제프 쿤스(Jeff Koons, 1955-)의 '메이드 인 헤븐(Made in Heaven, 1990-91)' 시리즈까지 미술사 전반에 걸친 조각과 회화 작품 속 키스에 대

---

27) Lubow, A. *Making Art Out of an Encounter*, New York Times Magazine, 2010, pp.4-5.

28) Carpenter, E. *Intersubjectivity in Tino Sehgal's This objective of that object.* https://walkerart.org/collections/publications/performativity/be-the-work/

 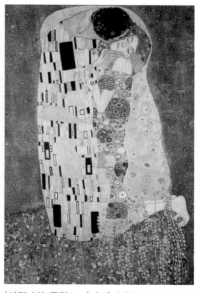

(사진 27) 로댕, 〈키스〉, 1901-1904, 로댕 미 술관, 파리 ⓒWikipedia

(사진 28) 클림트, 〈키스〉 부분, 1908-1909, 벨베데레 미술관, 비엔나 ⓒWikipedia

(사진 29) 티노 세갈, 〈키스〉, 2010, 퍼포먼스, 구겐하임 미술관 ⓒPinterest

한 상징적인 포옹과 제스처에서 영감을 받았고, 이를 재현하고 있는 남녀를 볼 수 있게 하였다. 이 작품은 이후 듀오 아티스트 그룹으로 작업한 인디아 맥키(India Mackie, 1985-)와 디클랜 젠킨스(Declan Jenkins, 1984-)의 공중에 매달려 입을 맞추는 퍼포먼스 〈캔티리버 키스(Cantilever Kiss)〉의 영감이 되기도 하였다.[29]

그는 두 남녀의 연출된 상황인 〈키스〉는 가시적인 흔적을 남기는 것이 아니라 그 순간에만 존재하고 기억될 수 있도록 하였는데, 이는 세갈이 해석자에게 위임된 퍼포먼스를 진행하도록 하는 것은 그가 구축한 상황과 주제는 모두 다르지만 공통적으로 비물질적 요소가 하나의 필수적 조건이 된다는 것에 주목할 수 있다. 이러한 특징은 그의 작품 소장에도 적용되었는데 그는 자신의 작업에 대한 사진과 비디오, 서면으로 된 지시서까지 금지하고, 이러한 전략을 통해 세갈은 오브제가 작품을 만든다는 개념에 도전하며 관람객이 주체적 행위의 수행자가 되는 위임된 퍼포먼스 작품을 더욱 확대하였다.

즉 세갈은 해석자들이 자신의 지시를 수행하는 공간인 미술관과 관람객 사이의 상호 관계를 기반으로 '구축된 상황'을 만들고, 그 속에서 신체를 통한 안무적 움직임과 언어·노래 및 그외의 여러 표현 방식을 사용하여 일시적이고 비물질적인 경험을 구성하고, 동시에 관객 참여적 성격을 강조하였다. 이로써 그는 관람객의 역할과 의미를 작품 수행에 기여하는 개인이자 창조하는 이들로 바꾸어 놓았으며, 더 나아가 미술관측과 관람객 모두 예술에 대한 정의를 다시 생

---

29) Scott, I. *Can you collect performance art?* https://www.ft.com/content/ b25e375a-54de-11 e7-80b6-9bfa4c1f83d2

각하도록 하였다.

이러한 특징은 세갈의 2006년작 〈이 성공/이 실패(This Success/This Failure)〉를 예로 들 수 있다. 이는 어린 초등학교 학생들이 해석자 그룹으로 지정되는데, 학생들이 수행할 임무는 어떠한 작품도 볼 수 없는 텅 빈 전시장에서 자유롭게 상상력을 더해 노는 것이었다. 어떠한 도구나 수단도 없지만, 아이들은 다양한 '게임(game)'을 만들어 시간을 보내며 이 공간을 차지한다. 그리고 관람객이 전시장에 들어오면 이들 중 한 명이 게임을 관객에게 소개하고 함께 참여하도록 이끌었다. 아이들은 작품의 결정자가 되며, 작품이 성공인지 혹은 실패인지를 선언하고, 관람객은 이러한 판단에 반박하는 역할을 한다. 이로써 미술관이라는 전시 공간은 놀이의 공간으로 새롭게 인식되고, 관람객은 작품을 구성하는 능동적 실천자로 전환된다.[30]

이는 몬트리올 현대미술관(Musée d'art contemporain de Montreal/MACM)에서 소장하고 있는 그의 또 다른 작품인 〈이 상황(This Situation, 2007)〉에서도 확인해 볼 수 있다. 〈이 상황〉이라는 제목에서 알 수 있듯이, 세갈은 바로 지금 이 순간에 일어나는 일시적인 비물질성에 의미를 두고 있다. 그는 〈이 상황〉에서 전형적인 화이트 큐브 공간에 6명의 지식인들을 모아서 철학적 토론에 참여하도록 하였다. 관람객들은 무엇이 그들을 기다리고 있을지도 모른 채 전시장에 들어가게 되고, 전시실의 해석자들은 이들에게 "이 상황에 온 것을 환영한다"고 말하며 대화를 이어 가는 하나의 연출된 상황이 진행된다.

이는 조용하고 조각적인 그의 초기작 〈키스〉보다 관람자의 참여

---

30) Walker Art Center. https://walkerart.org/collections/artists/tino-sehgal

(사진 30) 티노 세갈(Tino Sehgal), 〈이런 모임(These Associations)〉, 퍼포먼스, 2012, 테이트 모던 ⓒAnn Jones

와 상호 작용 가능성이 더 광범위하게 실천될 수 있는 작품이 되었다. 즉 그의 작품은 사람과 사람 사이의 만남으로 완성된다. 세갈의 대규모 퍼포먼스인 2012년작 〈이런 모임(These Associations)〉에서도 이런 만남을 찾아볼 수 있다. 세갈은 테이트 모던(Tate Modern)의 터바인 홀(Turbine Hall)을 70명의 '해석자'들로 채웠고, 이들은 관람객들에게 다가가 자신의 지극히 내밀하고 개인적인 이야기를 들려준다.

다시 말해, 화이트 큐브 속의 구축된 상황에서 전시가 시작되기 전까지 작품은 완전히 추상적이었다가 작품이 공개될 때 사람들은 그 내용에 접근할 수 있고, 예술가에 의해 코레오그래피된 움직임을 수행하는 해석자들은 관람자들과 함께 작업을 구체화하기 위한 '행위자'로 전환되며 미술이 형태 없이 존재할 수 있다는 잠재적 가치를 탐구하였다.

세갈의 이러한 위임된 퍼포먼스는 2005년 이후 세계 여러 미술관에서 소장하기 시작했다. 예를 들어 테이트는 2005년 세갈의 2002년작인 〈이것은 프로파간다이다〉를 구입하였고, 2010년 솔로몬 R. 구겐하임 미술관은 그의 〈이 진보(This Progress)〉를 소장하였다. 〈이 진보〉는 구겐하임의 나선형 경사로를 올라가면서 만나게 되는 일련의 해석자들이 관람객들과 자유롭게 여러 가지 주제로 대화를 진행하면서 미술관의 원형 홀까지 관람객을 안내하였다. 세갈의 이 전시를 위해 구겐하임은 현대미술관(MoMA)에서 그의 〈키스〉를 대여하였다. 퍼포먼스 아트의 계약 방식은 다양하며, 일반적으로 퍼포먼스 작품은 돈을 지불하지만 다시 공연할 때 추가로 아티스트 비용이 발생하지 않는다.[31]

특히 세갈의 작품을 구입한 미술관은 눈으로 확인할 수 있는 비디오도 소품도 없는 것에 더 당황하지만, 또 한편으로 세갈 작품의 이러한 비물질성은 미술관의 주요 기능인 컬렉션에 대한 반성을 일으키기도 한다. 즉 전통적으로 미술관의 작품 컬렉션은 오브제의 가치와 지속 가능성을 기반으로 작품을 수집·연구·전시하고, 결과적으로 그 대상의 역사적 의미를 보존한다는 역할을 하였는데, 세갈의 작품은 이러한 결과에 의문을 제기하며 미술관 컬렉션의 개념이 바뀔 수 있다는 변화를 인식하게 하였다.

현대미술관은 세갈의 〈키스〉를 70,000달러(한화 약 8,190만 원)

---

31) Vankin, D. *Museum Blink-of-Eye Art. And Then? Performance is fleeting-and often missing in museum collections. Here's why.* Los Angeles Times(2019, August 11).

(사진 31) 티노 세갈, 〈키스〉, 퍼포먼스, 2010, 솔로몬 R. 구겐하임 미술관 ⓒJJ Hall

에 구입하였는데, 이는 작가와의 대화를 통해 진행되었다. 글렌 로리 (Glenn Lowry, 1954-) 관장은 이 과정을 "지금까지 진행한 것 중 가장 정교하고 어려운 구입 가운데 하나였다"[32]고 말하였다. 세갈은 변호사와 함께 구두 거래로 계약을 체결하였고, 작가의 지시와 계약 조건을 준수한다는 것에 합의한 후 악수로 마무리하면 작품은 고객의 소유가 된다. 작품 가격은 현금으로 즉시 지불하고, 공증인은 이 모든 과정이 법적으로 유효함을 인정하는 증인이 된다.[33]

이렇게 세갈의 작품 컬렉션은 그 자체로 심오한 형식을 포함하

---

32) Lubow, A. *Making Art Out of an Encounter*, New York Times Magazine, 2010, p.3.
33) Harris, G. *Performance art in the marketplace*. https://www.ft.com/content/ ef939b02-d19f-11df-b3e1-00144feabdc0

고 있으며, 세갈은 그 과정을 더 어렵게 만든다. 즉 작품을 구입할 수는 있지만, 실제 남겨진 물리적 흔적이 아니라 구축된 상황과 재공연할 권리만 판매한다. 실질적으로 보존할 수 있는 오브제가 아닌 구축된 상황으로서, 일시적으로 실행되고 사라지는 퍼포먼스 작품을 획득한다는 것은 관람자들 각자가 목격한 행위에 대한 기억을 저장하고 예술가의 아이디어를 소장한다는 것이다.

다시 말해, 퍼포먼스 아트는 사람들이 쉽게 구입을 결정할 수 있는 것은 아니지만 퍼포먼스 아트가 내포하고 있는 가치를 이해할 수 있는 안목을 가졌다면 어떤 매체로 이루어졌는지는 중요하지 않으며, 이를 기억으로 소유한다는 것은 손에 잡을 수 없고 완벽하게 파악하기 어려워 더 매력적으로 느껴질 수 있다.

4. 퍼포먼스 아트 컬렉션의 확장과 의미

동시대 미술에서 퍼포먼스 아트는 시간과 공간을 기반으로 한 중요한 예술 형식이 되었고, 이는 미술관의 전통적인 컬렉션 방식에도 변화를 가져왔다. 미술관의 컬렉션은 더 이상 고정된 오브제로 지난 과거를 수집하는 것이 아니라 현재와 미래에도 지속적으로 접근할 수 있는 작품을 소장한다는 개념으로 전환되었다. 이러한 현상은 초기 퍼포먼스 아트 작가들의 제작 개념과 양상에서 차이를 보이는 것으로, 1990년대 이후 작가 개인의 살아 있는 신체를 통한 일시적인 작품이라는 개념에서 작가에 의해 선택되고 지시를 위임받은 해석자 혹은 플레이어의 집단적 신체로 확대되어 오랜 시간 지속적으로 이어지게 된다.

특히 세갈의 작품처럼 비물질성을 기본으로 한 행위와 움직임, 그리고 말하기로 실현되는 퍼포먼스 작품은 그 시각에 벌어진 상황과 사건을 강조하는 것으로 이를 자료화하는 것을 거부한다는 것에서 다른 퍼포먼스 예술가들과 구별되며, 작품을 시각 매체로 변환해 보관하는 미술관의 퍼포먼스 아트 컬렉션과도 차이를 보여준다. 예를 들어 2005년 제51회 베니스 비엔날레(Venice Biennale)에서 선보인 세갈의 〈이것은 매우 현대적이다(This Is So Contemporary)〉에서, 미술관 경비원 복장을 한 이들이 독일관에서 춤을 추며 "이것은 너무 현대적이고 현대적이다"라고 말하며 뛰어다닌다.

해석자들의 신체에 의해 지속되는 이러한 상황과 행위는 이를 경험한 이들에게 모두 다르게 기억된다. 즉 그의 위임된 퍼포먼스는 전시에서 보관까지 모두 기억에 의해서만 저장되고, 구두로 전달되는 과정에서 해를 거듭하며 셀 수 없이 많은 사람들에게 전해지며 영원히 존재하게 된다.

전통적으로 미술관은 작품 수집의 안전성과 지속성을 위해 그림·텍스트·서신·인터뷰·출판물·설치 매뉴얼 등의 자료를 보존하는 데 많은 시간과 노력을 투자하였다. 그렇기 때문에 원본 작품에 대한 정보를 언제 어디서든 접할 수 있고, 작품은 시각 자료와 함께 홍보되며, 사진과 영상으로 기록되고, 이미지로 출판되어 전해진다. 미술을 시각 문화 안에 맥락화하고자 하는 이러한 관심은 미술관 어디에서나 살펴볼 수 있다.[34] 대부분의 미술관들은 퍼포먼스의 기록

---

34) 클레어 비숍, 구정연 역, 《래디컬 뮤지엄 – 동시대 미술관에서 무엇이 '동시대

물을 사진으로 소장하며 자료화 과정을 이어 왔다.

1990년대 들어 현대미술관(MoMA)을 비롯해 테이트 모던 등에서 퍼포먼스 장면을 촬영하기 시작하였고, 2002년 런던 화이트채플 갤러리(Whitechapel Gallery)의 '퍼포먼스의 역사(A Short History of Performance)' 전에서는 중요한 퍼포먼스 작품들이 공연 이후 처음으로 새롭게 선보여졌다. 여기에는 1969년 야니스 쿠넬리스(Jannis Kounellis, 1936-2017)나 캐롤리 슈니만의 퍼포먼스 등이 포함되었다. 이 전시는 일회성 퍼포먼스를 주장했던 예술가들을 한자리에 모으는 것이 핵심이었으며, 마리나 아브라모비치도 참여하였다. 그녀는 2005년에 구겐하임에서 자신의 초기 퍼포먼스와 다른 퍼포먼스 아트 작가들의 주요 작품을 재공연하기도 했다.[35]

2010년 현대미술관(MoMA)은 아브라모비치의 〈예술가가 여기에 있다(The Artist is Present)〉를 진행하였고, 같은 해 솔로몬 R. 구겐하임 미술관에서의 티노 세갈 전시와 노이버거 미술관(Neuberger Museum)의 타니아 브루게라 전시 등은 모두 뉴욕의 여러 기관에서 개최한 획기적인 퍼포먼스 전시로 주목을 받았다. 현대미술관뿐 아니라 테이트 모던(Tate Modern)·퐁피두센터(Centre Georges Pompidou)와 같은 동시대 미술관에 퍼포먼스 아트를 전문으로 다루는 부서의 신설이 확대되었다.[36]

이제까지 비물질적인 퍼포먼스 아트를 물질로 만들어 기록하는

적'인가?〉, 현실문화, 2016, p.65.

35) Ratnam, N. *Performance art Losing its edge*, The Spectator(2011, November 19)

36) Goldberg, R. *100 Years: A History of Performance*. https://www.moma.org/explore/inside_out/2010/04/05/100-years-a-history-of-performance-art/

(사진 32) 마리나 아브라모비치(Marina Abramović), 〈예술가가 여기에 있다(The Artist is Present)〉, 퍼포먼스, 2010, 모마(MoMA) ⓒMoMA

데 있어 가장 좋은 매체는 사진이었고, 이는 이미 과거가 된 행위의 순간을 되새길 수 있게 하였다. 물론 퍼포먼스와 관련한 사진이나 이를 진행하는 데 필요한 여러 서면 자료들을 판매하기도 하는데, 실제로 유명한 작가들의 퍼포먼스 기록은 때때로 상당한 수입을 가져오기도 한다. 예를 들면 1974년 젤라틴 실버 프린트로 제작된 아브라모비치의 〈리듬 5(Rhythm 5)〉는 2010년에 뉴욕 소더비(Sotheby's)에서 25,000달러(한화 약 2,710만 원)에 판매되었다.[37]

하지만 사람들은 이렇게 오브제에 기초한 기존의 시장 원칙을 퍼포먼스 아트에 적용한다는 생각에 변화가 필요하다고 말한다. 위에

---

37) Durrant, N. *How to spend money on memories and air: More and more museums are collecting performance art, but how do you buy an event?* The Times, 2018, p.8.

(사진 33) 마리나 아브라모비치(Marina Abramović), 〈리듬 5(Rhythm 5)〉, 퍼포먼스, 1974
(1994년 출판) ⓒArtsy

서 살펴본 세갈의 구축된 상황으로서의 위임된 퍼포먼스 아트는 미술관이 작품을 구입하고 영구 소장한다는 개념에서 벗어나 있었으며, 미술관 역시 흔적도 남지 않고 눈으로 확인할 수도 없는 퍼포먼스 작품을 구입하는 것을 꺼리기도 한다. 세갈은 세상에 오브제가 충분하다고 생각하며 자신의 작품에 대해 눈으로 확인할 수 있는 물질화와 문서화를 거부한다. 이는 세갈의 작품을 독특하게 만드는 요소로 그는 전시를 위한 카탈로그나 작품 설명 라벨도 제작하지 않고 전시 보도 자료도, 공식적인 오프닝도 없이 전시의 어떤 것도 발표하지 않는다.

또한 사진 촬영이나 영상 기록을 허용하지 않으며, 뿐만 아니라 자신의 작품을 실행할 권리를 구두로만 전달하고 작품 거래 방식도

서면 계약 없이 구두로 이루어져 예술계를 놀라게 하였다. 그의 모든 작품 거래는 구두로 체결되며, 서면 계약서도 판매 명세서도 진위 인증서도 없다. 유일하게 그 자리에 참여한 작가나 대리인, 미술관 이사회 일원, 관장, 큐레이터, 변호사가 절차에 따라 증인이 된다. 이러한 세갈의 작품 구입 조건은 다음의 다섯 가지로 구체화할 수 있다.

첫째, 조건은 작품을 처음 발표할 때 예술가나 그의 대리인이 준비하고 승인해야 한다는 것이다. 둘째, 전시는 반드시 미술관 개방 시간에 진행되고, 6주 이상 전시해야 한다. 셋째, 모든 참가자 또는 '플레이어'에게 비용을 지불해야 한다. 넷째, 미술관에서 시각적 문서를 작성하지 못하도록 요구하였는데, 이는 가능한 한 모든 형태의 작품 복제와 유통을 방지하기 위해 최선을 다하는 것이다. 이 조건은 미술관 아카이브에도 적용되며, 저작권과 관련된 문서를 포함하지 않는다. 다섯째, 만약 미술관이 작품을 매각하려면 반드시 작가나 그의 대리인이 승인한 독점 구두 거래에 의해 실행되어야 함을 규정한다. 이러한 설명이 끝난 후 이 내용에 모두 동의하고 악수를 하면 거래가 마무리되었다.[38]

또한 세갈 자신이 교육하고 사전 협력을 통해 승인한 사람에 의해서만 작품이 설치되어야 하며, 구매자가 저작물을 재판매할 경우 동일하게 이와 같은 구두 계약과 과정으로 진행되어야 한다. 이렇게 일반적인 컬렉션의 기준을 벗어난 복잡한 작품 구입 과정과 방식으로 인해 세갈의 이러한 퍼포먼스를 구입하는 것은 작품에 대한 '재공

---

38) Fraser, M. *Collecting Forever? On Acquiring a Tino Sehgal*. International Contemporary Art. Toronto. Iss.143, 2019, pp.26-31.

연' 권리를 소유하는 것이 되었다. 현대미술관은 70,000달러에 대한 대가로 원할 때 이를 다시 시작할 수 있는 권리를 확보하였다.[39] 한편 퍼포먼스 아트가 재공연될 수 있다는 생각은 퍼포먼스가 재조정될 수 있을 뿐만 아니라 재판매도 가능하다는 의미로 받아들여져 퍼포먼스 아트에 대한 시장의 선택을 이끌었다.

세갈의 협력자이자 예술가인 아사드 라자(Asad Raza, 1974-)에 따르면, 세갈의 작품을 구매하는 사람들은 자신이 소장할 수 있는 예술작품에 비전통적인 퍼포먼스와 개념미술이 포함될 수 있도록 그 범위가 확장되었다고 말한다. 그러나 여전히 미국 워싱턴의 허쉬혼 미술관(Hirshhorn Museum)과 같이 특히 연방자금을 지원받는 기관에서는 이렇게 문서화되지 않고 흔적도 없는 작품을 구입하고 보존하는 방법을 이해하기 어려워하기도 한다.[40]

세갈의 작품을 구입하는 개인 컬렉터의 경우 이들 사이의 대화는 약간 조정되었다. 왜냐하면 이들 구매자는 일반적으로 구매와 함께 제공되는 세갈의 개인적인 지시 아래 직접 작업을 수행하기 때문에 오랜 시간 일대일 대화를 진행한다. 이렇게 복잡한 작품 구입 조건에 동의한 컬렉터 중 세갈의 〈100개의 단어로 된 선언〉이라는 작품 일부를 구입한 도미닉 팰프리먼(Dominic Palfreyman)은 다음과 같이 말한다.

---

39) Ratnam, N. *Performance art Losing its edge*. The Spectator(2011, November 19).

40) Lescaze, Z. *The Hirshhorn Museum's purchase of a piece by Tino Sehgal reveals a different kind of acquisition process.* https://www.nytimes.com/2018/11/08/t-magazine/tino-sehgal-hirshhorn-museum-art.html

나는 99명의 다른 사람들과 함께 세갈의 작품 일부인 한 단어를
소유한 사람이다. 우리 중 누구도 이 작품의 다른 단어를 누가 소유하
고 있는지 모르기 때문에 그것을 수행할 방법이 없다. 내가 알고 있는
것은 내가 소유한 단어가 4번째 단어라는 것뿐이다. 그 단어는 구두
로 전달되고, 나는 그것을 기억해 두어야 한다.[41]

세갈은 이 경우 한 컬렉터가 100개의 단어를 모두 구입할 수 없
다고 명시하였다. 다시 말해, 세갈의 퍼포먼스 작품을 구입한다는 것
은 작품을 공연할 권리를 구입하는 것을 의미하며, 퍼포먼스 아트의
수집은 당시 현장을 찍은 비디오나 사진과 같이 행위 이후에 남겨진
흔적과 관련된 무엇을 획득하는 것이 아니라 그 작품 뒤에 있는 비물
질적인 개념을 소유할 수 있다는 의미가 있다.

이러한 퍼포먼스 아트의 비물질적인 특성은 한편으로 작품 창
작 과 공연 및 구입, 판매와 관련한 법률적 문제가 발생하기도 하므
로 세갈의 작품처럼 예술가와 구매자 사이의 법적 계약 형식이 더욱
중요해지고 있다. 런던의 보스 앤 바움(Bosse & Baum) 갤러리의 공동
설립자인 알렉산드라 워더(Alexandra Warder)는 "많은 갤러리들이 퍼
포먼스 아트에 대한 법적 변수를 둘러싼 시스템을 가지고 있지 않다.
만약 거래계약서에 당신이 무엇을 보여줄 권리를 가지고 재공연하는
데 필요한 비용은 얼마인지, 어디서 누가 작업을 실행할 수 있는지에
대한 답변을 가지고 있다면 컬렉터들은 해당 작품에 더 확신을 가질
수 있을 것이다"[42]라고 말한다.

---

41) Wainwright, J. *How to Collect Performance Art*., Art Basel Daily Edition, 2009, p.5.

이와 관련하여 2000년대 초반부터 퍼포먼스 아트의 수집과 보존을 위한 선구적 노력을 진행해 온 테이트 모던은 2012년부터 퍼포먼스 아트의 제작과 공연·구입·판매 및 재판매로 인해 발생될 수 있는 여러 문제들에 주목하며 이를 연구해 왔다. 테이트는 그 주요 결과물로 '라이브 리스트(The Live List)'를 제작하였는데, 이는 기본적으로 작품에 대한 정보와 형식, 미술관의 작품 수집에서 필수적인 사항과 조건, 소품의 구성과 보관, 퍼포먼스 제작 및 문서화, 관객과의 관계 등을 포함하고 있다.

여기에는 작품을 구성하는 기본 조건 및 여러 변수에 대한 구체적인 내용과 퍼포먼스 제작 및 문서화 과정에 따른 문제로 '퍼포먼스를 진행할 해석자나 공연자 고용 및 오디션 필요 여부'와 '작품을 문서화할 수 있다면 어떤 목적으로 사용되는지' '작품의 라이센스·구입·소유권·저작권 등을 포함해 어떤 종류의 계약을 문서화해야 하는지' '문서화 범주로 예술가의 지시나 과거 퍼포먼스 보관 자료, 관람객 경험 등이 포함되는지' '퍼포먼스를 수행하지 않을 때 대중에게 공개할 방법으로 영상이나 사진, 아티스트 인터뷰 등을 공유하고 디지털화하는 지' '작품과 함께 문서를 공개하는지 여부' '관객의 작품 관람 방식 및 작품 참여 여부와 방법' 등의 항목이 제시되었다.[43]

이러한 무대에서 관객들은 수동적인 참여자가 아닌 능동적인 해석자가 되어 자신만의 새롭고 흥미로운 세계를 만든다. 특히 세갈의 작품에서 관객은 아티스트와 함께 에너지 넘치는 열린 대화를 나눌

---

42) Gerlis, M. *Can you buy performance art?* The Financial Times. https://www.ft.com/content/615f09ba-bfef-11e8-84cd-9e601db069b8
43) Tate. https://www.tate.org.uk/

수 있는 기회를 형성해 새로운 경험과 기억을 소장할 수 있게 된다.

5. 맺음말

미술관의 퍼포먼스 아트 컬렉션은 전통적으로 물질적 오브제의 획득이 필수적인 공공 기관과 개인 컬렉터의 작품 수집 방식과 구별되며, 영구적으로 보존되는 일반적인 예술 매체와도 반대된다. 퍼포먼스가 가진 일시성으로 관람객들은 사진이나 영상 등 결과물로 남겨진 자료와 기록을 통해 이를 감상할 수 있지만, 관람객이 그 시간 그 장소에서 실제 퍼포먼스를 목격하는 것과 다르며 관람객의 참여 없이 퍼포먼스 아트는 완성될 수 없다. 즉 오브제로서의 물질적 컬렉션이 아닌 작품보다 비물질적인 의미와 기억을 중시하는 것으로 바꾸어 놓음으로써 작품 제작에 대한 아이디어를 지속 가능하게 하였다.

이러한 퍼포먼스 아트는 미술관의 전시와 작품 컬렉션에 대한 의미를 다시 생각하게 하였고, 퍼포먼스 아트 수집의 지속 가능성에 따른 보존·관리에 대한 구체적인 기준과 관련한 여러 질문들이 하나의 도전 과제가 되고 있다. 세갈의 구축된 상황으로서의 위임된 퍼포먼스는 예술가의 지침에 따라 해석자들이 그 자체로 '살아 있는 조각'이 되고, 그들의 코레오그래피적 움직임과 즉흥적 상황이 모두 작품의 일부가 되어 불확실한 효과를 드러낸다.

즉 매체를 통한 이미지가 아닌 신체 자체로 돌아가 예측할 수 없는 우연적인 결과로 해당 공간에 새로운 에너지를 불어넣었다. 관람객들 역시 공연을 수동적으로 받아들이는 것이 아니라 지금 이 순간

눈앞에서 일어나고 있는 상황에 주목하고, 자신의 고유한 해석을 더해 새로운 지적 체험을 번역하는 과정을 거친다.

따라서 세갈이 만든 구축된 상황에 대한 정보나 지식은 이미 존재하는 대상으로서의 물질성에 붙어 있는 것이 아니며, 그의 개념적 형식으로 드러난 작품에서 관객들은 과정과 경험만이 존재하는 일시적인 비물질성에 참여하게 된다. 세갈의 비물질적인 측면에 주목할 수 있는 여러 상황 중 〈키스〉는 정지된 상태의 전통적인 조각에 지속적인 움직임을 포함하는 것으로, 가시적으로 남겨진 흔적이 아니라 그 순간에만 존재하는 기억을 소유하게 하였다.

해석자들은 이 상황에 들어온 관람객들에게 '티노 세갈' '키스' '2002'라는 말을 전달하는데, 이러한 정보는 계속해서 한 사람에게서 다른 사람에게 전해져 해석자와 관람객 사이의 궁극적인 관계를 형성한다. 해석자들의 입에서 나와 곧 사라져 버리는 언어는 미술관에 조용히 퍼져 그 공간에서 시간을 함께한 이들만이 이 순간에 발생하는 그 무언가의 유일한 증인이 된다.

세갈은 그의 작업이 어떤 형태나 물질로도 남겨지길 원하지 않기 때문에 작품 구입이 이루어졌음을 보여줄 수 있는 어떤 것도 없이 악수의 기억만이 남는 구축된 상황과 재공연할 권리를 가진 것으로, 그의 작품을 소장하는 것은 소유할 수 없는 것을 수집한다는 설득력 있는 역설을 만든다. 이는 문서로 자료화할 수 없기 때문에 적극적으로 기억되어야 하며, 이를 경험한 사람들의 기억 속에 영원히 저장된다. 그렇다고 그의 작품이 미술 시장의 상업적 거래를 비판하기 위해 물질을 거부하는 것은 아니다. 세갈의 비물질에 대한 관심은 예술이 형태 없이 존재할 수 있다는 잠재력을 탐구하는 것으로 이는 컬렉터들을 위한 또 다른 종류의 경험에 해당하는 것이다.

그러므로 세갈의 작품은 구축된 상황이라는 전개 특성과 구두 방식의 인수로 인해 미술관은 이를 통제할 수도 없고, 그것에 대한 연속적인 형태도 짐작할 수 없지만, 이를 소장하는 것은 평생의 약속이며 지속적으로 관리할 책임을 지는 것이다. 이러한 세갈의 작품은 기억 형태로 소장되지만, 일반 작품과 마찬가지로 다른 기관의 전시에 대여할 수도 있다. 그의 작품은 즉흥적인 것 같지만 세심하게 설계한 안무와 철학·유머가 섞여 있으며, 사람과 사람 사이의 관계를 형성하며 만남의 장소를 제공한다. 따라서 동시대 미술관의 퍼포먼스 아트는 예술가와 해석자의 소통 및 관객의 참여를 통해 만들어진 상황의 유동성과 창조적 역할을 강조하며, 관객의 기억 속에 '살아 있는 전시'를 구성한다.

III

하랄트 제만의 태도가 전시가 될 때

'강박의 미술관'전을 중심으로

1. 머리말

20세기 후반의 가장 영향력 있는 전시기획자 하랄트 제만(Harald Szeemann, 1933-2005)은, 1961년 28세에 스위스 쿤스트할레 베른(Kunsthalle Bern)의 최연소 미술관 관장으로 취임한 이후, 쿤스트 할레를 가장 역동적인 미술관으로 변신하도록 했다. 그는 '독립 큐레이터'라는 직업을 정의한 것으로 잘 알려져 있으며, 1969년 자신을 대표하는 '당신 머릿속에 거하라: 태도가 형식이 될 때(Live in Your Head: When Attitudes Become Form)'를 기획한 이후 베른을 떠났다.

제만은 1961년부터 1969년까지 쿤스트할레 베른의 관장으로 재임하는 동안 매년 12개에서 15개의 전시를 개최하였다. 주제별로는 '백색 위에 백색(White on White)' '색 위에 색(Colours of Colours)' '꼭두각시, 작은 인형, 그림자놀이: 아시아와 실험들(Marionettes, Puppets, Shadowplays: Asiatica and Experiments)' '빛과 운동: 키네틱 아트(Light and Movement: Kinetic Art)' '공상과학(Science Fiction)'을 비롯한 개인전과 회고전까지 다양하였다. 1972년에는 '도큐멘타 5(Documenta V)'에서 총감독을 맡아 '100일간의 이벤트(100-Day Event)'[1]를 진행하였다.

---

1) '도큐멘타(Documenta)'는 독일 카셀에서 5년마다 한 번씩 100일 동안 개최되어 '100일간의 전시(Museum of 100 Days)'라는 개념으로 시작된 국제 현대미술 전시이다. 이러한 개념은 1972년 하랄트 제만이 총감독을 맡으면서 '100일간의 이벤트'로 변화하게 되었는데, 이는 1955년 도큐멘타를 창립한 아르놀트 보데(Arnold Bode)의 시대가 막을 내렸음을 의미하는 것이었다. 제만은 전시 제목으로 '현실에 대한 질문 - 오늘날의 회화적 세계(Questioning Reality - Pictorial Worlds Today)'를

(사진 34) 쿤스트할레 베른(Kunsthalle Bern), 스위스 ©Wikipedia

(사진 35) 크리스토와 잔 클로드, 포장된 쿤스트할레(Wrapped Kunsthalle), 스위스, 베른, 1967-68 ©1968 Christo and Jeanne-Claude Foundation

그는 1990년대 이후 2005년 세상을 떠날 때까지 유럽과 미국·아시아·라틴아메리카·동유럽 등 세계 각국을 돌아다니며 여러 작가들과 교류하였고, 베니스 비엔날레(Venice Biennale) 등 국제미술전시의 총감독을 맡아 대형 전시를 기획하였다. 제만은 1970년대 세계적으로 개념미술과 포스트미니멀리즘·아르테 포베라와 같은 미술운동이 많이 노출되지 않았을 때부터 실험적 성격이 강한 일련의 새로운 전시들을 선보이며 이름을 알렸다. 그는 요셉 보이스(Joseph Beuys, 1921-1986)와 브루스 나우먼(Bruce Nauman, 1941-)·리차드 세라(Richard Serra, 1939-)·마이클 하이저(Michael Heizer, 1944-) 등과 긴밀하게 협력하였으며, 크리스토(Christo, 1935-2020)와 잔 클로드(Jeanne-Claude, 1935-2009)에게 쿤스트할레 건물 전체를 포장하는 작업을 의뢰한 최초의 인물이기도 하다.

2011년 로스앤젤레스의 게티 연구소(Getty Research Institute/GRI)는, 전시제작자이자 집착적 수집가인 제만의 아카이브 작업실 '장미의 공장(Fabbrica Rosa)'에서 그의 거대한 자료를 인수하였고, 이를 바탕으로 2018년 게티 센터(Getty Center)에서는 '하랄트 제만: 강박의 미술관(Harald Szeemann: Museum of Obsessions)'전을 개최하였다. 게티 센터는 그의 자료를 정리하고 목록을 작성하는 데 4년이 걸렸다. 이 전시는 로스앤젤레스를 시작으로 베른·뒤셀도르프·토리노를 포함해 유럽과 미국을 순회하였다. 제만은 전시를 위해 강박적으로

선택함으로써 예술과 예술이 아닌 것, 고급예술과 저급예술을 모두 포함시켰으며, 리얼리즘 회화와 조각·설치·퍼포먼스 등을 통해 현대미술의 현재와 방향을 제시하기 시작하였다. Documenta. https://www.documenta.de/en/retrospective/documenta_5 참조.

(사진 36) 로스앤젤레스 게티 센터에 위치한 게티 연구소(Getty Research Institute)

수집한 아카이브 자료를 스스로 '강박의 미술관'이라 불렀고, 이 전시를 통해 그의 큐레이터 경력과 역사 및 학술적 재능과 전시 방법론을 총체적으로 살펴볼 수 있다.

　'강박의 미술관(Museum of Obsessions)'전은 그를 거쳐 간 주요 전시 문서와 시각 자료를 한자리에서 볼 수 있는 전시로, 제만의 커리어를 크게 세 시기로 구분하여 시기별로 그의 전시 기획이 어떤 특징을 나타내는지 조명했다. 첫번째 섹션은 '아방가르드(Avant-Gardes)'로 제만의 초기 전시와 1960–1970년대 초 아방가르드 예술 관련 기획을, 두번째 섹션 '유토피아와 선지자들(Utopias and Visionaries)'은 전통적인 모더니즘의 서사를 재구축했던 1970–1980년대 전시를, 마지막 섹션인 '지리학(Geographies)'에서는 스위스 출신인 제만의 정체성과 여행을 향한 열정, 국제 미술의 흐름을 읽는 폭넓은 시야와

1990년대 전시에서 드러난 지역적 정체성에 대한 관심을 다루었다.

제만은 여러 프로젝트를 수행하는 과정에서 비교할 수 없을 정도로 많은 연구 자료를 작성하여 자신이 작업한 미술가에 대한 모든 정보를 수집하였고, 그들과 지속한 서신들을 신중하게 보관하였다. 또한 그는 개념주의와 미니멀리즘에서부터 새로운 형태의 설치 및 퍼포먼스에 이르기까지 전후 시대의 예술 발전에 공헌하였다. 그가 강박적으로 수집한 아카이브와 도서 자료는 큐레이터로서 그의 열정을 엿볼 수 있을 뿐만 아니라, 그가 기획한 전시보다 전시제작자로서의 하랄트 제만을 기억하게 만든 대표작이 되어 그를 보고 배우는 미래 세대에 기여하였다.

이렇듯 현대미술 연구와 전시 기획을 위한 연구 자료로서의 가치를 가지는 '강박의 미술관' 전을 통해 본고에서는 제만이 큐레이터로서 이룩한 혁신과 관행의 변화, 큐레이팅 접근 방식 및 전시 전략, 그리고 미술 현장의 기록자로서 남긴 업적과 의미를 고찰하고, 큐레이터의 전시 기획 실천 과정과 방향을 제시하고자 한다.

2. '강박의 미술관' 전의 형성 배경과 전시 구성

1) '강박의 미술관' 형성 배경

2011년 로스앤젤레스의 게티 연구소(Getty Research Institute)는 26,000권 이상의 책과 45,000장의 사진, 24,000명 이상의 작가 파일로 구성된 하랄트 제만의 아카이브 자료들을 인수하였다. 제만은

1986년 이 거대한 아카이브를 수용할 수 있는 공간을 스위스 마기아 (Maggia)에 위치한 과거 시계공장 건물에 마련하였고, 이를 '장미의 공장(Fabbrica Rosa)'이라고 불렀다.

이 아카이브 작업실은 제만이 수집한 작가 관련 자료 및 작가들과 교환한 서신, 작품 대여 서식, 전시 도면, 전시 예산, 전시장 전경 사진 등 전시를 위한 그의 모든 연구와 기획 과정이 담겨져 있었다. 2005년 그가 세상을 떠난 이후 유족들은 이 자료들을 어떻게 처리할지 오랫동안 결정하지 못하다가 게티 연구소에 넘기기로 하였고, 게티에서는 이를 목록으로 작성하고 개방하는 데 7년이 걸렸다.[2]

아카이브 부분에는 1950년대 후반부터 제만이 사망할 때까지 그와 교류하였던 주요 작가들과 큐레이터·학자들과 주고받은 여러 서신들이 포함되었고, 1,000개가 넘는 연구 파일 박스에는 제만이 기획한 200개가 넘는 전시를 연구하는 과정에서 모은 희귀한 자료들과 메모·그림 등이 있었다. 도서 부분에는 수천 권의 작가 관련 서적 및 한정판 간행물, 그리고 무정부주의자나 고대물리학, 잘 알려지지 않은 미술운동 등을 주제로 한 특별 자료들로 구성되었다.[3]

이러한 제만의 엄청난 자료들을 기반으로 2018년 게티 센터에서는 '하랄트 제만: 강박의 미술관'이라는 제목의 전시를 진행하였다. 이는 전시기획자로서 제만의 삶과 경력을 탐구한 전시로, 그가 기획한 1960년대와 1970년대의 전위미술운동을 비롯해 1990년대와 2000년대의 전 세계적인 동시대 미술에 이르는 내용을 포함하였

2) Kos, W. *Wenn wilde Ideen zu Kunstgeschichte werden*, Vienna: Die Presse, 2019, p.15.
3) The Getty Research Institute Acquires Harald Szeemann Archive And Library. http://www.getty.edu/news/press/center/szeemann.htm

(사진 37) 스위스 마기아 소재 하랄트 제만(Harald Szeemann)의 '장미의 공장(Fabbrica Rosa)' ⓒJ. Paul Getty Trust

다. 제만은 미술사에 대한 전통적 개념에 도전하였을 뿐 아니라 시각 예술 이외의 광범위한 연구 분야를 포괄하였으며, 그는 이러한 아카 이브 작업실을 '강박의 미술관(Museum of Obsessions)'이라고 불렀다.[4]

'강박의 미술관'은 제만이 1972년 '도큐멘타 5'의 총감독이 된 이후 전시에 대한 새로운 방식을 찾기 위해 자신의 머릿속에서만 존 재하는 가상의 미술관을 창설한 것이었다. 제만은 자신을 '정신적인 이주노동자(Geistiger Gastarbeiter)'라고 하며, 이러한 생각의 시작을 다 음과 같이 말하였다.

---

4) Getty Research Institute Presents Harald Szeemann: Museum of Obsessions. http://news.getty.edu/getty-research-institute-presents-harald-szeemann-museum-obsessions.htm

나는 스스로에게 하나의 기관으로서 '정신적인 이주노동자 사무소'가 되어야 한다고 말했다. 이 말은 정치적인 의미를 담고 있는 것으로 당시 외국인 이주노동자들에 반대하는 정당이 생겨났으며, 이는 물론 정치적으로 도발적인 의미를 내포하고 있었다. 따지고 보면 나도 이주노동자이다. 내 이름은 스위스 이름이 아니라 헝가리에 뿌리를 둔 것이었고, 손으로 하는 노동이 아니라 머리로 하는 '정신적인 이주노 동자'라는 의미에서 하나의 목표를 정한 것이 바로 '강박의 미술관'이었다. 처음부터 이 미술관은 존재할 수 없는 것으로 무정부주의나 성적 혁명을 전시할 수는 없었고, 근본적으로 내가 하는 모든 것들이 다 있을 수 없는 일이었다.[5]

제만은 전시기획자이자 미술비평가인 한스 울리히 오브리스트(Hans Ulrich Obrist, 1968-)와의 인터뷰에서 '강박의 미술관'을 시각적으로 전달할 수 있는 세 가지 기본적 테마를 '총각(Bachelor)' '라맘마(La Mamma)' '태양(Sun)'으로 정하였음을 언급하였다.[6] 제만은 제도권 내의 관심과 영향에서 벗어나 더 실험적인 방향으로 비주류 예술에 대한 관심을 높였고, 특히 '라맘마'와 '태양'을 포용한 전시가 '몬테 베리타: 진실의 산(Monte Verita: The Breasts of Truth)' 전이었다.

'몬테 베리타' 전은 제만이 스위스의 작은 마을 테신(Tessin)에 정착하면서 시작되었다. 그는 테신에서 멀지 않은 곳에 위치한 스위스 남부 소도시 아스코나(Ascona) 근처 몬테 베리타에서 4년 동안 이곳

---

5) Interview mit Harald Szeemann. https://www.fehe.org/index.php?id=237
6) 한스 울리히 오브리스트, 송미숙 옮김, 《큐레이팅의 역사》, 미진사, 2013, p.139.

의 역사와 지역 미술가들에 대한 자료를 수집하였으며, 1978년 처음으로 전시되었다. 이 전시는 19세기 후반부터 잃어버린 낙원을 꿈꾸며 이를 실현하기 위해 베리타 언덕에 설립한 유토피아적 공동체와 이를 대변했던 신지학자와 채식주의자·아나키스트들에게 바쳐진 것이었다.

전시는 모두 16개 섹션으로 구분되었고, 1870년에서 1970년 사이 몬테 베리타에서 일어난 사건의 연대기를 훑어 가며 파울 클레 (Paul Klee, 1879-1940)·알렉세이 폰 야블렌스키(Alexei von Jawlensky, 1864-1941)·휴고 발(Hugo Ball, 1886-1927)·한스 아르프(Hans Arp, 1886-1966)·한스 리히터(Hans Richter, 1888-1976)와 같이 유명한 예술가들과 라이너 마리아 릴케(Rainer Maria Rilke, 1875-1926)·제임스 조이스(James Joyce, 1882-1941) 같은 시인들의 글을 함께 제시하였다.[7] 이때부터 제만의 관심 영역은 단순히 시각예술을 뛰어넘어 이데올로기와 철학·문화·예술 등과 결합하여 이를 전시 기획으로 확장시켰다.

2) '하랄트 제만: 강박의 미술관'전 전시 구성

2018년 게티 센터의 '하랄트 제만: 강박의 미술관' 전은 제만의 아카이빙 전략과 함께 광범위한 연구 자료 및 기록으로 구성되어 있으며, 1960년대부터 1990년대까지 제만의 핵심적인 전시 주제를 크게 세 가지 섹션으로 나누어 기획하였다. 첫번째 섹션은 '아방가르드

---

7) Han, E.J. *Museum of Obsessions: Harald Szeemann and Outsider Art*. Korea Association for History of Modern Art, 2019, p.25.

(사진 38) '하랄트 제만: 강박의 미술관(Harald Szeemann: Museum of Obsessions)' 전, 쿤스트할레 베른, 2018 ⓒKunsthalle Bern

(사진 39) '하랄트 제만: 강박의 미술관(Harald Szeemann: Museum of Obsessions)' 전, 쿤스트할레 베른, 2018 ⓒKunsthalle Bern

(Avant-Gardes)'라는 주제로 베른에서 보낸 제만의 초기 전시와 1960년대와 1970년대 초 전위예술 관련 기획을 다루며, 여기서 20세기 초 급진적 개척자들에 대한 그의 관심을 살펴볼 수 있다. 두번째 섹션 '유토피아와 선지자들(Utopias and Visionaries)'은 1970년대와 1980년대에 기획한 전시로 '총각 기계(Bachelor Machines)' '몬테 베리타(Monte Verita)' 및 '총체예술의 경향: 1800년 이후 유럽의 유토피아(Gesamtkunstwerk: European Utopias since 1800)'라는 삼부작으로 구성되었다.

여기에는 또 다른 부류의 급진적이고 대안적인 정치운동과 신비주의적 세계관 및 유토피아적 의식 형태에 관한 이야기가 포함되었으며, 이를 바탕으로 20세기 초반 전통적인 모더니즘의 서사 방식을 재구축하였다. 그리고 마지막 섹션은 '지리학(Geographies)'으로 스위스 출신인 제만의 정체성과 그의 여행을 향한 관심과 열정, 생애 후반 광범위한 국제 전시에 대한 흐름을 읽는 폭넓은 시야와 1990년대 이후 지역적 정체성에 초점을 맞추고 있다.

첫번째 섹션인 '아방가르드'는 1972년 '도큐멘타 5' 전시를 주로 다루었는데, 이는 제만의 야망과 비전을 보다 분명하게 반영한 것으로 큐레이터로서의 삶에 영향을 준 주제인 전위미술가들 및 유토피아적 개념과 목표를 가진 개인에 주목하였다. 두번째 섹션은 삼부작 전시로 이루어졌고, '총각 기계' 전은 마르셀 뒤샹(Marcel Duchamp, 1887-1968)의 작품과 프란츠 카프카(Franz Kafka, 1883-1924) · 알프레드 자리(Alfred Jarry, 1873-1907)의 문학에서 발견된 기계미학의 성행을 기반으로 1875년부터 1925년 사이 유럽의 현대미술과 문학 속 기계미학적 요소를 시각화한 에로티시즘을 탐구하였다.[8]

이외 '몬테 베리타: 진실의 산' 전에서는 베리타 언덕에 설립한 유토피아적 공동체와 지역 미술가들에 대한 광범위한 연구 자료를 수집하고 다양한 형태의 오브제를 통해 지역의 역사, 문화적 이야기에 관심을 가졌다. 또한 정치 난민·무용가·채식주의자들과 함께 새로운 가치를 생산하는 모습은 자신이 바라보는 이상향과 다르지 않음을 강조한다.

(사진 40, 41) '하랄트 제만: 강박의 미술관(Harald Szeemann: Museum of Obsessions)' 전, 쿤스트할레 베른, 2018 ⓒKunsthalle Bern

이 섹션의 삼부작 전시를 마무리하는 것은 '총체예술의 경향: 1800년 이후 유럽의 유토피아'였다. 이는 독일 오페라 작곡가 리하르트 바그너(Richard Wagner, 1813-1883)가 '총체예술 작품'이라고 부르는 형태에 기반을 둔 것으로 시와 음악·무용 및 시각예술을 모두 결합한 것이었다. 제만은 존 케이지(John Cage, 1912-1992)·바실리 칸딘스키(Wassily Kandinsky, 1866-1944)·엘 리츠스키(El Lissitzky, 1890-1941)의 작

---

8) Getty Research Institute Presents Harald Szeemann: Museum of Obsessions. http://news.getty.edu/getty-research-institute-presents-harald-szeemann-museum-obsessions.htm

(사진 42) 페르니낭 슈발(Ferdinand Cheval)의 '팔레 이데알(Palais Idéal)' 건축 모델 설치 장면, 쿤스트할레 뒤셀도르프, 2018 ⓒKatja Illner

품을 전시하였고, 쿠르트 슈비터스(Kurt Schwitters, 1887-1948)와 리하르트 바그너에 의뢰하여 새로운 기념비적 조각 모형을 제작하였다.

2018년 독일 뒤셀도르프의 순회 전시에서는 다양한 종교적 기원과 신화적 영향을 내포하며 프랑스의 우편배달부인 페르디낭 슈발(Ferdinand Cheval, 1836-1934)의 '팔레 이데알(Palais Idéal)' 즉 '꿈의 궁전' 건축 모델도 포함되었다.[9] 이는 프랑스 남부 오트리브(Hauterives)에 위치하고 있으며, 페르디낭 슈발이 1879년부터 1912년까지 33년에 걸쳐 흙과 돌을 이용해 완성한 거대한 오리엔탈 사원 같은 석조

---

9) Getty Research Institute Presents Harald Szeemann: Museum of Obsessions. http://news.getty.edu/getty-research-institute-presents-harald-szeemann-museum-obsessions.htm

건물로 이후 그 예술적 가치를 인정받았다.

전시의 마지막 섹션인 '지리학'은 제만의 후반기 활동을 주목한다. 제만의 경력에서 마지막 15년은 그가 평생 관심을 가진 여행과 지리학에 대한 주제와 함께 국가와 지역의 정체성에 대한 탐구를 포괄하는 전시였다. 특히 글로벌 정체성과 지역성에 관심을 기울였던 1990년대는 그의 전성기 못지않게 중요한 시기로, 그는 서구를 중심으로 반복되는 담론으로부터 벗어나기 위해 수십 차례 전 세계를 오가며 새로운 전시를 위한 자료 수집을 지속하였다.

게티 연구소는 제만의 자료를 인수한 이후 정교한 카탈로그 제작을 통해 제만의 전시 계획과 연구 및 각종 프로젝트, 국제 네트워크를 문서화한 출판물을 만들어 냈다. 게티 센터에서 제만이 기획한

(사진 43) '대부: 우리와 같은 개척자(Grandfather: A Pioneer Like Us)'전, 로스앤젤레스 현대미술관 설치 장면, 2018 ⓒDaniel Perez

전시를 처음으로 대중에게 소개한 '하랄트 제만: 강박의 미술관' 전 이후 같은 해 2018년 로스앤젤레스 현대미술관(Institute of Contemporary Art Los Angeles/ICALA)에서는 이와 연계 전시로 제만이 1974년에 진행한 그의 가장 개인적이며 급진적인 전시 중 하나인 '대부: 우리와 같은 개척자(Grandfather: A Pioneer Like Us)' 전을 개최하였다.

'대부' 전은 유명한 미용사였던 제만의 할아버지 에티멍 제만(Etienne Szeemann)에게 헌정한 전시로, 민속박물관처럼 초상화·미용기구·가발 및 그외 여러 사적인 물건들이 복잡하게 배치되어 한 사람의 열정적 인생의 발자취를 기록한 무대를 펼쳐 놓았다. 이렇듯 제만의 전시는 회화부터 설치까지 모든 장르와 매체를 아우르는 작업이었으며, 문학과 시·역사·철학·지리·음악·무용·건축 등 경계 없는 예술의 집대성을 보여줌으로써 관객들이 경험할 수 있는 감각의 폭을 자유롭게 확장시켰다.

3. 하랄트 제만의 전시 전략과 의미

1) 예술 실천 과정 속 전시제작자

하랄트 제만은 자신의 직업에 대해 "나는 관리자이자 예민한 예술애호가이고 서문을 쓰는 사람이며, 사서이고 매니저이자 애니메이터·보호자·재무전문가·외교관 등이다"[10]라고 언급하였다. 이는

---

10) Behnke, C. *He Curator as Arts Administrator? Comments on Harald Szeemann and the Exhibi-*

(사진 44) '당신 머릿속에 거하라: 태도가 형식이 될 때(Live in Your Head: When Attitudes Become Form)' 전 설치 전경, 쿤스트할레 베른, 1969 ⓒ2008-2020 Contemporary Art Daily

제만이 단순히 전시기획자로서만 활동하기를 원하지 않았음을 분명하게 드러낸 것으로, 그는 스스로 미술관이 할 수 없는 전시를 해야 한다는 것을 강조하였다. 제만의 이러한 생각은 1969년 '당신 머릿속에 거하라: 태도가 형식이 될 때(Live in Your Head: When Attitudes Become Form)' 전에서 이미 실천되었다.

제만은 '태도가 형식이 될 때' 전을 기획하며 반형식적 개념을 도출하였는데, 이는 예술 형식의 전통적 개념을 상징적으로 보충하며 비정형적 특징을 그대로 보여주는 혁신적인 전시였다. 이는 제목의 부제인 '작업-개념-과정-상황-정보(Works-Concepts-Processes-Situations-Information)'에서도 확인할 수 있다. '태도' 전에서는 모두 69명의 유럽과 미국 작가들이 자신들의 방식으로 쿤스트할레 베른의 공간을 변형시켰다. 이에 대해 제만은 한스 울리히 오브리스트와의 인터뷰에서 다음과 같이 진술하였다.

> 유럽 출신과 미국 출신을 포함해 69명의 작가가 미술관을 차지하였다. 로버트 배리는 지붕을 밝혔고, 리처드 롱은 산속을 걸었고, 마리오 메르츠는 이글루 하나를 만들었으며, 마이클 하이저는 보도를 팠고, 월터 드 마리아는 전화기를 제작했는가 하면, 리처드 세라는 납조각 벨트 작품과 납물을 튀기는 작품을 전시하였다. 로렌스 와이너는 벽에서 1평방미터를 떼어냈고, 보이스는 기름조각을 만들었다. 쿤스트할레는 그야말로 진정한 실험실이 되어 새로운 전시 방식이 탄생하였는데, 이것이 바로 '구조화된 혼돈'이었다.[11]

tion "When Attitudes Become Form". Journal of Arts Management, 2010, p.29.

116 | 세기의 미술관, 전시와 컬렉션의 도전

여기에 참여한 작가들은 당시 미국과 유럽에서 유행하고 있었던 미니멀리즘·포스트미니멀리즘, 그리고 유럽의 아르테 포베라 등을 미술관이라는 제도권으로 가지고 들어왔으며, 작품 창작의 과정을 강조하였다. 여기에 참여한 이들은 주로 재료의 불완전하고 고정되지 않은 모습을 통해 분명한 경계가 있는 고정된 형태, 관습적 작품에 대항하기 시작하면서 반형식적 개념으로 작품의 존재성을 새롭게 드러내려 하였다. 즉 1960년대 미니멀리즘 작품에서 추구하던 규칙성과 반복성을 무너뜨리며 대부분의 작품이 대상의 재료 자체가 가지는 물성을 탐구하기 시작하였는데, 이는 제만이 언급한 '구조화된 혼돈(structured chaos)'이라는 새로운 전시 기획 접근 방식을 구체화한 결과가 되었다.

'태도'전에서 리차드 세라(Richard Serra, 1938-)는 납물을 전시장 모서리에 뿌려서 만든 조각 작품을, 그리고 로렌스 와이너(Lawrence Weiner, 1942-)는 벽의 일부를 긁어 제거하였다. 마이클 하이저(Michael Heizer, 1944-)의 〈베른 우울증(Bern Depression)〉은 레킹볼을 이용해 미술관 앞 보도를 깨는 작업으로 공사 현장을 방불케 하였는데, 이는 모두 전시가 내포한 무질서한 느낌을 그대로 드러내는 것이었다.

로버트 모리스(Robert Morris, 1931-2018)는 폐기용 실뭉치들을 버려진 쓰레기더미처럼 지저분하게 쌓아 놓는 설치 작업과 펠트(Felt) 조각들이 불규칙한 크기를 갖도록 마음대로 잘라 중력에 의해 늘어진 형태 그대로 걸어 놓은 작품을 전시하였다. 이러한 무작위적 자르기 과정이 결과로 이어져 비결정적이고 반형태적인 특징을 갖는

---

11) 한스 울리히 오브리스트, 송미숙 옮김, 《큐레이팅의 역사》, 미진사, 2013, p.131.

작품은 포스트미니멀리즘·과정미술 작가들에게 공통적으로 목격되는 요소이다.[12] 모리스의 대충 쌓고 걸어 놓은 방식을 통해 재료 자체에서 형태가 나오도록 하는 반형식적 개념은 세라의 던지고 뿌리는 작업과도 부합된다.

요셉 보이스(Joseph Beuys, 1921-1986)는 전시장 방 코너 모서리 틈새에 마가린을 밀어넣었고, 이를 〈지방 코너(Fat Corner)〉라고 불렀다. 월터 드 마리아(Walter De Maria, 1935-2013)는 "전화벨이 울리면 받을 수 있습니다. 월터 드 마리아가 당신과 이야기하고 싶어합니다(If this telephone rings, you may answer it. Walter De Maria is on the line and would like to talk to you)"라는 안내문과 실제 전화기를 설치하였고, 뉴욕에 있으면서 베른의 전시장에 전화를 걸어 관객과의 통화를 시도하였다. 실제로 전화가 연결되지는 않았지만, 이 작품으로 미술관의 고정된 전시 공간에서의 작품이라는 한계를 제거하고 비결정적 과정과 비계획적 상황을 허용하였다.

이외에도 로버트 배리(Robert Barry, 1936-)·마리오 메르츠(Mario Merz, 1925-2003)·칼 안드레(Carl Andre, 1935-)·솔 르윗(Sol LeWitt, 1928-2007)·클래스 올덴버그(Claes Oldenburg, 1929-)·브루스 나우먼(Bruce Nauman, 1941-)·에바 헤세(Eva Hesse, 1936-1970)·키스 소니어(Keith Sonnier, 1941-)·지오반니 안셀모(Giovanni Anselmo, 1934-)·라이너 루텐벡(Reiner Ruthenbeck, 1937-2016)·알랭 자케(Alain Jacquet, 1939-2008)·조셉 코수스(Joseph Kosuth, 1945-)·한네 다보벤(Hanne Darboven, 1941-

---

12) Jin, W.Y. *When Attitudes Become Form: When Europe Meets American Avant-garde art*, Journal of the Association of Western Art History, 19, 2003, pp.111-112.

(사진 45) 납물을 던지는 리차드 세라, 뉴욕 카스텔리 창고화랑, 1969 ⓒMoMA

(사진 46) 요셉 보이스, 〈지방 코너(Fat Corner)〉, 쿤스트할레 베른, 1969 ⓒJ. Paul Getty Trust

(사진 47) 월터 드 마리아, 〈아트 바이 텔레폰(Art by Telephone)〉, 쿤스트할레 베른, 1969 ⓒJ. Paul Getty Trust

2009) 등이 참여하였다. 다니엘 뷔랑(Daniel Buren, 1938-)은 초대받지 않았지만 줄무늬 포스터를 전시장 주변에 붙이고 다녔고, 이들의 작품은 관람객들 앞에서 실현되거나 파괴되었으며, 전시 기간 동안에만 존재할 수 있었고 사진으로 기록될 뿐이었다.

제만은 이러한 예술 형식의 변형을 그가 기획한 전시를 통해 의식적으로 실천하고, 그 경향을 장악하고자 하였다. 그는 현대미술 이론의 미학적 평가에 대한 개념을 '강렬하게 의도된 예술'이라고 하였는데, 이는 고전미학의 기준에 반대한다기보다 절대적으로 또 다른 원칙에 기본을 둔 것이었고, '태도'전은 현대미술의 감각적 전환을 보여주는 유럽 최초의 전시 중 하나가 되었다. 주요 특징은 시각적으로 작업의 기본적인 개념, 즉 아이디어에 초점을 맞춘 작업이었다. 전시 기획의 개념을 만든 제만은 이러한 다양한 작품들에 기본적으로 우리가 알고 있는 '예술'이라는 단어와는 전혀 다른 감각을 부여하고자 하였다.[13]

제만이 자신을 전시제작자라고 명명한 것은 '영화제작자'에서 따온 말로, 단지 아이디어를 던지는 것이 아닌 제만이 '비전에서 못질까지(from vision to nail)'라고 말했듯 전시의 모든 실천 과정에 직접 관여한다는 뜻이다. 특히 '태도'전은 게티의 제만 전시 섹션에서 '아방가르드'로 구분되며, 전시기획자는 미술사적으로 미니멀리즘 · 포스트미니멀리즘 · 개념미술 등의 계보를 제시하는 것이 아니라 그것이 의도하고 있는 모호한 형식에 대한 해석을 담당하며, 큐레이터를

---

13) Biryukova, M. *Reconsidering the exhibition When Attitudes Become Form curated by Harald Szeemann: form versus "anti-form" in contemporary art.* Journal of Aesthetics and Culture, 9(1/1), 2017, p.3.

창조적인 미술가로 볼 수 있게 하였다. 이로써 제만은 '구조화된 혼돈'이라고 묘사했던 자신의 전시 접근 방식을 구체화하고, 머릿속 혼돈을 시각화하였다.

2) 학제간 상호 통합과 장소의 확장

하랄트 제만은 미술사·고고학·저널리즘을 공부하였으며, 이후 전시기획자로서 다양한 분야와 소통하였고, 연극·음악·문학·시 등 여러 장르를 포용하는 총체예술을 지향하였다. 이러한 총체예술의 실현은 청소년기 1인 연극에 몰두한 것에서 이미 시작되었음을 짐작해 볼 수 있다. 그가 연극 무대에서 전시 기획의 길에 발을 들여놓게 된 것은 당시 쿤스트할레 베른의 관장을 지냈던 프란츠 마이어(Franz Meyer)와의 인연에서부터였다.

그가 베른에 머물며 진행한 전시는 미술의 제도적 실천을 우회하기 위한 수단이 되었으며, 현대미술의 미학적 특성을 평가할 수 있는 가능성을 제공하였다. 쿤스트할레 베른의 관장직을 사임하고 진행한 그의 첫번째 대형 프로젝트였던 '도큐멘타 5'에서 제만은 전시기획자이자 미학자·철학자·예술비평가로서 여러 역할을 담당하였고, 여기서 예술의 경계를 완전히 넘어선 학제간 상호 연계와 통합의 근원을 찾을 수 있다.

제만은 자신과 기관의 한계를 뛰어넘지 못하면 전시는 지루해질 수밖에 없다고 생각하였고, 도큐멘타 전시 이후 더욱 자유롭고 독립적으로 활동하며 미술관이 만들어 내지 못하는 전시를 기획해야 한다는 것을 분명히 하였다. 이를 위해 그는 실제로 존재할 수 없는 자신만의 가상적인 공간인 '강박의 미술관'을 통해 새로운 조합을 구성하였으며, 경계를 깨뜨리고자 한 자신의 지속적인 선택을 도쿠멘타 5에서 보여주었다.[14]

다시 말해 '태도'전이 전시 기획에 대한 이론과 실천 분야에 영향을 미쳤다면, '도쿠멘타 5'는 제만의 전시 기획 성과와 전시기획자로서의 비전을 실현한 하나의 사건이 되었다. 또한 제만이 쿤스트할레 베른을 당시 가장 역동적인 미술관으로 변신하게 하는 데 성공하였다면, 1972년 그가 총괄한 도쿠멘타는 독일 카셀에서 5년마다 한번씩 개최되는 현대미술제를 국제미술계의 중심지로 승격시키는 역할을 하였다. '100일간의 이벤트'로 계획된 이 전시에서는 여러 퍼포먼스와 강연 등이 열렸으며, 다양한 맥락과 개념을 사용하여 강한 존재감을 드러냈다.

제만이 '구조화된 혼돈'이라고 묘사하였던 그의 전시 접근 방식에 반응한 현장 설치와 퍼포먼스 · 해프닝, 그리고 100일 동안 지속됐던 요셉 보이스의 이벤트가 진행되었고, 이는 '태도'전의 논쟁적 방식 및 '해프닝과 플럭서스(Happening & Fluxus)'전의 대중 참여적 형태를 더욱 발전시킨 것이었다. 1970년 처음 진행되었던 이 전시는 독일 쾰른에서 개최되었고, 1960년대 이후 앨런 카프로(Allan Kaprow, 1927-2006) 등 초기 해프닝 작품들과 빈 액션주의자들로 대표되는 귄터 브루스(Günter Brus, 1938-) · 오토 뮐(Otto Muhl, 1925-2013) 등의 작품을 기반으로 기획되었다.

---

14) Heesen, T.A., Lutz, P. *Dieses Bild anzeigen Dingwelten. Das Museum als Erkenntnisort(Schriften des Deutschen Hygiene-Museums Dresden)*, Köln: Böhlau, 2005, p.27.

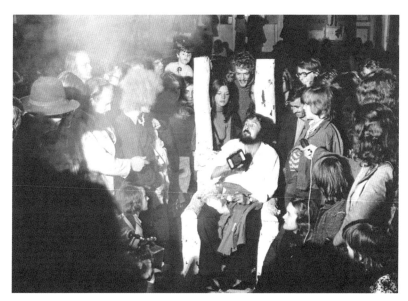

(사진 48) '도큐멘타 5(Documenta V)'의 마지막날 예술가들에게 둘러싸인 하랄트 제만(Harald Szeemann), 1972. 10. 8 ⓒBalthasar Burkhard

전시는 선정적이고 폭력적인 퍼포먼스가 도덕적 선을 넘었다는 온갖 비난을 받았지만, 제만의 혁신성은 인정받았다. 이후 '도큐멘타 5'는 리처드 세라·브루스 나우먼·비토 아콘치·존 조나스·레베카 호른 등과 같은 미술가들을 포함시킨 것 외에 광고를 비롯해 사회주의 리얼리즘, 아웃사이더 아트, 공상과학 소설 등 사회 전반에 이르는 광범위한 문제에 직면할 것을 요구하고 있었다.

'도큐멘타 5'에 이어 제만은 여러모로 특이한 전시를 진행하였는데, 1974년 카페 뒤 코멕스(Café du Commerce) 위 자신의 아파트에서 지극히 사적인 주제를 바탕으로 한 '대부'전을 기획했다. 제만은 헝가리 이민자였던 할아버지 에티멍 제만의 1,200개가 넘는 개인적 물건들을 세심하게 진열하였고, 선조의 인생 이야기를 창조적으로 배

(사진 49) '대부: 우리와 같은 개척자(Grandfather: A Pioneer Like Us)'전, 스위스 베른, 게레히티히카이트 거리에 위치한 아파트에서의 설치 장면, 2018 ⓒGunnar Meier

치함에 따라 하나의 전기를 이루도록 하였다.[15]

　　제만의 '대부'전은 '태도'전부터 '도큐멘타 5'까지의 전시를 논리적으로 발전시킨 것이자 이전 전시에 대한 응답이었고, 현실의 서로 다른 측면을 특정 사건으로 바꾸어 놓으려고 노력한 결과였다. '도큐멘타 5'에서의 '개인 신화'와 관련한 주제전의 형식적 틀과 그 특징은 '대부'전에서도 자연스럽게 나타나게 되었다.[16] 즉 '대부'전은 주제와 특정 장소에 대한 제도권의 관습적 요소로부터 벗어나 전시 기획에 있어 다음 단계로 나아가기 위한 실천적 전환점이자 중요한 과

15) Harald Szeemann, Museum of Obsessions. https://artmap.com/kunsthallebern/exhibition/harald-szeemann-2018

16) Müller, H. J. *Harald Szeemann: exhibition maker*, Berlin: Hatje Cantz, 2006, p.53.

정이 되었다. 그 결과로 예술은 더 이상 작업실 · 갤러리, 그리고 미술
관과 같은 공인된 장소에서 전개될 필요가 없음을 확실히 하게 된다.

제만은 은밀하고 사적인 베른의 아파트에서 '대부'전을 진행한
다음해인 1975년에 과학 · 예술 · 철학의 종합적 통합의 장이라 할
수 있는 '총각 기계'전을 준비하였으며, 베른에서부터 베니스 · 브뤼
셀 · 뒤셀도르프 · 파리 · 암스테르담 · 빈으로 이동하며 각 도시마다
새로운 것을 추가하는 방식을 시도하였다. 1978년 '몬테 베리타'전
은 한번도 전시에 사용된 적이 없었던 오래된 극장과 체육관에서 개
최되었다. 제만은 4년 동안 20세기 초 유토피아를 찾아 몬테 베리타
에 모인 지역 미술가들과 유토피아적 공동체와 관련한 자료 및 오브
제를 집중 연구하였다. 그는 강박적 예술확산자로 당시 미국과 유럽
의 여러 미술 경향과 거리가 있는 주제로 일정한 틀에서 벗어난 전시
를 기획하였다.

이러한 전환은 그의 업무 원칙인 '광인(狂人)을 찾아야 한다'에
부합하는 것으로 광인들의 작품을 예술의 영역에서 이해하며 해석의
범위를 확대시켰고, 광기의 예술을 제도권 안으로 가지고 들어와 그
경계를 무너뜨렸다. 1920년대에 세워진 빈의 건축물에서 열린 파격
적인 '몬테 베리타'전은 은둔자들의 은신처와 함께 유명해졌다. 이는
제만의 모든 틀을 깨는 유토피아적 '총체예술 작품에 대한 애착'을
재현하는 데 있어 하나의 이상적인 모델이 되었다.[17]

이렇게 아나키즘 · 신지학 · 채식주의자 · 토지개혁 등 수많은 연
구와 자료들이 등장하였던 '몬테 베리타'전 이후 1983년에 제만은

17) Kos, W. *Wenn wilde Ideen zu Kunstgeschichte werden*, Vienna: Die Presse, 2019, p.15.

시와 음악·무용 및 시각예술을 모두 결합한 형태의 '총체예술'을 진행하였다. 이는 독일 오페라 작곡가 리하르트 바그너가 발명한 신조어 '총체예술'에 기반을 둔 것으로, 제만은 이 총체예술이라는 개념을 통해 전통적인 전시 기획 방식에서 벗어나 그 범위를 확장시켰다. 즉 미술가 개인의 창조적 작업이 아닌 전시기획자의 의견을 이용하여 전시를 구상하고 실천하는 과정에서 학제간 상호 연계의 교차 학문을 위한 작업으로 전시 자체가 창조적 예술 작품이 되게 하였다.

전형적인 관습을 확대하는 혁신적인 전시 방법과 개념으로 전시 의 중심에 있는 미술가들과 협력을 이루는 전시 패턴은 획기적인 기획의 일부가 되며, 전시를 위한 대안 공간을 찾는 창의성의 문제도 포함된다.[18] 전시 기획이 하나의 뚜렷한 직업으로 인식되면서 전시의 개념 확대, 예술가와의 긴밀한 협업, 비예술 공간에서의 전시는 이제 일반적인 일들이 되었다. 특히 1990년대 이후 이러한 대안적 방법 및 공간 선택의 확장은 새로운 형태의 콜라보로 학제간 글로벌 네트워킹 문화를 요구하는 미술계의 세계화를 촉진하였다.

3) 미술 현장의 수집과 기록

열정적 아키비스트이기도 했던 제만은 그의 커리어 전반에 걸친 거의 모든 서신과 메모 및 연구 자료를 보관하였다. '구조화된 혼돈'이라는 제만의 전시 기획 접근 방식은 아카이브의 구축에 반영된다. 그

---

18) Fotiadi, E. *The canon of the author. On individual and shared authorship in exhibition curating.* Journal of Art Historiography 11, 2014, p.7.

는 자신의 머릿속 복잡한 생각을 자세하게 메모로 남겼고, 끊임없이
여러 아이디어를 스케치하였으며, 전시 기획에 필요한 자료를 수집하
는 과정을 통해 그의 작품 해석 능력을 강화하였다. 이렇게 40여 년
에 이르는 그의 업무 이력과 각종 서신들이 축적되어 있는 이 아카이
브 작업실은 2011년 게티 연구소가 인수하였다.

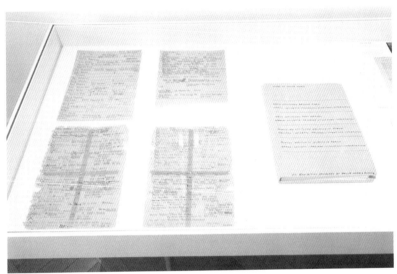

(사진 50) '하랄트 제만: 강박의 미술관(Harald Szeemann: Museum of Obsessions)'전,
쿤스트할레 베른, 2018 ⓒKunsthalle-bern.ch

　　제만은 자신의 아카이브를 '강박의 미술관'이라 불렀는데, 그가
이렇게 강박적으로 자료를 수집하고 간직한 것은 철저한 연구에 기
반을 두고 전시를 기획했던 개인적 성향과 동시에 작가나 작품에 대
한 정보를 구하기가 어려웠던 당시의 시대적 상황도 함께 작용한 결
과였다. 그가 구축한 아카이브에는 제만이 예술뿐만 아니라 정치·역
사·여행·지리·건축·종교·유토피아·신비주의, 그리고 수많은 여

러 다른 주제들에 대해 흥미를 가지고 있었다는 증거와 내용을 보존하고 있었다. 그는 방대한 아카이브를 기반으로 작업에 필요한 정보를 구상하였는데, 이에 대해 다음과 같이 말하고 있다.

나의 아카이브는 계속해서 변하고 있으며, 그것은 나의 작업을 반영합니다. 만일 개인 전시를 진행한다면, 나는 그 미술가에 대한 모든 기록들을 가졌는지를 확인합니다. 만약 주제 전시라면 하나의 도서실을 갖추게 합니다. 나의 아카이브는 나의 역사로서의 기능을 합니다. 나는 바그너를 W자가 아니라 총체예술 아래서 찾아야 한다는 것을 압니다. 또한 미술관 컬렉션 도록들은 내 마음속에 그 미술관들에 대한 이미지를 갖기 위해 장소별로 분류합니다. 이는 여러 도서관 분량의 컬렉션입니다. 원래 몬테 베리타에서부터 늘어났던 티치노 지역에 대한 것이 하나 있고, 무용과 영화에 대한 것이 하나, 그리고 아르 브뤼(Art brut)[19]에 대한 것도 있고, 물론 다수의 참고 자료들도 있습니다. 이 아카이브는 내 회고록이자 내가 바라보는 관점입니다.[20]

1969년 '태도'전은 제만을 국제적으로 주목받게 하였고, 사람들은 그를 동시대 현대미술 발전의 탐구자라고 여겼다. 제만은 전후 정치와 사회 변화 속 개인적 정체성과 특징에 대해 더욱 주목하였는데,

---

19) '아르 브뤼'는 세련되지 않고 가공되지 않은 그림으로, 어린이나 정신병자 등 전통적 미술에 거의 영향을 받지 않은 사람들이 무의식적으로 그린 아마추어적인 작품이다.
20) 한스 울리히 오브리스트, 송미숙 옮김, 《큐레이팅의 역사》, 미진사, 2013, pp.148-149.

(사진 51) '태도가 형식이 될 때: 베른 1969/베니스 2013(When Attitudes Become Form: Bern 1969/Venice 2013)', 베니스 프라다 재단 설치 장면, 2013 ⓒContemporary Art Daily

예를 들어 요셉 보이스 등에 대한 1970-80년대 전시 기획의 각종 소규모 전위 전시에까지 이르렀다. 그는 스스로 풍부한 상상력을 가진 제작자이며 복잡한 주제를 안배하는 사람으로, 1970년대 이후 독립 큐레이터의 지위는 지속적으로 상승함으로써 전체 예술가들의 총체적 지휘자가 되었다.

20세기 이후 전통적인 전시 개념에 대한 비판적 담론과 급진적 방법론으로의 변화를 고려할 때 '태도'전은 미술계에서 하나의 중요한 사건이었다. 이를 증명하듯 2013년 제57회 베니스 비엔날레에서는 '태도가 형식이 될 때: 베른 1969/베니스 2013(When Attitudes Become Form: Bern 1969/Venice 2013)'이라는 제목으로 당시 전시를 복원하였다. 2013년 6월 1일에서 11월 3일까지 개최한 '태도가 형식이 될 때: 베른 1969/베니스 2013'전은 프라다 재단(Fondazione Prada)의 디렉터인 제르마노 첼란트(Germano Celant, 1940-2020)와 건축가 렘 쿨하스(Rem Koolhaas, 1944-)가 기획하였다.

이 전시는 비엔날레 기간 동안 프라다 재단에서 선보인 것으로, 개인 컬렉터와 미술관에서 대여한 작가의 원본 작품뿐만 아니라 2011년 게티 연구소가 인수한 제만의 각종 계약서·서신·전시 사진 등과 같은 아카이브 자료를 분석하여 재구성하였다. 다시 말해, 제만의 강박에 가까운 자료 수집은 '태도'전을 이해하는 데 큰 도움이 되었으며, 새로운 전시 문화의 방향성을 제시하며 현재까지도 영향력을 발휘하고 있다는 것을 확인할 수 있었다. 또한 제만은 결과보다 과정, 완성보다 실험에 초점을 맞추며 대안적 방식의 탈제도화와 주제에 따른 작품의 재맥락화를 추구하였고, 전시 기획 실천 과정과 이론적 평가에서 제만이 현대미술 연구에 공헌한 부분을 짐작할 수 있었다.

제만은 '태도'전을 끝으로 미술관을 떠나 독립 큐레이터로서 활동하였으며, 1960년대 말과 1970년대 초까지 개념미술·미니멀리즘·대지미술·아르테 포베라 등과 같은 미술사적 흐름 속에 등장했던 젊은 예술가들에게 주목하였다. 이러한 경향의 작품들은 작가들이 현장에서 작품을 제작하고 작품을 위해 필요한 새로운 설비와 공간을 개조하는 경우가 많았는데, 이를 실현하기 위해서는 예술가와 큐레이터 사이의 더욱 긴밀한 협조가 요구되었고, 전시 공간은 실험을 위한 하나의 장이 되었다.

나에게 있어서 미술관은 더 이상 1960년대의 미술비평에서처럼 여러 의미를 지닌 곳이 아니라 파손되기 쉬운 것들이 저장되어 있고, 새로운 결합을 시도할 수 있으며, 수많은 원천에서 나온 가설이 가시화되는 것을 고심할 수 있는 장소이다. 이러한 틀 안에서 '강박'이란 더 이상 집착의 부정적인 뜻이 아니며, 사회적으로 긍정적인지 부정적인지 손해가 되는 것인지 필요한 것인지에 관계 없는 긍정적 에너지원이다. 이러한 에너지의 원천이 1차적 강박 '광인(狂人)'과 2차적 강박인 '미술가'를 움직이게 한다. 나에게는 정적인 역사로서의 형식보다 나아갈 방향성의 미술사가 더 중요하다.[21]

'강박의 미술관'은 단순히 기록을 보관하는 아카이브로서의 기능만이 아니라 미술사적으로 개념과 과정·행위에 이르는 전위미술이

---

21) Fleck, R. *Spinner und Egozentriker. Gespräch mit Harald Szeemann.* https://www.mip.at/attachments/373

발전할 수 있었던 장소가 되었고, 그의 모든 아이디어와 예술적 강렬함을 내포하고 있는 특별하고 깊이 있는 공간이었다. 그는 또한 동시대 현대미술에서 글로벌리즘이 출현하는 데 일조하였고, 그의 견해와 해석을 파악할 수 있다는 의미에서 제만 스스로가 하나의 미술 역사에 가깝다.

5. 맺음말

제만은 기록을 관리하고 지속적으로 보관하는 아키비스트(Archivist)였고, 동시에 작품을 체크하고 포장·분류·이동하는 아트 핸들러(Art Handler)이자 홍보담당자·회계사, 그리고 무엇보다 예술가들의 조력자가 되었는데, 이에 대해 그는 다음과 같은 말을 남겼다.

큐레이터는 융통성이 있어야 해요. 어떤 때는 하인, 어떤 때는 조수가 되어야 하고, 어떤 때는 미술가들에게 어떻게 그들의 작품을 표현할지 아이디어를 줘야 하죠. 그룹전에서는 코디네이터, 주제 전시에서는 발명가가 되어야 합니다. 그러나 큐레이팅에 관해 가장 중요한 것은 그것을 열정과 애정으로, 약간의 강박관념에 사로잡힌 듯이 해야 한다는 것입니다.[22]

---

22) 한스 울리히 오브리스트, 송미숙 옮김, 《큐레이팅의 역사》, 미진사, 2013, p.151.

이러한 다양한 역할과 기능을 담당해야 하는 전시기획자로서의 자세는 그가 평생 강박적으로 수집한 아카이브 자료를 통해 확인할 수 있으며, 그가 기획한 전시보다 더 제만을 기억하게 만드는 대표작이 되게 하였다.

그의 전시 기획 전략 핵심은 예측할 수 있는 상황을 허락하지 않는 것으로, 반형식적·반제도적 개념은 기존의 전통적인 전시 패러다임 속 직선적인 작품의 나열로 기획자의 아이디어는 사라지고 작품만 남겨지는 것이 아니라, 그것들을 연결시킨 기획자의 이론적 견해와 전시의 내용을 통합하고 작품을 통해 상징적으로 연결하며 구조화된 혼돈 속 센세이션을 제시한다. 그의 이러한 전시 전략과 의미를 확인해 볼 수 있는 전시가 2018년 게티 센터와 로스앤젤레스 현대미술관을 비롯해 유럽 각 도시에서 진행된 '강박의 미술관' 전과 '대부' 전이었다.

이 전시는 세계적인 맥락에서 1960년대 이후 현대미술의 여러 충격적인 경향을 실행한 제만의 대표적인 전시를 바탕으로 크게 '아방가르드' '유토피아와 선지자들' '지리학'의 세 개 섹션으로 구분하였다. 각 섹션마다 제만이 강박적으로 수집한 다양한 영역의 자료는 예술을 비롯한 역사·종교·철학·여행·지리 등에 대한 끊임없는 연구와 도전적 실험을 엿볼 수 있다. 그의 폭넓은 관심을 읽을 수 있으며, 동시에 그의 아카이브가 지닌 미술사적 의미를 조명하였고, 현대미술을 발전시키는 데 기여한 사실을 보여주었다.

또한 이를 통해 그가 큐레이터로서 이룩한 혁신을 반추하는 동시에 미술 현장의 기록자로서 남긴 업적을 되돌아보게 하였으며, 그가 전시를 기획하는 데 필요한 개념과 사고를 구체적으로 실현하는 과정과 해석의 기능을 파악할 수 있다. 특히 쿤스트할레 베른의 관장으로 재임했던 8년 동안 그는 전시기획자로 이름을 알렸고, 매년 10개가 넘는 전시들을 조직함으로써 이 기관을 유럽과 미국에서 부상한 예술가들을 위한 만남의 장으로 바꾸어 놓았다.

1969년 베른에서의 마지막 전시였던 '태도'전은 쿤스트할레 이사진들과 베른시의 전시 간섭 및 압력으로 제만이 관장직을 사임하고 독립 선언을 하는 계기가 되었다. '태도'전은 개념미술과 퍼포먼스·포스트미니멀리즘 및 아르테 포베라 등 1960년대 최신의 미술 경향을 유럽 미술관에 집결시킴으로써 그의 이력에 하나의 전환점을 마련하였고, 전시에 대한 그의 미학적 입장은 더욱더 파격적이며 논쟁적이 되었다. 이러한 과정에서 작품만큼 큐레이터의 역할이 주목을 받았으며, 제만은 전시기획자와 비평가의 이중적 역할을 담당하였고, 새로운 아이디어를 개발할 수 있는 주체적 '전시제작자'가 되었다.

결론적으로 1970년대 이후 새로운 오브제와 행위를 창조하는 예술가들은 사회적으로 인정받게 되었고, 전시 방식과 형식은 점점 더 다양화되었으며, 이러한 변화는 미술관이 어떤 전시를 기획하느냐를 결정할 뿐 아니라 전시의 주제와 내용이 어떤 전시가 만들어지게 되는지를 결정하게 하였다. 다시 말해, 그가 기획한 상당수의 전시들은 공예와 미술, 역사적 자료와 문헌, 일상적 오브제, 지역적 정체성 등을 절충적으로 결합하였고, 파노라마적 시각으로 이러한 내용을 조망한 것으로 그의 전시 성향을 잘 반영하고 있다.

제만의 전시는 항상 백지 상태에서 시작해 제도권과 제도권 밖의 모험적 요소를 혼합하며, 그 혼돈의 순간에 나타나는 기이한 것들을 주제로 다시 비틀고, 또 반대로 진행하기도 한다. 이러한 전시 방법론을 모색하기 위해 제만은 자신의 아카이브 작업실 '장미의 공장'이 내포한 웅장함과 견고함을 활용하였고, 이를 기반으로 한 이 '강박의 미술관' 전은 단순히 강박에 의한 잡동사니를 모아 놓은 것이 아니라 아날로그적 학술 자료에 대한 기념비적 장소이자 추모의 자리가 되었다.

IV

MIT 미디어랩의 예술과 과학의 탈경계

네리 옥스만의 작품을 중심으로

1. 머리말

미국 매사추세츠공과대학(Massachusetts Institute of Technology, 이하 MIT)의 MIT 미디어랩(MIT Media Lab)은, 1985년 컴퓨터과학자인 니콜라스 네그로폰테(Nicholas Negroponte, 1943-) 교수와 제롬 비스너 (Jerome Wiesner) MIT 전 총장에 의해 설립되었다. 자연과학과 공학을 다루는 MIT의 여러 실험실 중 미디어랩은 첨단 IT연구소의 대명사이며, MIT의 5개 대학 중 하나인 건축과 프래닝학과(School of Architecture and Planning/SA+P) 산하의 연구소로 미디어 아트 앤 사이언스(Media Arts and Sciences/MAS) 학위과정을 포함하고 있다.[1]

MIT 미디어랩은 '사람과 기계 모두가 학습하고 표현할 수 있는 기술을 가능하게 하는 것'을 비전으로 디지털시대 삶의 질을 향상시킬 수 있는 기술 개발에 초점을 맞추고 있다. 2000년 MIT 미디어랩은 아일랜드공화국과 함께 미디어랩 유럽 연구소를 더블린에 설립하였고, 최근 생각만으로 컴퓨터 게임을 가능하게 하는 컴퓨터 장치를 선보이기도 하였다. 또한 미디어랩은 2002년에 인도 정부와 함께 뭄바이에 미디어랩 아시아 연구소를 설립하였다.[2]

미디어랩은 전통적인 학과의 제약을 받지 않고, 학생들의 전공이나 교수진의 다양한 연구 분야를 기반으로 학제간 연계 프로그램을 진행하며 광범위한 연구 과제를 결합하고 있다. 이러한 과정

---

1) MIT Media Lab. https://www.media.mit.edu/
2) 김건희, 〈세계의 연구소: MIT의 Media Lab〉, 《기계저널》 44(5), 대한기계학회, 2004, p.22.

을 통해 컴퓨터 디자인에서부터 사회적 로봇·물리학·합성생물학(Synthetic Biology)·정보생태학(Information Ecology)·커뮤니티 생명공학·재료과학·인지보철학 등 새로운 학습 모델과 도구를 제시하고 있으며, 이외에도 지속 가능한 도시 모델을 설계하고 실천적 학습과 공동 연구를 강조하는 다양한 분야를 포함하고 있다.

네리 옥스만(Neri Oxman, 1976-)은 MIT 미디어랩의 경력 개발 교수이자 미디어 아트 앤 사이언스의 부교수로서, 2010년 '매개물질(Mediated Matter)' 그룹을 설립하였다. 이 그룹은 과학기술과 문화예술의 교차 영역에 대한 연구에 주목하고 있으며, 각 프로젝트의 아이디어 및 디자인 제작과 생산을 실현하기 위해 미디어랩의 다학제적 연계와 기술을 지원받는다. 옥스만의 목표는 자연에서 받은 영감을 디자인 원칙에 적용하는 것을 통해 새로운 디자인 기술을 개발하는 것으로, 이러한 원칙을 실현하여 자연과 예술, 생물학적 환경 간의 관계를 강화하고자 한다.

특히 옥스만은 기술과 생물학의 교차점에서 '물질생태학(Material Ecology)' 분야를 개척하였고, 재료 자체가 디자인이라고 생각하며 생태학을 디자인과 분리할 수 없는 용어로 만들었다. 다시 말해, 물질생태학을 통해 이전에는 불가능했던 디자인의 기회를 촉진하면서 디자인 방식의 근본적 변화를 확보하였다. 따라서 물질생태학은 과학적 접근 방식으로 재료적 특성을 탐구하는 과정을 통해 디자인 철학에 대한 변화를 추구하고자 하였다.

옥스만과 매개물질 그룹은 디지털 방식을 통한 맞춤형 기술 창조와 재료의 생태학적 특성이 그들이 거주하는 환경과 완벽하게 일치할 수 있도록 디자인하였다. 따라서 건축이나 디자인 제품은 더 이상 균일한 특성을 가진 개별 부품의 집합으로 제한되지 않고, 정밀도나 탄성·색상·투명도·냄새와 맛까지 포함한 물리적 오브제의 3D 픽셀을 개별적으로 조정할 수 있게 하였다. 즉 디지털 방식으로 설계하고 생물학적으로 성장하도록 새로운 생산 방식을 고안함으로써 이질적이고 다기능적인 구조를 제작하였다.[3]

　이렇게 옥스만의 디자인은 자연이 제공하는 생물학적 정보를 디지털 방식으로 설계함으로써 과학과 예술의 탈경계를 실현하고 있다. 옥스만의 작품은 뉴욕 현대미술관(The Museum of Modern Art, 이하 모마), 샌프란시스코 현대미술관(SFMOMA), 프랑스 퐁피두센터(Centre Pompidou), 보스턴 미술관(MFA), 쿠퍼 휴잇 스미스소니언 디자인 뮤지엄(Cooper Hewitt Smithsonian Design Museum) 등의 영구 소장품이 되었고, 이외에 비엔나 응용예술 박물관(MAK) 등 권위 있는 기관의 컬렉션으로 포함되고 있다.[4]

　특히 2020년 2월 현대미술관(MoMA)에서 진행되었던 '네리 옥스만: 물질생태학(Neri Oxman: Material Ecology)'전은 자연에서 영감을 받은 디자인 및 엔지니어링에 대한 새로운 접근 방식을 보여주며 건축 디자인에 도전하는 프로젝트였다. 본 연구에서는 옥스만의 현대미술관 전시에 출품된 작품을 중심으로 생물학과 기술이 통합되는 지점에서 과학적 근거와 신뢰를 바탕으로 창조된 옥스만의 작업을 분석하고, 이를 통해 지속 가능성에 부합하는 새로운 매체와의 상호작용의 가능성을 제시함으로써 창의적 사유를 발휘하기 위한 아이디

---

3) Neri Oxman. https://oxman.com/
4) MIT Media Lab. https://www.media.mit.edu/

어를 얻는 데 기여하고자 한다.

2. MIT 미디어랩의 형성과 전개

1) MIT 미디어랩의 역사와 구조

MIT 미디어랩은 1985년 디지털 미래에 대한 비전과 창의적 표현을 실현하기 위해 다양한 분야의 연구자들과 디지털 기술 분야 선구자들이 결합하여 처음 문을 열었다. 1985년부터 1995년까지 처음 10년 동안 미디어랩의 연구자들은 참신한 아이디어와 창의력을 다양한 학문적 배경과 연결하였고, 이러한 과정을 통해 과학적 사실과 첨단기술에 대한 통합이 상상 속 아이디어를 어떻게 구체화시킬 수 있는지를, 또 예술적 형식을 변화시킬 수 있는 방식을 보여주고 있다. MIT 미디어랩에서 진행된 협업 연구들은 아마존(Amazon)과 소니(Sony)·반스 앤 노블(Barnes & Noble)·레고사와 협업하여 실제로 상품화되었으며, 전자책과 전자 잉크, 레고 마인드스톰(LEGO Mindstorms), 3D 디지털 홀로그램 프린팅기술(3D Digital Holographic Printing) 등을 예로 들 수 있다.

1995년부터 2005년까지 미디어랩의 두번째 10년 동안에는 유비쿼터스 컴퓨팅(Ubiquitous Computing)이 추가되었고, 웨어러블 컴퓨팅(Wearable Computing), 촉각적 미디어(Tangible Media) 및 감성 컴퓨팅(Affective Computing) 등을 주제로 선택하였다. 로잘린드 피카드(Rosalind Picard, 1962-)가 세운 '감성 컴퓨팅' 그룹의 경우, 생체인식

센서를 사용한 컴퓨터 기술로 인간의 감정을 인식하고 해석하는 것을 연구 분야로 개발한다는 내용을 포함하고 있다.

'촉각적 미디어'는 디지털 정보를 이용해 동적이고 물리적인 형태를 재현함으로써 분자와 원자의 세계를 자연스럽게 연결하는 것을 실현하는 데 박테리아를 이용해 인간의 체온에 따라 살아 움직이는 섬유를 제작하기도 하였다. 이러한 미디어랩의 연구는 인간의 고유한 능력으로 간주되었던 감성에 새로운 기술을 더했을 때 인간 삶의 변화가 무엇인지 살펴보고, 인간과 컴퓨터가 상호 작용할 수 있는 환경을 증진시키고자 한 결과였다.

2005년부터 2015년까지는 생물과학과 기술의 여러 부분들을 하나로 동시에 통합하고자 하였다. 미디어랩 연구자들은 지속적으로 인간과 기계를 연결하였고, 인간과 자연의 조화로운 삶을 위한 새로운 재료와 기술을 개발하기 위한 방법을 탐구하였다.[5] 최근 미디어랩의 이러한 연구는 자연과 인체의 유익한 신호를 지속 가능한 에너지로 전환하고, 컴퓨터나 시스템 등 기계 사용자의 창의적인 학습과 참여를 통해 확장 가능한 기술을 생성하고 인간과 기계가 공생할 수 있는 새로운 패러다임을 창조하고자 하였다.

다시 말해, MIT 미디어랩은 과학기술 발전에 따른 자연과 인간에 대한 이해를 촉진하고 생물학과 재료공학, 공학기술 및 예술 등과 관련한 지식을 기반으로 글로벌 과제를 해결하는 데 초점을 맞추고 있다. 이를 실현하기 위해 미디어랩은 디자이너·과학자·컴퓨터 전문가들과 협력하여 창조적 사유 방식이 공존하는 것을 목적으로 이

---

5) MIT Media Lab. https://www.media.mit.edu/

에 반응할 수 있는 다양한 연구 그룹을 형성하였다.

(표 1) MIT 미디어 랩의 형성과 전개(1985-2015)

구 분	연 도	내 용
1단계	1985-1995	신기술 학습과 표현, 다양한 아이디어 개발 및 전시
2단계	1995-2005	유비쿼터스 컴퓨팅(Ubiquitous Computing) 웨어러블 컴퓨팅(Wearable Computing) 센서 네트 워크(Sensor Networks) 촉각적 미디어(Tangible Media) 감성 컴퓨팅(Affective Computing)
3단계	2005-2015	생물학과 기술, 인간과 기계, 인체 건강과 주변 환경과의 조화를 위한 지속 가능한 기술 탐구

미디어랩의 탈경계적 연구 그룹은 전통적인 방식으로는 실현되지 못한 일들을 진행하는데 실행중인 약 400개의 프로젝트는 여러 주제를 포함하며, 인류를 위한 혁신적인 기술과 미래의 스마트 도시를 위한 새로운 교통 수단에 이르기까지 다양하다. 미디어랩의 미디어 아트 앤 사이언스 과정에는 매년 약 50명의 석사와 박사과정 학생들이 컴퓨터과학에서 심리학, 그리고 건축학을 비롯해 신경과학·기계공학·재료과학 등에 이르기까지 다양한 배경을 가지고 입학한다.[6]

이들은 디지털 멀티미디어 분야를 탄생시키는 데 큰 역할을 하였으며, 인간과 기계의 소통뿐 아니라 예술과 과학·위성공학 등을 포함하는 융합적 시스템을 활성화하고, 생물학적 유기체를 패션이나 건축디자인 등과 통합하여 새로운 분야로의 확장을 이끌어 학제간

---

6) MIT Media Lab. https://www.media.mit.edu/

연계 문화를 발전시켰다. 이러한 방식을 통한 미디어랩의 실제 결과물들은 새로운 기술을 창조하기 위해 노력하고 있는 다양한 분야의 연구자들과 그들의 창의적 협력 관계로 가능하였다는 것을 짐작할 수 있다. 이러한 MIT 미디어랩 연구 그룹 프로젝트 주제들은 다음의 표 2와 같다.

(표 2) MIT 미디어랩의 연구 그룹 프로젝트 주제

	프로젝트 주제
MIT 미디어랩 연구 그룹	감성 컴퓨팅(Affective Computing) 생체공학(Biomechatronics) 카메라 문화(Camera Culture) 도시과학(City Science) 컨퍼머블 디코더(Conformable Decoders) 플루이드 인터페이스(Fluid Interfaces) 미래 스케치(Future Sketches) 휴먼 다이나믹(Human Dynamics) 평생유치원(Lifelong Kindergarten) 매개물질(Mediated Matter) 분자기계(Molecular Machines) 나노-전자 바이오트렉(Nanoelectronic Biotrek) 미래의 오페라(Opera of the Future) 퍼스널 로봇(Personal Robots) 시적 정의(Poetic Justice) 반응하는 환경(Responsive Environments) 진화 조각(Sculpting Evolution) 시그널 키네틱(Signal Kinetics) 사회적 기계(Social Machines) 스페이스 인에이블(Space Enabled) 촉각적 미디어(Tangible Media) 바이럴 커뮤니케이션(Viral Communications)

MIT 미디어랩 연구 그룹 프로젝트에서 자주 등장하는 키워드는 로봇과 디자인, 인간과 컴퓨터 상호 작용(Human-Computer Interaction) 등으로 과학적 방법론과 인간의 융·복합적 사고를 추구한다. 예를 들어 '생체공학' 그룹은 생물학과 전자공학의 합성어로, 두 연구 분야를 결합하여 인간의 신체 능력을 향상시킬 수 있는 장치를 만드는 기술이다. 이를 이끌고 있는 휴 허(Hugh Herr, 1964-)는 공학자이자 생물물리학자로 기술의 힘을 적용해 장애 없는 세상을 꿈꾼다.

'플루이드 인터페이스'는 컴퓨터과학자인 패티 마에스(Pattie Maes, 1961-)가 담당하며, 인간과 컴퓨터의 상호 작용을 통해 정보를 활용하고 저장할 수 있는 인지 향상을 위한 시스템 설계와 방식을 개발한다. '진화 조각'을 담당하고 있는 합성생물학자 케빈 에스벨트(Kevin Esvelt)는 생물학과 미생물학·생태공학·유전자 조직 및 진화 등을 연구한다. 특히 2010년 네리 옥스만이 설립한 '매개물질' 그룹은 재료생태학 분야를 개척하여 기술과 생물학을 융합하였고, 지속가능성이라는 원칙에 부합하는 디자인 예술을 제공하고 있다.

2) MIT 미디어랩의 '매개물질(Mediated Matter)' 그룹

2010년 네리 옥스만이 설립한 MIT 미디어랩의 일부인 '매개물질' 그룹의 연구 목적은 '자연에 의한, 자연과 함께, 자연을 위한 디자인'[7]으로 30여 가지의 연구 주제를 포함하며 예술과 과학의 경계를 뛰어넘어 확장된 예술을 시작하였다. 다시 말해, 매개물질 그룹은

---

7) MIT Media Lab. https://www.media.mit.edu/

자연에서 영감을 받은 디자인과 컴퓨터 디자인, 디지털 제작, 재료과학 및 합성생물학의 교차점에서 연구를 수행하고 그 지식을 모든 스케일의 디자인에 적용한다. 즉 자연생태학의 내재적 요소로 건축적 환경을 디자인하고 제작하는 방식에 있어 생물학적 영감과 기술적 접목을 시도한다. 매개물질 그룹의 연구 주제에는 구체적으로 다음과 같은 분야들이 포함된다.

예를 들어 위에서 언급한 로봇과 디자인·건축 외에도 예술·인공지능(Artificial Intelligence)·생태학·에너지·환경·패션·음악·건강·음식·제조업·인간-기계 상호 작용(Human-Machine Interaction)·3D 프린팅(3D Printing)·컴퓨터과학(Computer Science)·인터페이스(Interfaces)·스토리텔링(Storytelling)·합성생물학(Synthetic Biology)·생물학(Biology)·기술(Technology)·생물공학(Biotechnology)·바이오공학(Bioengineering)·생체역학(Biomechanics)·기계공학(Mechanical Engineering)·물리학(Physics), 엔지니어링(Engineering)·보철학(Prosthetics)·인종적 정의(Racial Justice)·코로나19(Covid19) 등이다.

옥스만과 '매개물질' 그룹은 여러 연구 분야를 활용하여 획기적인 디자인 실천 방식을 개척하였고, 이러한 실천은 조립하는 것이 아니라 성장하도록 하는 것이었다. 즉 새로 발견된 생명물질 디자인 능력을 고려할 때 건축 환경으로 설계할 수 있는 능력을 감안하면 옥스만은 환경에 구속받지 않는 일회용 부품의 조립 라인을 환경 정보에 입각하여 다양한 기능의 재료로 대체하는 새로운 종류의 재료생태학을 발전시켰다. 옥스만의 여러 프로젝트는 서사적 형식으로 제공되는데 각 프로젝트에는 배경과 동기, 물리적 개입에 대한 상세한 설명, 그리고 이를 생산하기 위해 발명된 지원기술에 대한 설명 및 환

경적 조치 혹은 일련의 디자인 원칙을 소개하는 부분이 포함된다.[8]

옥스만은 MIT에서 자신의 연구 분야를 설명할 수 있는 '물질생태학'이라는 용어를 만들어 디자인 컴퓨테이션(Design Computation)으로 박사학위를 받았다. 물질생태학은 디지털 전략과 생물학적인 영감에서 시작하였고, 이러한 디자인 접근 방식은 개체와 환경 사이, 즉 인간과 사물, 인간과 환경 사이의 중개를 가능하게 한다. 물질생태학으로 수준 높은 디자인 사용자 개념과 다양한 공능, 환경 성능 통합 및 재료 효율성을 달성하여 자연적 환경과 인공적 환경 사이의 관계를 향상시킨다. 옥스만은 컴퓨터과학과 재료공학, 디자인 및 생태학의 교차점에서 새로운 형태의 디자인과 재료 실습 프로세스를 구축하고 다양한 규모의 응용 프로그램을 모색하고자 하였다.[9] 따라서 옥스만이 말하는 물질생태학이란 과학적으로 개발된 소재와 디지털 제조 방식, 유기적 디자인 양식을 융합하여 자연을 닮은 생성 프로세스와 사물을 만들어 내는 연구를 의미한다.

옥스만은 2005년 MIT에 입학하여 이러한 연구 분야를 개척하기 전까지 런던의 건축협회(Architectural Association/AA)에서 학위를 취득하였고, 1년간 런던 건축사무소 콘 페더슨 폭스 어소시에이츠(Kohn Pedersen Fox Associates/KPF)에서 건축가이자 연구 컨설턴트로 근무하였다. 그 이전에는 테크니온 이스라엘 공과대학(Technion Israel Institute of Technology) 건축도시계획학부(Faculty of Architecture and Town Planning)와 예루살렘에 있는 히브리대학(Hebrew University) 의

8) Neri Oxman. https://oxman.com/
9) MIT Media Lab. https://www.media.mit.edu/

학과를 수료하였다.[10] 그녀의 모든 작업은 건축에서 영감을 얻었고, 이를 MIT의 과학기술로 실현시켰으며, 매개물질 그룹을 이끌며 자연생태학의 내재적 요소를 건축적 환경으로 디자인하는 방식에 적용하였다.

옥스만과 '매개물질' 그룹의 〈아구아호아 I(Aguahoja I)〉은 2019년 '디진 어워드(Dezeen Awards)'에서 올해의 디자인 프로젝트를 수상하였다. 5미터 높이의 이 구조물은 4년간의 연구 결과로서, 지구상에서 가장 풍부한 물질 중 하나인 식물의 1차 세포벽인 셀룰로오스(cellulose)와 무척추동물의 껍질에 있는 키토산(chitosan) 및 사과나 레몬 껍질에 있는 펙틴(pectin)으로 구성되어 있다. 이는 생물에서 파생된 생체 재료를 건축에 어떻게 적용할 수 있는지 보여준 것이다. 디진 어워드 심사위원인 넬리 벤 하윤(Nelly Ben Hayoun)은 다음과 같이 말하였다.

살아 있는 물질 자체는 성장하고 확장되며 냄새가 나는데, 이러한 특성은 일반적으로 광택이 있거나 반짝거리는 디자인에서는 찾을 수 없는 새로운 속성을 제공한다. 그것은 우리가 생각하는 디자인 예술에 대한 일종의 도전이었다. 앞으로 5년에서 10년 안에 매개물질 그룹에서 무엇이 나올지, 그리고 미래에 이러한 종류의 특정 재료를 어떻게 사용할지 기대가 된다.[11]

---

10) MIT Media Lab. https://www.media.mit.edu/

11) Ladanyi, O. *Aguahoja I won design project of the year at Dezeen Awards 2019 for the "new attributes of its natural materials.* https://www.dezeen.com/2019/12/23/aguahoja-i-dezeen-awards-2019-movie/?li_source=LI&li_ medium=rhs_block_1

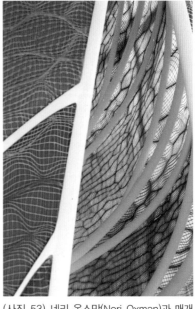

(사진 52) 네리 옥스만(Neri Oxman)과 매개 물질(Mediated Matter) 그룹, 〈아구아호아 l (Aguahoja I)〉 ⓒ Mediated Matter Group

(사진 53) 네리 옥스만(Neri Oxman)과 매개 물질(Mediated Matter) 그룹, 〈아구아호아 l (Aguahoja I)〉 세부 ⓒDezeen

이렇듯 옥스만은 우리 주변의 제품과 건물을 디지털 제조 과정과 생물학적 생성 과정을 결합한 프로세스로 생산하여 생체 조직에 적합한 물질로 살아 있는 창조물을 만들고자 시도한다. 생태학적 원칙에 부합한 옥스만의 작품들은 현대미술관(MoMA)을 비롯한 세계 주요 뮤지엄에 영구 소장되어 있다. 2005년부터 옥스만과 그녀의 팀은 수많은 상을 수상하였는데, 2009년 그녀는 ICON의 '우리의 미래를 형성하는 가장 영향력 있는 디자이너와 건축가(Top Most Influential Designers and Architects to Shape Our Future)'로 명명되기도 하였다.[12]

---

12) MIT Media Lab. https://www.media.mit.edu/

2010년 옥스만은 '가장 창의적인 사람들'과 '비즈니스에서 가장 창의적인 여성 10명'에 선정되었다. 2016년에는 세계경제포럼에서 '문화 선두자(Cultural Leader)' 상을 비롯해 40개가 넘는 상을 받았으며, 건축가이자 디자이너, 과학자이자 공학자로 이름을 알리고 있다. 이는 옥스만과 '매개물질' 그룹이 이미 건축과 디자인 분야에서 주목할 만한 결과를 제시하였다는 것이며, 옥스만이 과학과 예술의 융합을 통한 창의적인 탐구로 유기적인 프로세스와 탈경계적 사유 방식을 전개한 성과이기도 하다. 또한 생물학과 공학·재료과학·컴퓨터과학 및 지속 가능한 디자인에 중점을 둔 옥스만의 연구가 인정받고 있음을 증명하는 것이기도 하다.

3. 네리 옥스만의 '물질생태학(Material Ecology)' 분석

1) 네리 옥스만의 '물질생태학' 전시

2020년 2월 현대미술관(MoMA)에서 '네리 옥스만: 물질생태학 (Neri Oxman: Material Ecology)'이라는 제목으로 전시가 개최되었다. 원래 전시는 5월까지 예정되었지만, 코로나19로 3월 12일 현대미술관이 폐쇄됨에 따라 잠정적으로 전시가 중단되어 일반인이 직접 이 전시를 관람할 기회는 거의 없었다. 이후 이 전시는 현대미술관의 물리적 공간을 넘어 관객들과의 지속적인 교류를 위해 인터뷰와 전시 카탈로그·이미지 등을 미술관의 온라인 '가상보기(Virtual Views)'를 통해 간접적으로 경험할 수 있게 되었다.

2010년 옥스만이 만든 '물질생태학'이라는 용어는 '환경 인식 컴퓨터를 사용한 외형 생성 및 디지털 도구를 통한 직접적 제조(Digital Fabrication)를 통합하는 프로세스 연구 및 디자인'으로 정의될 수 있다. 옥스만의 작품은 지적 상상에 기술적 수준을 반영하며 과학기술의 진보에 의해 인간이 새로운 존재로 진화해 가는 포스트-휴먼(Post-Human) 시대를 보여준다.[13] 옥스만의 물질생태학은 예술과 공학·과학기술을 결합하여 새로운 물질을 탐구하는 작업을 이해하기 위한 뼈대가 되었으며, 옥스만은 전시 오프닝에서 이에 대해 다음과 같이 언급하였다.

물질생태학은 기본적으로 자연생태학적 배경에서 인위적으로 만들어지고 디자인된 물질적인 것들을 배치하는 것을 목표로 한다. 우리는 미래에 자연생태학을 염두에 두고 디자인하며, 모든 물질이 자연생태학에 맞게 만들어지고 적응하도록 하는 것이다. 물론 미래에는 좋든싫든 인공과 자연을 구별하거나 분리할 수 없게 될 것이고, 물질생태학이 가진 특이점을 발견할 순간이 올 것이다.[14]

이러한 생각은 인간이 만든 실용적인 디자인을 위한 모든 단일 재료에 적용될 수 있다. 다시 말해, 생물이 가진 다양성에 인간의 유연한 아이디어와 정교한 기술을 더해 새로운 디자인을 제조하는 것에 영향을 미칠 수 있다. 옥스만은 현대미술관(MoMA) 전시로 미술계

---

13) Holmes, H. *Neri Oxman Is Bringing Her Ethereal, Post-Human 'Demo' Sculptures to MoMA.* The New York Observer(2020, Feb 21).

14) Tauer, K. *Neri Oxman, From MIT to MoMA.* WWD.com(2020, Feb 21).

에서 시각예술가이자 디자이너로 이름을 알리며 건축과 디자인의 미래를 비판적으로 살펴보게 하였고, 건축가와 디자이너의 실천을 과학기술과 통합할 수 있는 제작 과정을 선보였다.

옥스만은 검은 멜라닌 색소를 건축에 융합하고, 천연 고분자 물질로 플라스틱을 대체하며, 갑각류 껍질과 식물의 세포벽에 있는 물질들을 이용해 스스로 성장할 수 있는 구조물을 만들었다. 이는 모두 수치 계산과 로봇공학 · 3D 프린팅 · 재료공학 및 합성생물학의 결합을 통해 이루어지며, 자하 하디드(Zaha Hadid, 1950-2016)의 건축물에서처럼 알고리즘 디자인 프로그램을 통해 곡선의 구조를 만드는 것을 뛰어넘었다.[15]

생물학은 콘크리트나 강철 등이 보여주는 물질적 행위보다 훨씬 더 정교하다. 옥스만과 '매개물질' 그룹이 개발한 혁신은 '생물학적 연금술(Biological Alchemy)'의 새로운 시대를 가능케 하였다. 이러한 기술은 웨어러블 의류에서 건축물에 이르기까지 다양한 용도로 사용할 수 있는 천연이나 인공 합성 재료인 생체 적합물질(Biomaterial)로, 생체 조직이나 기관을 대체하고 보완할 수 있는 새로운 재료 접근 방식을 제공하였다. 예를 들어 대기 중 이산화탄소를 먹고 별도의 먹이 없이 스스로 생장하는 대장균 균주는 식용 설탕으로 자랄 수 있으며, 식물이 디젤 연료로 전환되거나 옥수수가 플라스틱으로 변형되었다.[16]

현대미술관(MoMA)의 '네리 옥스만: 물질생태학' 전에서는 MIT의 일부인 매개물질 그룹의 가장 중요한 7가지 핵심 프로젝트가 포함

15) Roux, C. *The architect of tomorrow: Neri Oxman Caroline Roux meets the designer and MIT professor ahead of her socially conscious MoMA exhibition.* Financial Times(2020, Feb 29), p.14.
16) Neri Oxman. https://oxman.com/

되어 있다. 현대미술관의 건축 및 디자인 부서(Department of Architecture and Design) 수석 큐레이터인 파올라 안토넬리(Paola Antonelli)가 주최한 이 전시는, 대부분 미술관의 정적인 디자인 전시를 넘어 항상 변화하고 진행중인 요소를 기반으로 하였다. 옥스만은 자신에게 이 전시가 가지는 의미는 엄청나다고 말하며, "우리의 작업은 거의 20년 동안 과학적 연구에서 디자인적 탐구에 이르기까지 다양하게 발전해 왔고, 아주 많은 것을 배웠다"[17]라고 덧붙였다.

한편 현대미술의 중심지인 뉴욕 현대미술관(MoMA)에서 전시를 개최하였다는 것은, 옥스만의 작업이 현대미술에 맞닿아 있음을 의미한다. 현대미술관 전시는 뉴욕의 쿠퍼 휴잇 디자인 트리엔날레(Cooper Hewitt Design Triennial) 프로젝트 중 하나였던 옥스만의 작업에 대한 관심에서 시작되었다. 특히 전시 큐레이터인 안토넬리는 2006년 옥스만이 건축을 전공하던 학생일 때 처음 만났다. 옥스만은 2012년 프랑스 퐁피두센터에서 '상상의 존재들: 아직 등장하지 않은 것들의 신화(Imaginary Beings: Mythologies of the Not Yet)'라는 전시를 통해 이미 미술계 안에서 활동하고 있었다.

옥스만은 현대미술관(MoMA)의 '물질생태학'전에서 자연과 문화 사이의 시너지 작용을 촉진하는 일련의 작품과 프로세스를 전시하였다. 옥스만과 '매개물질' 그룹은 항상 건축과 컴퓨터 디자인·기술 및 생물학의 최전선에 있었으며, 디자인과 환경을 새롭게 구축하는 방식에 대해 근본적인 변화를 요구하였다. 옥스만이 선택한 재료와

---

17) Cogley, B. *Neri Oxman's body of work displayed in MoMA exhibition Material. Ecology.* https://www.dezeen.com/2020/03/04/neri-oxman-material-ecology-moma-exhibit/?li_source=LI&li_medium=rhs_block_1

기술 시스템은 기후 변화·전염병 및 우주 탐사를 포함하여 오늘날 세계가 직면하고 있는 수많은 디자인적 문제를 해결할 수 있는 잠재력을 가지고 있다.

2) 네리 옥스만의 프로젝트 분석

2020년 현대미술관(MoMA)에서 옥스만은 지난 20년간의 작업 중 7가지 주요 프로젝트를 전시하였다. 그 중 1층 갤러리에 전시되었던 높이 9.5미터의 〈실크 파빌리온 II(Silk Pavilion II)〉는 옥스만과 MIT '매개물질' 그룹이 제작한 두번째 버전이다. 이는 옥스만의 가장 유명한 작업 중 하나로 2013년 선보였던 실크 돔 형태의 〈실크

(사진 54) 네리 옥스만(Neri Oxman)과 매개물질(Mediated Matter) 그룹, 〈실크 파빌리온 I (Silk Pavilion I)〉 ⓒMediated Matter Group

(사진 55) 네리 옥스만과 매개물질 그룹, 〈실크 파빌리온 II〉 ©MoMA

(사진 56) 네리 옥스만과 매개물질 그룹, 〈실크 파빌리온 II〉, 지그 머신(Jig machine) ©MoMA

(사진 57) 네리 옥스만과 매개물질 그룹, 〈실크 파빌리온 I〉, 누에 ©Mediated Matter Group

파빌리온 I〉은 컴퓨터로 제어되는 로봇 팔과 실제 6,500마리의 누에가 실크 구조물을 제작하였다. 이는 누에고치를 생성하는 누에의 능력에서 영감을 받아 디지털과 생물학 사이의 관계를 탐구하며 자연과 함께 미래를 건설하고, 이 작업으로 지속 가능한 건축과 자연과의 절묘한 순환성에 더 가까이 다가갈 수 있게 되었다.

실크 돔의 기본 구조는 컴퓨터 수치 제어(Computer-Numerically Controlled/CNC) 기계에 의해 26개의 다각형 패널을 제작하였고, 열과 빛의 변화가 누에의 움직임에 영향을 주며 더 어둡고 낮은 온도로 이동하는 누에의 특성을 이용해 빛과 열을 분배하는 프로그램을 만들어 누에의 움직임을 조정하고, 누에가 실크를 뽑아내며 구조물의 틈을 채울 수 있도록 하였다.[18]

이러한 제작 방식으로 〈실크 파빌리온 II〉는 전시를 위해 맞춤 제작된 것으로 17,000여 마리의 누에를 사용하였다. 이는 속이 빈 스테인리스 스틸 프레임을 자주 회전시킬 수 있는 새로운 지그 머신(Jig machine)을 사용하여 누에가 더 균일하게 실을 배치하고, 계속해서 파빌리온을 가로질러 움직이게 하였다.[19] 파빌리온의 가장 안쪽의 강철 와이어 로프 위로 누에가 위치할 직물을 놓고, 그 위로 유럽 최대 누에 사육 시설 가운데 하나인 이탈리아 테올로(Teolo)에서 공급된 17,532마리의 누에가 배치되어 10일 동안 지구 직경인 1만 2,756km보다 긴 실을 만든다.[20] 이러한 작업은 누에가 인공 구조물

18) MIT Media Lab. https://www.media.mit.edu/

19) Cogley, B. *Neri Oxman's body of work displayed in MoMA exhibition Material. Ecology*. https://www.dezeen.com/2020/03/04/neri-oxman-material-ecology-moma-exhibit/?li_source=LI&li_medium=rhs_block_1

주변에 누에고치를 만드는 생물학적 생성 과정과 3D 프린팅 기술을 적용한 기계공학적 제조 방식을 하나로 연결한 결과였다.

즉 누에를 이용해 3차원의 물체를 만들기 위해 재료를 한 번에 한 층씩 겹겹이 쌓는 '적층 제조(additive manufacturing)' 기법인 3D 프린팅 기술을 대신하도록 하여 자연과 인공의 구분을 불가능하게 하였다. '실크 파빌리온'은 로봇 팔과 MIT의 연구원팀이 함께 협력하여 복합 제조 방식과 생물학적 구성을 서로 결합하고 건축과 융합기술을 통합하는 것을 통해 미래의 지속 가능한 건축에 대한 질문에 통찰력을 제공한다.

옥스만은 전통적으로 실크를 수확하는 과정인 양잠(養蠶)이 살아 있는 누에 유충을 끊어 죽이는 방식으로 실을 생산함으로써 다음 세대 누에를 희생시킨 것이라고 지적한다.[21] 옥스만은 누에가 실을 잣는 방식으로 다양한 실험을 진행하였으며, 그의 작업에서 살아남은 누에는 이후 더 많은 실을 자을 수 있다. 옥스만은 "이는 누에뿐만 아니라 꿀벌과 꿀처럼 인간에 의해 '상품'으로 이용되는 다른 유기체와도 관계가 있으며, 이를 통해 미래에 보다 지속 가능한 양잠 실천에 영감을 줄 수 있기를 바란다"[22]라고 말하였다. 이러한 실험은 다양한 맥락에서 실제 응용될 수 있는 방법론을 보여주는 것으로 모든 건축가와 디자이너가 사용할 수 있는 실물 자료의 역할을 할 수도 있다.

---

20) MIT Media Lab. https://www.media.mit.edu/

21) Cogley, B. *Neri Oxman's body of work displayed in MoMA exhibition Material. Ecology.* https://www.dezeen.com/2020/03/04/neri-oxman-material-ecology-moma-exhibit/?li_source=LI&li_medium=rhs_block_1

22) MIT Media Lab. https://www.media.mit.edu/

(사진 58) 네리 옥스만과 매개물질 그룹, 〈아구아호아 I(Aguahoja I)〉, 펙틴과 셀룰로오스 · 탄산칼슘 · 키토산으로 구성된 3D 프린팅 패널 ⓒMoMA

현대미술관(MoMA)에 전시된 또 다른 작품으로 〈아구아호아 I (Aguahoja I)〉은 스페인어로 '물구멍'이라는 뜻의 거대 구조물이다. 주재료는 식물의 셀룰로오스와 새우 껍질 같은 갑각류에서 키틴을 추출하여 만든 키토산 등 생체물질로 제작되었다. 이 프로젝트를 위해 옥스만과 '매개물질' 그룹은 키토산의 농도를 다양하게 변화시키는 실험을 거듭하였고, 이를 3D 프린팅 패널로 제작해 다양한 색과 투명도를 가지는 여러 층의 단단하거나 부드러운 단계를 만들어 냈다.

다시 말해 〈아구아호아 I〉은 지구상에서 가장 풍부한 자연생태계 재료에서 영감을 얻어 이를 디지털 방식으로 디자인하고, 로봇을 이용하여 3D 프린팅하는 작업이 포함되었다. 이는 또한 인간의 피부를 모델로 환경 여과 필터 역할을 하는 '구조적 스킨(Structural Skin)'을 포함하는 것으로, 수명 주기가 끝나면 물에서도 안전하게 분해되어 자연생태계로 복원되고 재생 가능하게 하는 자연적 물질 순환 기능을 높였다.[23]

특히 여러 개로 붙어 있는 형태의 키틴 성분을 알칼리 용액으로 고액 처리하는 과정을 거쳐 천연 고분자 물질인 키토산과 펙틴·셀룰로오스 등을 얻을 수 있다. 이를 맞춤형 정밀이송기인 갠트리(Gantry)와 압출기, 다중 소재를 분사하는 가는 관인 노즐(Nozzle)을 사용해 고속 스캐닝으로 3D 프린팅하고 로봇 팔에 의해 혼합한 후 미리 프로그래밍한 격자 모양의 패턴이 특징인 하나의 살아 있는 인공 구조물을 제작하였다.[24]

이 프로젝트는 유기적인 생체 분해 재료를 결합하여 건축적 규모의 구조물을 만드는 방법을 보여주었으며, 살아 있는 식물과 동물에서 추출한 지속 가능한 복합 재료가 건축적으로 어떻게 활용될 수 있는지 탐구한다. 이는 대체 가능하고 재활용할 수 있는 건축 재료의 잠재력이 될 수 있으며, 모든 재료가 완전히 자연 분해되기 때문에 환경적인 가치까지 인정받을 수 있다.

또 다른 작품인 〈베스퍼스(Vespers)〉는 가상 순교자 5명의 마스크 컬렉션으로, 각 순교자는 과거·현재·미래의 세 가지 시리즈를 하나의 전체로 구성되며 시리즈마다 5개의 가면이 있는데, 이는 시간순으로 삶과 죽음, 그리고 부활에 이르는 연속적인 이야기 곡선을 형성하고 있다. 고대의 마스크 관습은 망자의 정신을 기리며, 사후 세계로

---

23) MIT Media Lab. https://www.media.mit.edu/

24) Speros, W. *Neri Oxman Helms MIT Team's Innovative Sculpture Project.* Hospitality Design (2019, Apr 4).

가는 도중에 그들의 영혼을 사악한 것으로부터 보호한다고 믿어 왔다. 이러한 관점에서 죽음은 일종의 재생의 한 형식으로 가는 통로였다. 영혼은 죽음의 상태에서 새로운 삶의 상태로 진입할 수 있다는 신화적 개념이 베스퍼스 디자인에 영감을 주었다.

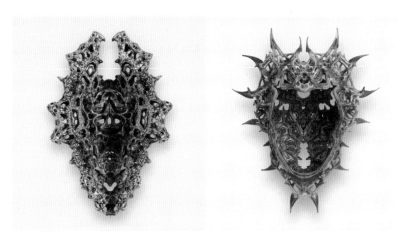

(사진 59) 네리 옥스만과 매개물질 그룹, 〈베스퍼스(Vespers)〉 시리즈1, 2, 3 컬렉션 중 일부 마스크 ⓒMediated Matter Group

첫번째 시리즈는 과거의 상징적 고대 문화 유물로 데스마스크를 사용하였고, 현재를 나타내는 두번째 시리즈는 죽었다 살아난 사나이 나사로를 주제로 나사로가 무덤에 묻힌 지 나흘 만에 예수가 나사로를 불러 그를 되살렸다는 내용을 모델로 하였다. 이 시리즈는 고대 유물과 현재적 해석 사이의 '변형' 과정을 중재하며, 삶과 죽음 사이의 전환을 탐구한다. 세번째 시리즈는 미래의 생물학적 인터페이스로 영혼의 여정에 대한 동시대적 해석을 담아 마스크의 내부 공간으로 진입하였다.[25]

특히 이 세번째 시리즈의 기초가 되는 연구에서는 3D 프린팅이 가능한 생물 활성화 재료를 사용하여 살아 있는 미생물의 생물학적 반응을 복제한 마스크를 제작해 마스크 내부에 존재하는 미생물의 성장과 발현을 긴밀하게 통합하고 제어하도록 하였다.[26] 즉 베스퍼스 컬렉션의 세번째 시리즈는 생물과 무생물 재료의 하이브리드로, 여기서 마스크는 살아 있는 미생물의 서식지이자 새로운 생명을 창조하는 장소가 된다.

옥스만은 생물학적 재료를 활용해 순교자의 얼굴은 더 이상 보존되지 않지만, 생명공학 기술로 유용한 물질을 생성할 수 있는 새로운 삶의 장소로 변화하도록 한 것이다. 이러한 작품은 과학적 지식뿐 아니라 예술적 가치를 드러내고 있는데, 현대미술관(MoMA)의 큐레이터 안토넬리는 옥스만을 특이한 과학자로 만드는 것이 바로 옥스만의 미적 감각에 있다고 말하였다.

> 옥스만은 형식적인 우아함을 두려워하지 않는다. 옥스만이 건축과 디자인 분야에 재능을 가진 이유는 그녀의 과학적·미학적 작품 때문이다. 과학자들은 옥스만과 '매개물질' 그룹이 개발한 연구 결과가 동료들에게 인정받고, 심지어 뮤지엄에서도 전시될 수 있다는 것을 알고 있기 때문에 협력을 환영한다. 나는 옥스만의 작품에 아름답다는 단어를 사용하는 것이 두렵지 않다.[27]

---

25) MIT Media Lab. https://www.media.mit.edu/
26) MIT Media Lab. https://www.media.mit.edu/
27) Green, P. *Who Is Neri Oxman?* New York Times(2018, Oct 6).

옥스만의 이러한 예술적 형식과 과학적 사실에 기반을 둔 작품은 미래의 긍정적인 이미지와 변화를 갈망하는 것에서 시작되었다. 개인과 집단이 형성하고 있는 기존의 관점을 새롭게 인식하도록 하여 자연을 지속적으로 활용하고, 자연과 과학이 서로 불가분의 관계라는 사고의 전환을 가져왔다. 또한 자연·과학의 복잡한 관계를 시각화함으로써 예술을 새롭게 인식하는 데 도움이 될 수 있다.[28] 다시 말해, 자연에서 배울 수 있는 식물 성장 활성화 방법을 과학적 연구 과정을 거쳐 예술적으로 구체화하기 위한 인간의 창의적 사유 방식은 필수적인 요소가 되었다.

옥스만의 물질생태학은 과학적 근거를 바탕으로 기술을 습득하고, 생물학에서 물리학에 이르기까지 여러 분야와 연결하여 다양한 규모의 상상을 초월한 디자인을 통해 발전적 미래를 계획하고자 한다. 이를 위해 옥스만이 사용한 재료들은 우리가 이미 알고 오래전부터 사용해 왔던 것이지만 새로운 방식으로 제조된 것이었다. 옥스만은 3D 프린팅 기술 등과 펙틴·멜라닌·박테리아 등 생물학적 시스템을 결합하여 예술 분야에서 이전에는 불가능했던 기회를 찾고자 하였다. 이렇게 강력하고 효과적인 과학기술로 획기적인 혁신을 실천하며 제작된 작품은 기괴하게 보일 수도 있지만, 이는 그 자체로도 확실히 아름다운 결과물을 제시한다.

---

28) Rosenberg, R. *Nature's Toolbox: Biodiversity, Art and Invention*, Leonardo, Volume 46, Number 1, The MIT Press, 2018, pp.44-46.

4. MIT 미디어랩의 예술과 과학의 탈경계적 사유 방식

MIT 미디어랩의 수많은 연구 프로젝트는 유사 전공 내 협업이 아니라 서로 다른 전공과 언어로 자유로운 연구의 장을 만들어 더 큰 시너지 효과를 일으킨다. 미디어랩의 연구 프로젝트와 각종 프로그램은 교수진과 연구원·대학원생·연수과학자 등이 협력하여 이끌고 있으며, MIT 학부생들이 이러한 연구 프로젝트에 참여할 수 있는 기회를 가진다. 따라서 예술과 과학, 디자인과 기술은 협업을 통해 새로운 영감을 얻으며 기존의 여러 학과들과 미디어랩을 연계하여 학위를 수여하는 과정이나 프로젝트 수행을 적극 장려하고 있다.

또한 MIT 미디어랩의 졸업생과 연구원들은 그들의 기술과 아이디어를 기업에 제공하고, 창의적인 실천을 위해 학계에서 경력을 쌓기도 하였다. 미디어랩에서 개발된 연구와 프로젝트는 실험실 밖에서 스핀오프(spin-off) 회사와 전시·공연 기획으로 기술 이전이 이루어지고 있으며, 이러한 지속적인 연구와 탐색은 전 세계로 확대되고 있다는 것에서 의미가 있다.[29] 이러한 연구 시스템에서 제시된 옥스만의 작업은 다양한 규모의 디자인을 통해 자연물질과 디지털 기술을 결합하여 현실과 공생하는 미래적 비전을 제공하였다.

옥스만이 현대미술관(MoMA) 전시에서 선보인 작품과 연구 과정들은 건축과 디자인 분야의 기본적 원칙과 정체 상태에 의문을 제기하는 것에서 시작되었고, 관련된 실험적 프로젝트는 실제 시나리오

---

29) MIT Media Lab. https://www.media.mit.edu/

가 되어 현대미술관 전시로 구현되었다. 큐레이터 안토넬리는 옥스만의 전시를 '실험적' '유기적' '선견지명' '편견 없음' '희망적'이라는 5개 단어로 설명하였다.[30] 이는 옥스만 자신을 묘사하는 형용사가 되기도 하는데, 안토넬리는 전시 카탈로그에서 "옥스만의 실천은 가능한 더 나은 미래에 대한 강력한 기대이며 미래를 투사하고 인내심을 가지고 최신 기술을 누에와 벌·미생물 등과 결합한다. 옥스만은 변화 자체를 추진력으로 사용하여 실제로 변화를 일으킨다"[31]고 평가하였다. 옥스만의 세계는 물질 순환체계를 포함한 나무처럼 자라는 '살아 있는 건축'을 구현하는 것으로, 옥스만은 이를 다음과 같이 말한다.

나는 미래의 건축가는 조각가라기보다는 정원사라고 생각한다. 기후 변화의 시급함을 감안할 때 우리의 역할은 자연에 봉사하는 것이다. 디자인은 세상을 '아름답게 만드는 것'이 아니며, 우리 주변의 물리적 세계와 우리의 관계에 의문을 제기하는 것이다.[32]

옥스만은 디자인과 생물학·공학의 교차점에서 모두를 위해 더 나은 미래를 만드는 데 관심이 있는 예술가이다. 옥스만이 보여준 혁

---

30) MoMA. *Ask a Curator: Paola Antonelli on the Future of Design.* MoMA Magazine. https://www.moma.org/magazine/articles/211

31) TLmag. *Neri Oxman's "Material Ecology" Bio Art and Design.* https:// tlmagazine.com/neri-oxmans-material-ecology/

32) Roux, C. *The architect of tomorrow: Neri Oxman Caroline Roux meets the designer and MIT professor ahead of her socially conscious MoMA exhibition.* Financial Times, 2020, p.14.

(사진 60) 〈원더러스: 우주생물학 탐험〉 시리즈 중 '무쉬타리(Mushtari)' 정면, 2014 ⓒStratasys.com

신의 힘은 옥스만의 작품을 통해 가장 잘 접근할 수 있다. 2014년부터 시도된 〈원더러스: 우주생물학 탐험(Wonderers: An Astrobiological Exploration)〉 프로젝트는 '방랑자(wanderer)'라는 의미에서 가져온 미래형 우주복이다. 이는 합성생물학과 디지털 3D 프린팅 기술을 융합하여 착용 가능하며, 내부는 햇빛을 소비 가능한 자당으로 변환하는 테크니컬러(technicolor)로 채워진 코르셋처럼 제작되었다.[33] 옥스만은 지구 밖의 다른 공간으로 달과 수성·목성·토성을 설정하였고, 이곳에서 실제로 살게 된다면 인간이 생존하기 위해 필요한 요소들이 무엇인지 조사하여 그에 맞는 기능과 재료를 선별해 생명 유지 물질을 생성하도록 특화된 우주복을 디자인한 것이다.

이 시리즈는 고대 사람들이 생명을 유지하기 위해 필수 요소라고 생각한 흙·물·공기·불의 4대 원소를 기반으로 4개 모델을 만들었고, 미생물의 형태로 생물학적 대응 요소를 제공하였다. 각 우주복의 이름은 천문학이 발달한 중세 시대 아랍인의 과학과 천문학적

33) Veitch, M. *MIT Professor Neri Oxman Is As Otherworldly As Her Creations.* Interview Magazine. https://www.interviewmagazine.com/art/neri-oxman-makes-space-honey-moma-exhibition

탐구 정신 및 연구를 기리기 위해서 아랍어로 지어졌다. 예를 들어 목성의 모델인 '무쉬타리(Mushtari)'는 '크다' 혹은 '방대하다'는 뜻이며, 토성은 불모지를 이겨내기 위해 농경과 풍요의 신 '주할(Zuhal)'로, 수성은 로마 신화에서 수성을 나타내는 신 메르쿠리우스의 아랍어 이름인 '오타레드(Otaared)'로, 달에서의 임무를 위해 제작된 모델은 '카마르(Qamar)'로 아랍어로 '달의 여신'을 가리킨다.[34]

이 우주복은 행성의 특정 환경과 상호 작용하고, 극한 환경에서 생명을 유지할 수 있도록 물과 공기·빛을 생성하고, 에너지원으로서의 바이오매스(Biomass)와 이동을 위한 바이오 연료로 변환하도록 설계되었다. 일부는 빛을 에너지로 변환하는 광합성을, 또 다른 일부는 인간의 뼈를 강화하기 위한 바이오 미네랄을 만들며, 어둠 속에서 길을 밝히기 위한 형광물질을 생성한다.[35] 이들 행성에서 인간이 생존할 수 있도록 도와주는 살아 있는 박테리아로 가득 찬 우주복은 에너지를 저장하며, 빛과 온도의 변화에 반응할 수 있고, 노화되면 자연으로 돌아가도록 디자인되었다.

이로써 옥스만은 제품과 구조물이 숨을 쉬고 성장하며 환경에 적응할 수 있도록 새롭고 역동적인 가능성을 꿈꿀 수 있는 권한을 부여하였다. 옥스만은 생물학자들이 '생명의 왕국'이라고 하는 식물과 미네랄·박테리아, 그리고 지구 온난화 시대 새로운 금이라고 하는 멜라닌을 실험해 왔으며, 장내 미생물을 이용해 맞춤형 웨어러블을 제작하고, 새우 껍질과 옥수수 전분을 포함한 생체 적합물질로 구조

---

34) MIT Media Lab. https://www.media.mit.edu/
35) MIT Media Lab. https://www.media.mit.edu/

물을 만드는 생물학 시대의 디자이너가 되었다.

이러한 물질은 빛과 열·습도에 반응하고, 수명을 다하면 물속에서 분리되어 플라스틱 사용을 없앨 수도 있다. 또한 천연 재료가 가지는 장점은 조정이 가능한 것으로, 플라스틱 조각은 동일한 일관성을 가지지만 뼈나 나무는 동일한 재료에서도 밀도와 기타 여러 특성이 다르다.[36] 이외에도 옥스만은 누에와 같은 자연 유기체와 협력하며 모든 종류의 비일상적인 디자인을 창조하고 있다.

웹 개발회사 오토매틱(Automattic)의 컴퓨터 설계책임자인 존 마에다(John Maeda, 1966-)는, "내가 '터미네이터(Terminator) 1'의 형편없는 티타늄(Titanium) 부품이라면 옥스만은 '터미네이터 2'의 표면이 액체처럼 매끄러운 리퀴드 메탈(Liquid Metal) 같다"[37]고 말하였다. 리퀴드 메탈은 현존하는 금속 중 최고의 강도를 가지지만 탄성이 높아 고온에서 자유로운 모양 형성이 가능하고, 티타늄 외에 니켈과 구리를 섞어 만든 합금 신소재로 가볍고 두께가 얇은 것이 특징이다. 이는 옥스만 작품은 예술성뿐 아니라 혁신성을 강조한 말이기도 하다.

옥스만은 3D 프린팅 기술이 디자인의 혁명을 가져왔다고 언급하며, 머릿속에 있는 미래를 실천할 수 있게 되었다고 말한다.[38] 이러한 생물학과 디자인의 교차점에 대해 옥스만은 인공 생명체가 체외에서 만들어질 수 있는 시대에 디지털 방식을 통해 건축물의 곡선을 장악하는 디자인만으로는 충분하지 않다고 생각하며, 합성생물학

---

36) Quinn, A. *Every body is a building, every building is a body.* Financial Times, 2018, p.10.

37) Green, P. *Who Is Neri Oxman?* New York Times(2018, Oct 6).

38) Brown, J. *Aiken Lecture: Neri Oxman on Nature-Inspired Engineering.* Targeted News Service(2014, Sep 24).

등과 같은 분야에서 얻을 수 있는 혁신과 달리 제품이나 건축 디자인의 원시적인 재료 사용과 제조 방식 사이의 불균형을 향상시키고자 하였다.

〈로트레이스(Rottlace)〉는 아이슬란드의 싱어송라이터 비요크(Björk)를 위해 디자인한 마스크이다. 비요크의 2015년 정규 9집 앨범인 '벌니쿠라(Vulnicura)'에서 영감을 얻어 2016년의 도쿄 공연을 위해 비요크의 얼굴 근육과 골격을 스캔한 3D 프린팅 마스크로, 머리카락과 근육이 살아 있는 듯한 모습으로 섬세하게 디자인되었다.

(사진 61) 비요크(Björk)의 웨어러블 마스크 〈로트레이스(Rottlace)〉 ⓒArchitect Magazine

'매개물질' 그룹은 이렇게 '피부 없는 얼굴(face without a skin)'을 표현하기 위해 자가 치유와 관련된 주제를 연구하였다. 인간의 목소리를 조절하는 근육과 인대의 복잡한 구조를 고려해 형태와 재료를 선택하였고, 인체 조직의 구조적 지지체 역할을 하는 콜라겐 섬유 조직의 지속적인 세포 분화가 피부와 뼈 등을 구성하는 것처럼 '부분이 없는 전체(whole without parts)'로 합성하여 설계하였다.[39]

이 프로젝트는 '스트라타시스(Stratasys)'사의 3D 프린팅 과정을 통해 단일 객체 내에서 분산된 구조를 정교하게 조합하여 생성할 수 있게 하였다.[40] 옥스만은 디지털 데이터의 분석을 거쳐 복잡한 섬유 조직이 얼굴 형태와 근육의 움직임을 수용하도록 물리적 특성을 결합하여 탄성을 확대하였다. 이는 비요크의 얼굴 구조를 모방한 것에서 시작되었지만, 이와는 별개로 새로운 정체성을 드러내는 맞춤형 디자인을 제공하였다.

옥스만은 특히 수체계와 컴퓨팅을 활용한 전산 디자인(Computational Design)으로 물질에 있어서 공간적으로는 균일하지만 방향에 따라 재료가 서로 달라지는 '이방성(Anisotropic)'을 디자인 제조에 적용하였다. 들뢰즈(Deleuze, 1925-1995)와 가타리(Guattari, 1930-1992)는 《천 개의 고원 A Thousand Plateaus》에서 이방성을 '연속적 변화(continuous variation)'라고 부른다.[41]

다시 말해, 금속을 다른 온도로 가열하고 냉각하는 것을 연속적으로 반복해 더 견고한 최첨단 검을 만들 수 있었던 고대 장인처럼 옥스만의 생물학적 재료는 동일한 성질이라고 하더라도 여러 작용을 일으킬 수 있으며, 이런 의미에서 옥스만은 사이버 장인처럼 건물을

---

39) MIT Media Lab. https://www.media.mit.edu/

40) *Björk Opens Virtual Reality Performance Series With Stratasys 3D Printed Mask, Designed by Neri Oxman and the Mediated Matter Group.* Business Wire(2016, June 30).

41) Parry, J. *Philosophy as Terraforming: Deleuze and Guattari on Designing a New Earth*, Johns Hopkins University Press, Volume 47, Number 3, 2019, pp.108-138.

성장시킬 수 있는 방법을 제안한다. 옥스만은 서로 다른 속도와 밀도로 생물학적 재료를 조작함으로써 기존의 일반적인 디자인 방법론을 바꾸었고, 최첨단 기술을 통한 연속적 변형과 관련한 연구에 활기를 불어넣었다.

옥스만의 주요 영감은 이렇게 이방성을 나타내는 생물학적 재료에서 시작된다. 예를 들어 뼈조직은 칼슘·인산염·콜라겐·물의 유연한 조합으로 고도의 적응력을 가지고 있는데, 뼈에 부담이나 충격이 가해지면 이에 적응하기 위해 뼈는 더욱 단단하고 강하게 반응하며, 이렇게 적응한 형태는 내부적 구조의 변화가 나타난다.

(사진 62) 네리 옥스만과 매개물질 그룹, 〈야수(Beast)〉, 2008-2010 ⓒStratasys.com

옥스만의 디자인은 이러한 특성을 반영한 것으로, 특히 2010년 시도된 물결 모양의 긴의자인 〈야수(Beast)〉를 들 수 있다. 이는 뼈조직과 마찬가지로 다양한 하중에 반응할 수 있도록 변경됨으로써 여러 신체에 적응할 수 있음을 의미한다. 디지털 방식으로 생성된 하나의 단일 연속 표면은 피부 역할을 하며, 두께와 밀도·강도·유연성 및 반투명도를 하중과 피부 압력에 적용하여 구조적·환경적·신체적 성능을 결합하였다.[42]

옥스만은 "나의 꿈은 피카소(Picasso, 1881-1973)와 아인슈타인(Einstein, 1879-1955)이 만나 예술과 과학에 대한 정보를 제공하며 현실을 새롭게 인식하는 방법을 알려주는 것이다"[43]라고 하며 다양한 분야의 연결고리를 설명하였다. 옥스만은 예술과 과학을 공통된 실천 영역으로 연결시켰으며, 스스로 디자이너이자 과학자·생물학자가 되기도 하고, 또한 양봉업자이자 건축가가 되기도 한다.

옥스만은 다양한 학문에 내재된 근본적인 가정을 전문 영역에서 다시 확장하였고, 실험적 실천을 추구하는 연구자이자 창조적 생산자가 되고자 하였다. 이는 MIT 미디어랩의 학제간 연계를 통한 과정이 있어 가능한 결과로 미디어랩은 실험실과 예술가의 스튜디오를 하나로 결합한 듯한 협업의 장소를 만들었다. 옥스만의 실험적 실천과 협업은 하나의 개념에서 여러 가지 다양한 시각 정보를 넘나들며 전문 자료를 집약적으로 수집·연구하고 창의적 사유로 발전시킨다.

5. 맺음말

---

42) MIT Media Lab. https://www.media.mit.edu/
43) Tauer, K. *Neri Oxman, From MIT to MoMA.* WWD.com(2020, Feb 21).

옥스만은 MIT 미디어랩의 한 부분인 '매개물질' 그룹을 이끌고 있으며, 컴퓨터 디자인과 합성생물학 및 디지털 3D 프린팅의 기술적 진보를 결합하여 구조적 변화를 준 오브제와 구조물 등을 생산하는 '물질생태학'이라는 학문을 세웠다. 물질생태학은 재료과학, 디지털 제조기술과 유기적 디자인을 결합하여 자연 현상에 대한 체계적이며 미적인 지식에서 정보를 얻고, 이를 생산하기 위한 과정을 묘사한다. 여기서 옥스만은 기술공학 및 재료과학과 생태학이 예술과 어떻게 결합하여 지속 가능한 아름다움을 만드는 방법에 대해 질문하였다.

이러한 예술과 과학에서의 실험은 공통적으로 현재 상황을 변화시키려는 갈망에서 나온다. 과거의 테스트나 새로운 경험을 향한 움직임으로써 실험은 어찌되었든 세상에 대한 보다 적합한 이해를 위한 탐구였다. 현재의 상황이 만족스럽다면 누구도 실험하려 들지 않을 것이다.[44] 옥스만은 건축과 디자인 예술 분야의 혁신적인 발전으로 새로운 시대를 개척하고자 하였고, 결국 현재를 변화시키고 인간과 자연이 공존할 수 있는 작품을 완성하였다.

옥스만은 이렇게 학제간 연구와 실험을 활용함으로써 여러 분야에 내재된 근본적인 가정을 전문적인 영역과 융합하였으며, 이때 과학자의 실험실은 예술가의 스튜디오처럼 모두 혁신과 새로움을 지속적으로 추구한다는 공통점을 가진다. 그녀의 상상을 초월한 디자인과 공학적 모색은 한계를 넘어 현재를 변화시키고, 미래를 보여주는 예술 작품으로 존재하게 하였다. 즉 옥스만은 과학기술을 활용한 언

---

44) 폴 오닐, 변현주 옮김, 《큐레이팅의 주제들》, 더플로어플랜, 2021, p.110.

어로 동시대 예술이 얼마나 다양하게 확대될 수 있는 영역인지 보여주며, 과학과 예술의 탈경계적 탐구에 영향을 미쳤다.

옥스만은 인간이 지구를 파괴함으로써 우리가 인식하고 있는 자연의 종말에 가까이 왔고, 이것이 바로 인간과 자연의 관계를 변화시켜야 하는 이유라고 주장하였다. 이를 해결하기 위해 생존을 위한 디자인이 필요한 시대에 접어들었고, 그렇기 때문에 더욱더 존재하지 않는 시대를 디자인할 수 있어야 하며, 인간이 부재한 상황에서도 자연이 계속 존재할 수 있도록 디자인되어야 한다고 밝힌다.[45] 옥스만에 따르면 천연 재료가 가진 장점은 조정이 가능하다는 것으로, 플라스틱 조각은 전체적으로 동일한 일관성을 가지지만 식물이나 미생물은 동일한 재료에서 서로 다른 밀도와 특성을 드러내므로 생물학은 콘크리트 · 강철보다 훨씬 더 세련되고 정교한 변화가 가능하다.

옥스만의 작품은 식물이 성장하는 것처럼 이끼와 버섯 · 사과 껍질의 팩턴으로 불가능할 것 같은 일들을 실행하며, 자연과 인공 사이에서 동시대에 장인 정신을 발휘할 수 있는 기회를 제공한다. 또한 새로운 세대의 연구자들은 기존의 방식을 뒤집고 생물학적 재료를 조작함으로써 곰팡이로 만든 벽돌이나 동물 없이 가죽을 만들고, 생물의 진화 과정을 모방한 유전적 알고리즘을 진행한다. 이러한 결과물은 새로운 과학기술의 실천과 디지털화를 통해 재료의 물리적 특성에 접근하고, 이를 변화시킬 수 있도록 하였다.

결론적으로 옥스만은 디자인 예술이 재료와 제작 과정의 시각에

---

45) Veitch, M. *MIT Professor Neri Oxman Is As Otherworldly As Her Creations.* Interview Magazine. https://www.interviewmagazine.com/art/neri-oxman-makes-space-honey-moma-exhibition

174 | 세기의 미술관, 전시와 컬렉션의 도전

서 보여질 수 있으며, 전체적인 스펙트럼을 확장하기 위해 새로운 재료를 발견하고 개발함으로써 지구의 초기 역사에서 금속에 의해 수행된 작업을 지속하여 생물학적 구조물을 창조한다. 옥스만의 창의적 사유와 실천으로 만들어진 작품은 기술과 생물학이 만나는 지점에서 불가사의한 아름다움을 접할 수 있게 하였고, 예술가가 창조한 세계에 대한 새로운 인식체계를 구체화한 결과가 되었다.

V

‘15개 방’이 있는
‘살아 있는 조각’을 위한 집

1. 머리말

한스 울리히 오브리스트(Hans Ulrich Obrist, 1968-)와 클라우스 비센바흐(Klaus Biesenbach, 1967-)는 2011년 영국 맨체스터 국제 페스티벌(Manchester International Festival)에서 '11개 방(11 Rooms)'이라는 제목의 시리즈 전시를 기획하였다. 이 프로젝트는 맨체스터 국제 페스티벌과 독일의 국제 예술제인 루르트리엔날레(Ruhrtriennale)가 위탁하고, 맨체스터 아트 갤러리(Manchester Art Gallery)에서 주최하였다.

처음 '11개 방'으로 시작하여 2012년 루르트리엔날레의 일환으로 에센의 폴크방 미술관(Folkwang Museum)에서는 '12개 방'으로, 2013년 호주 시드니 월시 베이(Walsh Bay)의 칼도르 공공예술 프로젝트(Kaldor Public Art Projects)에서는 '13개 방'으로 전시되었다. 그 다음해에는 스위스 아트 바젤(Art Basel) 기간 동안 '14개 방'으로 네 번째 전시를 마쳤다.[1]

가장 최근의 전시는 2015년 중국 상하이 롱미술관(Long Museum/龍美術館)에서 왕웨이(Wang Wei/王薇, 1963-) 관장과의 협업으로 진행된 '15개 방'으로 전시되었다. 오브리스트와 비센바흐는 각 방마다 세계적으로 이름을 알리고 있는 예술가를 초청하였고, '11개 방' 이후 각 전시마다 참여 작가 목록이 일부 변경되었다.

시간을 기반으로 실제 대상으로서의 인간 신체를 포함한 이러한

---

1) 본서에서는 2011년의 '11개 방' 이후 2015년의 '15개 방' 시리즈 전시를 모두 '방(Rooms)' 전으로 표기하였다.

작품들은 각각 하나의 방을 활용하여 신체적 행위의 예술적 실행이 진행되는 순간에만 존재하며, 마지막 관객이 떠나고 전시장이 문을 닫으면 조각 작품도 모두 사라진다. 이 전시에는 1970년대부터 현재까지 퍼포먼스와 관련한 활동을 지속하고 있는 오노 요코(Yoko Ono, 1933-)·마리나 아브라모비치(Marina Abramović, 1946-)·조안 조나스(Joan Jonas, 1936-)·데미언 허스트(Damien Hirst, 1965-)·티노 세갈(Tino Sehgal, 1976-)·로만 온닥(Roman Ondak, 1966-) 등의 작품이 포함되었다.

전시는 이들 중 반세기가 지난 초기 퍼포먼스 작품을 감상할 수 있는 기회를 제공하였다. 예를 들어 오노 요코의 〈터치 피스(Touch Piece)〉는 '방'전에서 가장 역사가 오래된 작품으로, 1963년의 지시문을 기초로 하였다. 이는 사적 자유와 친밀함을 주제로 예술가는 어두운 방 안에서 출구를 찾기 위해 벽을 헤매는 관람객들에게 서로를 터치하라고 권하였다. 이외에도 1970년대부터 퍼포먼스 아트를 개척해 온 아브라모비치의 1975년작 〈예술은 아름다워야 하며, 예술가는 아름다워야 한다(Art must be beautiful, Artist must be beautiful)〉가 포함되었고, 그녀의 또 다른 1990년대 작품이 '방(Rooms)전에서 전시되었다.

관람객들은 이 전시를 통해 이들의 역사적인 작품을 다시 만날 수 있었고, 각각의 빈 방에서 예술가 자

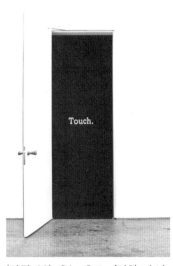

(사진 63) 오노 요코, 〈터치 피스〉, 1963/2014, '14개 방(14 Rooms)' ⓒ Ways of Curating

신이 등장하지는 않았지만 예술가가 요구한 지시를 위임받은 공연자들에 의해 수행되었다. 이들은 다양한 연령과 직업을 가진 지역민들로 티셔츠에 운동화를 신은 마른 소녀가 낮은 목소리로 말을 하고, 한 남성이 벽을 향해 등을 돌리고 서 있는 행위는 관람객들에게 일상 속 새로운 모험의 시간을 가지게 하였다.

오브리스트는 이 프로젝트에 대해 순간의 시선, 짧은 대화, 놀라운 몸짓, 혹은 모욕적인 발언 등 각각 다른 방식으로 관람객을 감동시킨다고 말한다.[2] 이러한 퍼포먼스 아트는 2000년대 이후 세계 미술계에서 더 이상 새로운 현상이 아니다. 인간의 신체를 빌려 예술가의 아이디어를 물리적인 대상처럼 다루는 현장감 있는 라이브 아트는 관람객의 참여를 유도함으로써 예술가와 작품, 그리고 관람객 사이의 전통적인 구분을 해체하고 장르와 매체를 넘나들며 유연한 사고를 제시할 수 있다는 것에서 가치가 있다.

이렇게 전시는 관객 참여 작품들로 일종의 확장된 퍼포먼스 작품을 보여주며 지속적으로 공연된다. 즉 11개의 방에서 15개의 방까지 전 세계를 무대로 이동하며 서로 다른 지역에서 끊임없이 재생산될 가능성을 반영하였으며, 우리가 세상을 떠난 50년, 그리고 100년, 혹은 그 이후에도 다시 전시될 수 있다. 본고에서는 예술가의 지시를 기반으로 퍼포먼스 아트가 어떻게 다시 공연될 수 있으며, '살아 있는 조각'으로서의 퍼포먼스 작품을 활용한 '방(Rooms)'전의 탄생과 전시 방식의 특수성 및 세부적 내용을 이해하는 것을 목적으로 퍼포먼스 아트에 대한 인식 전환과 지속 가능성에 대해 고찰하고자 한다.

---

2) Ways of Curating. https://waysofcurating.withgoogle.com/exhibition/14-rooms-basel

2. '방(Rooms)'전의 형성과 전개

1) '방(Rooms)'의 탄생과 재탄생

런던의 예술과 건축·퍼포먼스가 만나는 허브인 서펜타인 갤러리
(Serpentine Galleries)를 이끄는 오브리스트와 현대미술관(MoMA)의 관
장이었던 비센바흐는 1990년대 초에 만나 2011년 맨체스터 국제 페
스티벌을 위한 퍼포먼스 아트 전시를 기획하였다. 이들은 퍼포먼스 아
트만의 특정 유형이라 할 수 있는 '살아 있는 조각(living sculptures)'으
로의 신체를 기반으로 한 첫번째 협업을 진행하였다.

이 전시는 '11개 방' 이후 독일에서의 '12개 방', 그리고 호주
의 '13개 방'은 2014년 여름 스위스 아트 바젤에서 '14개 방'으로 이
어졌다. 오브리스트는 2014년 아트 바젤의 전시에서 "우리는 이를
2015년에 15개, 2016년에는 16개 방으로 수년간 계속해서 이어 갈
계획이며, 어쩌면 2100년에는 100개의 방이 있을 수 있다"[3]고 말하
였다. 실제로 2015년 중국에서 '15개 방'으로 이어졌으며, 매번 새
로운 도시로 이동할 때마다 '방'은 하나씩 더 추가될 것이다.

오브리스트와 비센바흐는 예술가들을 초청하여 각각의 방을 활
성화하고 인간을 소재로 한 작품으로 공간과 시간, 물리적 관계를 탐
구하도록 하였으며, 이 전시를 통해 관람객들은 각각 다른 방에서 새

---

3) Forbes, A. *Hans Ulrich Obrist and Klaus Biesenbach Bring 14 Rooms to Art Basel.* https://
news.artnet.com/market/hans-ulrich-obrist-and-klaus-biesenbach-bring-14-rooms-to-art-
basel-8564

로운 상황을 마주할 수 있었고, 보다 몰입적이고 친밀한 경험의 다양한 퍼포먼스에 참여할 수 있었다.[4]

해를 거듭하며 '방' 전의 참여 작가 명단은 부분적으로 변경되었는데, 예술가들은 작품에 참여하지는 않았지만 공연자들에게 작업을 실행하는 방법을 지시하였고, 70-100명에 가까운 지역의 연기자와 만화가·군인 등이 참여하였다. 각각 다른 방에서 관람객들이 수행적이고 상호 소통적 실천에 대한 통찰력을 가지게 하였다.

처음 '11개 방'에 대한 개념은 오브리스트와 비센바흐의 로마 여행 이후 시작되었고, 그 기원을 다음과 같이 말한 바 있다. "나는 카라바조(Caravaggio, 1565-1609)의 작품을 연구하기 위해 이탈리아에 있었고, 쉬는 날에 보르게세 공원 밖의 붐비는 사람들 앞에서 조각상처럼 은색 칠을 한 공연자가 움직이지 않고 서 있는 것을 보았다. 나에게는 그것이 우리 프로젝트에 대한 계시가 되었다."[5] 보르게세 공원 박물관의 전시실 방마다에 조각 작품이 있었고, 밖에서는 거리 공연자 주변에 사람들이 모여 있었던 것이다.

오브리스트는 학창 시절에 전설적인 프랑스 극작가 외젠 이오네스코(Eugene Ionesco, 1909-1994)를 만났고, 그가 쓴 〈대머리 여가수(La Cantatrice Chauve)〉가 파리에서 40년 넘게 매일 밤 공연되었던 것에 주목하였다. 이러한 작품은 몇 년 후에 제거되는 여러 공공 조각보다 더 영구적일 수 있다.[6] 여기서 오브리스트는 전시가 영원히 설치되

4) Hatje Cantz. https://www.hatjecantz.de/14-rooms-6289-1.html

5) Harris, G. *Art Basel stages '14 Rooms', an exhibition of 'live art'*. FT.com(2014, Jun 13).

6) *Artsy. Hans Ulrich Obrist & Klaus Biesenbach on Co-Curating, Living Sculptures, and the Chance Encounter That Started It All.* https://www.artsy.net/article/editorial-hans-ulrich-obrist-and-

고 지속될 수 있는 일을 상상하게 되었다. 그러나 그의 지속 가능한 전시의 시작은 러시아 출신의 발레기획자이자 무대미술가인 세르게이 디아길레프(Sergei Diaghilev, 1872-1929)에 근원을 두고 있다.

오브리스트는 그를 20세기 가장 위대한 다원적 기획자 중 하나이며, 자신에게 가장 큰 큐레이터적 영감이 된 인물 가운데 한 명이라고 하였다.[7] 디아길레프는 러시아에서 초상화 전시 기획을 시작으로 유럽 전역을 돌며 러시아 현대미술 전시를 기획하였고, 오페라와 발레에 매료된 이후 공간보다는 시간을 기획하기로 하였다. 1909년 전설적인 발레단 '발레 뤼스(Ballets Russes)'를 창단하였고, 당시 최고의 예술가들과 함께 파리, 런던, 뉴욕에서 종합예술의 형태를 가지는 작품들을 선보였다.

오브리스트가 비센바흐와 함께 기획한 '방' 전 역시 시간을 기반으로 하였고, 방 하나씩을 배정받은 예술가들은 2000년대 퍼포먼스 아트가 주류가 된 이후 행위와 과정을 중시하는 동시대 퍼포먼스 아트를 대표하는 이들이었다. 존 발데사리(John Baldessari, 1931-)와 조안

---

klaus-biesenbach-on

7) 한스 울리히 오브리스트는 디아길레프를 다음과 같이 말하고 있다. "1872년 러시아의 부유한 가정에서 태어나 법학을 공부했지만 예술 분야에서 장기간의 교육을 받았고, 비평가와 예술애호가가 되어 1899년 《예술 세계》라는 잡지를 시작하였으며, 이후 같은 제목으로 대규모 전시를 큐레이팅했다. 그의 관심은 포괄성에 있었다. 예를 들어 그는 상트페테르부르크의 타우리스 궁전에서 러시아 화가들의 4천여 점이 넘는 초상화 전시를 큐레이팅했다. 그는 큐레이팅을 통해 예술·문학·음악의 당대 권위자들과 빠르게 접촉했다. 이러한 그의 관심은 큐레이팅에서 무용 분야로 옮아갔고, 평생 많은 변화를 경험하며 예술에 대해 종합적으로 접근했다." 한스 울리히 오브리스트, 양지윤 옮김, 《한스 울리히 오브리스트의 큐레이터 되기》, 아트북프레스, 2020, pp.147-148 재인용.

조나스(Joan Jonas, 1936-) · 산티아고 시에라(Santiago Sierra, 1966-) 등의 전설적인 작품뿐 아니라 대중을 퍼포먼스 아트의 새로운 흐름에 노출시킨 아브라모비치와 세갈의 여러 상징적인 작품을 소개함으로써 1970년대부터 현재까지 퍼포먼스 예술가들의 역사적인 작품을 살펴볼 수 있게 하였다. 이 전시는 2011년 이후 여러 도시에서 개최되었고, 모든 작품이 생성되는 방은 하나의 집이 된다.

이러한 전시 형식은 오브리스트가 1993년에 시작한 '두 잇(Do it)'[8]전과 비교할 수 있는데, 둘 다 획기적인 라이브 아트 전시라는 점에서 '두 잇'전과 연결될 수 있지만, '방' 전시는 내용뿐 아니라 전시가 열리는 환경도 중요하게 다룬다는 점에서 차이가 있다. '방(Rooms)'전은 '두 잇'전의 핵심 질문인 일시적이고 수행적인 모드에서 조각에 더 유사한 기존의 전시로 변환될 수 있는지 여부였다. 오브리스트의 전시 개념과 마찬가지로 멈추지 않는 전시로 출판된 예술가들의 지시서는 온라인과 오프라인에서 모두 진행되었으며, 예술가들의 지시문은 간단한 것에서 복잡한 것까지 다양하였다. '두 잇'은 전 세계에

---

8) '두 잇'전은 1993년 한스 울리히 오브리스트가 파리의 한 카페에서 예술가 크리스티앙 볼탕스키(Christian Boltanski, 1944-) · 베르트랑 라비에(Bertrand Lavier, 1949-) 등과 더불어 절대로 끝나지 않는 전시의 유연하고 열린 결말에 대한 토론에서 발전한 전시이다. 이는 예술가들의 지시문이 악보처럼 시간이 지나도 매번 다른 해석을 가져올 수 있도록 활성화되며, 처음에는 12명의 예술가들이 제시한 지시문을 시작으로 현재까지 다양한 분야에서 활동하는 예술가와 안무가 · 철학자 · 음악가 · 영화감독 등 400여 명이 참여하였다. 이 전시는 최근까지 30년에 가까운 시간 동안 전 세계를 돌며 하나의 지시문에 대한 지속적인 재해석을 보여주었으며, 미술관뿐 아니라 공원 · 학교 · 집 · 온라인 등 다양한 장소로 확장되고 있다. 2017년에는 '두 잇' 서울 버전이 일민미술관에서 개최되었다. 일민미술관. https://ilmin.org/exhibition/do-it-2017- %EC%84%9C%EC%9A%B8/ 참조.

걸쳐 여러 작품을 만들어 냈고, 이후 전시와 퍼포먼스를 보다 성공적으로 통합한 것이 '방' 전시이다.[9]

오브리스트와 비센바흐는 '방' 전에서 전시장을 하나의 무대로 변화시켰다. 외관은 모두 동일한 모양의 방이지만, 관람객들은 이곳을 통과함으로써 매우 직접적이고 강렬한 만남을 경험하게 된다. 여기서 머무르거나 그냥 지나치고 다시 돌아올지의 여부는 모두 관람객에게 달려 있다. 자율적 결정에 따라 예술의 개념이 그 어떤 아우라를 상실할 때 관람객의 퍼포먼스 아트에 대한 역사적·현대적 관심은 더 높아진다.[10]

지극히 사적인 공간으로서의 '방'은 전시장이라는 공적 공간으로 확장되었고, '방' 전에서 일어나는 퍼포먼스 아트는 점점 더 공적인 것과 사적인 것 사이의 차이를 결정할 능력을 사라지게 하였다. 문을 열고 다른 누군가의 방을 들여다보는 행위와 그 안에서 일어나는 여러 퍼포먼스를 감상하며 형식적으로 관음증적 요소를 교묘하게 재생하였으며, 응시의 시선이 내포된다.

예를 들어 조안 조나스의 1970년작인 〈미러 체크(Mirror Check)〉에서, 조나스는 방을 반으로 나누어 관람객과 나체의 여성 연기자 사이의 구분을 명확하게 표시하였다. 이 작품 속 여성은 손에 들고 있는 휴대용 거울로 자신의 몸을 세심하게 천천히 살피는 공연자의 모습이 특징이다. 조나스는 이 작품을 매우 간단하다고 말하며, "원래

---

9) Adams, T. *Review: Critics: Art: Things to do by the book: Hans-Ulrich Obrist's 'never ending' show of conceptual art inspires fresh fun and ingenuity around the festival.* The Observer, 2013, p.29.

10) Folkwang Museum. https://artmap.com/folkwang/exhibition/12-rooms-2012?print=do

는 여성의 신체가 그렇게 공연되고, 또 그렇게 보여져 왔기 때문에 퍼포먼스는 여성이 해야 한다는 규정이 있었다. 이에 대해 한 여성이 스스로 자신의 몸을 보고 자신을 응시한 시선을 통제하고 있다"[11]고 하였다.

'퍼포먼스 아트의 대모'라고 불리며 인간의 육체적·정신적 한계에 도전하는 것으로 유명한 마리나 아브라모비치의 〈루미너시티(Luminosity)〉는, 밝은 빛으로 뒤덮인 벽 위에 고정된 자전거 안장에 나체의 공연자가 앉아 정면을 응시하고 있다. 밝은 빛이 그녀를 비추며 다리와 팔이 제지된 것처럼 보이는데, 이는 인간의 고독함과 영혼에 대한 성찰을 다루었으며, 1997년에 처음 공연된 이후 2013년 '13개 방'에서 다시 선보였다. 일부 방에서는 관람객을 불편하게 만들거나, 어떻게 반응할지 알 수 없는 무언가를 보도록 한다.

(사진 64) 마리나 아브라모비치(Marina Ab-ramović), 〈루미너시티(Luminosity)〉, 1997/2011 ⓒHoward Barlow

(사진 65) 라우라 리마(Laura Lima), 〈남자=육체/여자=육체-평면(Man=Flesh/Woman=Flesh-Flat)〉, 2012 ⓒWays of Curating

---

11) Artsy. *Six Iconic Performance Pieces You'll Find in Hans Ulrich Obrist and Klaus Biesenbach's "14 Rooms"*. https://www.artsy.net/article/editorial-six-iconic-performance-pieces-youll-find-in

브라질 출신의 예술가 라우라 리마(Laura Lima, 1971-)의 〈남자=
육체/여자=육체-평면(Man=Flesh/Woman=Flesh-Flat)〉이 펼쳐지는 방
의 높이는 45cm에 불과하며, 그 천장 아래에는 둥근 등이 희미하게
놓여져 있고, 그 옆으로 신체적으로 장애를 가진 사람이 바닥에 납작
하게 누워 있다. 이 작품을 보기 위해 관람객은 일반적인 감상 방식
이 아니라 거의 바닥과 평평하게 눕거나 웅크리고 쪼그려앉아 최대
한 불편하게 문 아래 구멍을 통해 엿보게 된다.

조각 작품에 생명을 불어넣는 '방'은 신체와 사물의 관계를 넘어
공연자들에 의해 작가와 작품, 작품과 관람객의 경험을 매개하는 공
간을 제공하며, 이러한 경험은 지속적으로 성장하고 변화하게 된다.
오브리스트와 비센바흐는 '방'이라는 공간에 시간 기반의 정기적인
퍼포먼스가 열리는 무대를 만들어 방을 차지한 공연자와 관람객이
만나게 함으로써 일상적이고 사적인 공간으로서 '방'은 하나의 호기
심이 왕성한 모험적 장소가 된다.

2) '살아 있는 조각(Living Sculptures)'을 위한 집

2011년에 시작된 '11개 방'은 말 그대로 11개의 살아 숨쉬는 조
각 작품이 닫힌 문 뒤에 있었다. 각 방에는 항상 한 명 이상의 '살아
있는 조각'으로서의 인간이 존재하였으며, 오브리스트와 비센바흐는
이를 위한 규칙과 아이디어를 논의하면서 살아 있는 조각 갤러리를
기획하게 되었다. 오브리스트는 이를 다음과 같이 설명하였다. "이
들 작품은 갤러리 개관 시간에 전시되어 있을 때는 고전적인 조각 갤
러리가 되지만, 마지막 남은 관람객이 떠나고 갤러리의 문이 닫히면

모든 조각 작품도 집으로 돌아간다."[12) 이 조각 작품들은 다시 설치되고 재공연되었으며, 비센바흐는 음악 연주처럼 다양한 상황에서 다시 공연될 수 있는 전시를 만드는 데 있어 유일한 한계는 작품이 지속적으로 추가되면서 작품을 배치할 수 있는 공간의 크기가 될 수 있다고 전한다.[13)

오브리스트와 비센바흐는 전시장을 동일한 크기의 화이트 큐브 공간으로 변형시켰고, 여러 예술가들을 초대하여 '살아 있는 조각'으로서의 '방'전을 개최하는 연극적 퍼포먼스를 진행하였다. 이러한 유형의 전시에서 예술가들은 이를 실현하기 위한 지시들을 통해 자신들의 작품 무대를 다른 사람들에게 위임하였고, 2013년 시드니에서는 100명 이상의 현지 배우와 예술가·댄서들이 24시간 교대로 참여하였다. 이렇게 많은 공연자를 고용하고, 공연할 공간을 선택해 개조하여 새로운 작가들을 발굴해야 하는 전시는 쉽게 접할 수 있는 것은 아니었다.

매년 하나씩 늘어난 방은 2013년 13개가 되었고, 여기에는 호주 예술가인 클락 보몬트(Clark Beaumont)가 포함되었다. 이들은 2010년 사라 클락(Sarah Clark)과 니콜 보몬트(Nicole Beaumont)가 결성한 예술적 협업 그룹이며, 최근 베를린을 기반으로 퍼포먼스·비디오·설치 작업을 통해 자신의 정체성과 여성의 주체성·인간 관계 등의 문제

---

12) Artsy. *Hans Ulrich Obrist & Klaus Biesenbach on Co-Curating, Living Sculptures, and the Chance Encounter That Started It All.* https://www.artsy.net/article/editorial-hans-ulrich-obrist-and-klaus-biesenbach-on

13) Forbes, A. *Hans Ulrich Obrist and Klaus Biesenbach Bring 14 Rooms to Art Basel.* https://news.artnet.com/market/hans-ulrich-obrist-and-klaus-biesenbach-bring-14-rooms-to-art-basel-8564

(표 3) '11개 방'-'15개 방' 전시(2011-2015)

구분	참여 작가	전시 및 장소	연도
11개 방	마리나 아브라모비치 (Marina Abramović, 1946-) 존 발데사리(John Baldessari, 1931-) 알로라(Allora, 1974-)와 칼자디야(Calzadilla, 1971-) 사이먼 후지와라(Simon Fujiwara, 1982-) 조안 조나스(Joan Jonas, 1936-) 라우라 리마(Laura Lima, 1971-) 로만 온닥(Roman Ondak, 1966-) 루시 레이븐(Lucy Raven, 1977-) 티노 세갈(Tino Sehgal, 1976-) 산티아고 시에라(Santiago Sierra, 1966-) 쉬즌(Xu Zhen, 1977-)	영국 맨체스터 국제 페스티벌, 맨체스터 아트 갤러리, 루르 비엔날레 공동 제작	2011
12개 방	마리나 아브라모비치 존 발데사리 알로라와 칼자디야 사이먼 후지와라 조안 조나스 라우라 리마 로만 온닥 루시 레이븐 티노 세갈 산티아고 시에라 쉬즌 (외에 추가) 데미안 허스트(Damien Hirst, 1965-) 자비에르 르로이(Xavier LeRoy, 1963-)	독일 에센, 폴크방 미술관	2012
13개 방	마리나 아브라모비치 존 발데사리 알로라와 칼자디야 사이먼 후지와라 조안 조나스 라우라 리마 로만 온닥 티노 세갈	호주 시드니, 칼도르 공공 예술 프로젝트	2013

	산티아고 시에라 쉬즌 데미안 허스트 자비에르 르로이 (외에 추가) 클락 보몬트(Clark Beaumont)		
14개 방	마리나 아브라모비치 알로라와 칼자디야 데미안 허스트 조안 조나스 라우라 리마 로만 온닥 티노 세갈 산티에고 시에라 쉬즌 (외에 추가) 에드 앳킨스(Ed Atkins, 1982-) 도미니크 곤잘레스-포어스터 (Dominique Gonzalez-Foerster, 1965-) 브루스 나우먼(Bruce Nauman, 1941-) 오토봉 엥캉가(Otobong Nkanga, 1974-) 오노 요코(Yoko Ono, 1933-) (에필로그에 조던 울프슨(Jordan Wolfson, 1980-)과 아카이브에 존 발데사리가 별도로 포함됨)	스위스 바젤, 아트 바젤	2014
15개 방	마리나 아브라모비치 알로라와 칼자디야 도미니크 곤잘레스-포어스터 조안 조나스 라우라 리마 브루스 나우먼 오토봉 엥캉가 로만 온닥 오노 요코 티노 세갈 쉬즌 (외에 중국 작가 포함) 차오페이(Cao Fei, 1978-) 더블 플라이 아트센터(Double Fly Art Center) 후 샹첸(Hu Xiang Qian, 1983-) 장환(Zhang Huan, 1965-)	중국 상하이, 롱 미술관	2015

를 탐구한다.[14)]

2014년에는 에드 앳킨스(Ed Atkins, 1982-) · 도미니크 곤잘레스-포어스터(Dominique Gonzalez-Foerster, 1965-) · 오토봉 엥캉가(Otobong Nkanga, 1974-)가 전시를 위해 새로운 작품을 진행하였으며, 14개 방외에 아카이브 자료와 에필로그가 각각 1점씩 포함되었다. 2015년 상하이 전시에는 쉬즌(Xu Zhen/徐震, 1977-)을 비롯해 차오페이(Cao Fei/曹斐, 1978-) · 더블 플라이 아트센터(Double Fly Art Center/雙飛藝術中心)[15)] · 후샹첸(Hu Xiang Qian/胡向前, 1983-) · 장환(Zhang Huan/張洹, 1965-)과 같은 중국 출신 작가들이 5명 포함되었다. 14개 방부터는 1980년대 이후 출생한 작가들이 참여하기 시작하였고, 15개 방 이후 후샹첸이 '방' 전에 참여한 최연소 작가 중 한 명이 되었다.

특히 2014년의 전시는 세계적인 규모의 아트 페어와 함께 진행되었지만, 의도적으로 페어와는 분리하여 관람객간의 상호 작용을

---

14) Clark Beaumont. http://www.clarkbeaumont.com/index.php/tag/bio/2/

15) '더블 플라이 아트센터'는 같은 대학 졸업생인 중국의 젊은 남성 예술가 9명, 곧 추이샤오 한(Cui Shaohan/崔紹翰), 황리야(Huang Liya/黃麗芽), 리푸춘(Li Fuchun/李富春), 리밍(Li Ming/李明), 린커(Lin Ke/林科), 순후이웬(Sun Huiyuan/孫慧源), 왕량(Wang Liang/王亮), 양 쥔링(Yang Junling/楊俊嶺), 장러화(Zhang Lehua/張樂華) 등이 2008년에 설립한 콜렉티브 그룹이다. 이들은 베이징과 상하이 · 항저우에 거주하고 있으며, 중국에서 가장 영향력 있는 젊은 예술가 그룹 중 하나이다. 동시대 미술계와 사회 전반에 도전하며 조각 · 비디오 · 퍼포먼스 · 이벤트 · 설치 · 공공 프로젝트를 포함한 다양한 매체를 탐구한다. 당시 중국의 정치 · 경제적 변화와 예술계의 시스템 및 시장의 움직임에 반응하며, 중국의 사회 · 문화적 원칙을 관통하는 초국적 예술 생태를 탐구하였다. 이들은 성별과 신체 · 정치와 관련된 주제를 중심으로 사회적 규범을 무시하는 황당한 풍자로 가득한 작업을 진행하였으며, 미친 듯 과장된 퍼포먼스는 동시대 담론 형성을 위한 토론의 장을 마련하였다. 2014년 뉴욕 아모리 쇼(Armory Show)에 참가하여 국제적 인정을 받았다.

격려하기 위해 별도의 공간에 배치되어 독립적으로 전시되었다.[16] 비센바흐는 이러한 느낌을 다음과 같이 말하였다. "우리는 갤러리가 아니라 문이 있는 집 안 내 방에 들어가는 느낌을 전달하는 것이 중요하였다. 그것은 보다 인간적인 신체적 스케일을 만들어 냈고, 그것이 바로 우리가 퍼포먼스에서 필요로 했던 것이다."[17]

2014년 바젤과 2015년 상하이 '방' 전의 공간 디자인에 참여하였던 스위스 건축가 자크 헤르조그(Jacques Herzog, 1950-)와 피에르 드 뮈롱(Pierre de Meuron, 1950-), 이 듀오의 건축사무소가 설계한 것을 기반으로 한정된 공공의 공간에 독립된 사적 공간을 디자인해 다양한 시대와 국가에서 온 예술가들의 작품을 섞이게 하였다. 2014년 아트 바젤에서의 '방' 전은 아트 페어가 열리는 도시 중심부의 복합단지인 메세 바젤(Messe Basel) 메인 홀 뒤의 비교적 작은 별도의 개조된 공간에 자리를 잡았고, 동시대 예술계에서 주목을 받는 예술가들의 작품이 각 방에 배치되어 관람객과 작품 사이의 경계를 모호하게 하는 몰입적 경험을 선사하였다.

전시의 중요한 구성 요소인 방은 흰색으로, 크기는 가로세로가 각각 5미터 혹은 16피트 정도였다.[18] 헤르조그 앤 드 뮈롱(Herzog & de Meuron) 건축사무소의 한스 자이들러(Hans Seidler)는 2014년 아트 바젤의 전시 공간은 집과 같은 방으로 디자인하였으며, 방의 크기는

16) Artsy. *Hans Ulrich Obrist & Klaus Biesenbach on Co-Curating, Living Sculptures, and the Chance Encounter That Started It All.* https://www.artsy.net/article/editorial-hans-ulrich-obrist-and-klaus-biesenbach-on

17) Ways of Curating. https://waysofcurating.withgoogle.com/exhibition/14-rooms-basel

18) Schuetze, C. *Exhibits chat and go home: Art Basel's 14 Rooms are interactive spaces for dialogue on life topics.* International New York Times, 2014, p.207.

(사진 66) '14개 방(14 Rooms)', 아트 바젤(Art Basel), 2014 ©Ways of Curating

항상 동일하게 유지되도록 하였다. 관람객들은 이들이 설계한 맞춤형 공간에서 전시를 볼 수 있었고, 흰색 벽으로 둘러싸인 긴 직사각형 공간의 양쪽에는 방으로 이어지는 7개의 거울 문이 있었다.[19]

　2015년 롱미술관 1층 전시장 벽에도 거울을 통한 공간의 무질서와 혼란을 느끼게 하였고, 거울 반사로 중첩된 공간에 반응하며 관람객은 더 이상 분리된 개체로 존재하지 않는다. 특히 거울을 통해 방을 비출 수 있도록 하여 실제 존재하는 것보다 훨씬 더 많은 방이 나타나게 한 것은 작품과 관람객 사이의 참여를 더 넓게 허용하였다. 즉 관람객 개인이 서로를 볼 수 있었기 때문에 실제보다 더 많은 사람들과 관계를 형성하는 것처럼 보이는 독특한 경험을 선사할 수 있었다.

　뿐만 아니라 아트 바젤에서 이 전시는 흥미로운 멈춤이 있는 휴식 장소를 제공하였다. 비센바흐는 이 전시의 형식은 관람객이 습관적으로 작품을 빠르게 훑어보는 것에서 벗어나도록 특별히 설계되었다고 하였다. 시간을 기반으로 한 퍼포먼스 아트의 특성은 사람들이 작품 앞에서 더 오랜 시간 머무르도록 감상 속도를 늦추게 하였고, 마치 누군가의 집에 들어가듯 방문을 열어야 한다는 사실에 움직임이 한층 느려지게 만들었다.[20]

　문을 이용해 작품을 분리하려는 건축적 개입을 통해 각각의 방은 흥미로운 일들이 일어나는 장소가 된다. 즉 닫힌 문을 연다는 것

19) Cool Hunting. https://coolhunting.com/culture/art-basel-2014-14-rooms/

20) Forbes, A., *Hans Ulrich Obrist and Klaus Biesenbach Bring 14 Rooms to Art Basel*. https://news.artnet.com/market/hans-ulrich-obrist-and-klaus-biesenbach-bring-14-rooms-to-art-basel-8564

은 무슨 일이 벌어지고 있는지 알 수 없는 문 뒤의 새로운 세계를 통과하는 것과 같다. 방 안의 공연자들은 예술가의 지시를 받은 전시장의 살아 있는 조각이 되어 예술가와 관객 사이에서 직접적인 만남과 소통의 시간을 경험하게 하였다. '방' 전에 참여하고 있는 작품 중 이 전시의 시작인 '살아 있는 조각'으로서의 퍼포먼스를 가장 잘 시각화하고 있는 것은 쉬즌의 〈눈 깜짝할 사이에(Just Blink of the Eye)〉라는 작품일 것이다.

(사진 67) 쉬즌(Xu Zhen), 〈눈 깜짝할 사이에(Just Blink of the Eye)〉, 2005 ⓒWays of Curating

상하이를 기반으로 여러 매체와 형식을 활용하는 쉬즌의 이 작품에 대해 비셴바흐는 사람들을 성찰로 이끄는 퍼포먼스라고 하였다. 헐렁한 오버사이즈 옷을 입은 브레이크 댄서가 마치 전시장의 조각 작품처럼 쓰러질 것 같은 불가능한 자세로 공중에 떠 있다. 공연자들은 인간의 물리적 한계를 무시하고 중력을 거스르는 듯 순간적으로 포착된 자세로 시간과 공간 속에 고정되어 있는데, 이들이 실제 사람이라는 것은 현장의 많은 관람객들을 놀라게 한다.

쉬즌은 몸이 공중에 떠 있는 것처럼 보이지만, 실제로 공연자들은 그가 특별 제작한 금속 프레임에서 누워 몸을 지탱하며 쉬고 있는 것으로, 작품에서 지지대의 존재는 가장 핵심이 되는 부분이다. 이는 지구 중력의 영향을 제거하는 부자연스럽고 신비한 힘으로 작용함과 동시에 지지대의 숨겨진 존재는 가상현실의 진실함을 만들어 낸다.[21] 즉 순간의 동작을 포착하는 것은 사진이나 회화·조각의 허상으로 모두 실현할 수 있지만 실제 장면에서 살아 있는 인간으로 실현한 것이다.

이 작품에 대한 관람객들의 반응은 흥미롭다. 같은 자세로 그들을 모방하려고 시도하였고, 휴대폰을 가지고 셀카를 찍고, 이들을 떠 있게 하는 작품 배후의 원리가 무엇인지 질문한다. 관람객들은 공연자들이 똑바로 서서 지속적으로 중력의 규칙을 지키기를 기다리는 동안 정지된 시간을 경험할 수 있다. 또한 공연자들이 곧 쓰러질 것이라고 예상하는 것에서 인간의 나약함에 대한 자각이 내포되어 있어 시간과 중력을 거스르며 불가능한 것처럼 보이는 작품을 다시 생각하게 한다.

이렇듯 11개의 방부터 15개의 방에 포함된 라이브 작품들은 더 이상 단방향의 독립 개체가 아니며, 사회적 경험을 매개로 한 공유형의 개체로 실제 삶을 공연하였다. 전시 공간은 주변 도시 경관과 조

---

21) 陸蕾平(2006), 〈挑釁與被挑釁的藝術〉, 《美苑》(5), p.60.

화를 이루며 관람객이 쉽게 접근할 수 있는 공간을 조성하였는데, 이 공간은 공연자들의 움직임과 즉흥적 상황으로 모두 작품의 일부가 되어 예측할 수 없는 효과와 우연적인 결과를 만들고, 살아 있는 조각으로서의 작품과 관람객 모두에게 중요한 사회적 장소가 되도록 하였다.

3. '방(Rooms)'전의 진화와 특징

1) 사회적 모순과 불평등의 재현

오브리스트와 비센바흐가 기획한 '방' 전에서 관람객들이 경험한 것이 무엇이든 관람객들은 끊임없이 진화하는 퍼포먼스 시리즈에서 작품을 새롭게 체험하고 적극적으로 반응할 수 있도록 하였으며, 또한 이들 퍼포먼스는 관람객들과의 만남을 통해 전환되고 변화하였다. 1995년 이탈리아 피렌체에서 스터디 프로그램으로 처음 만난 이후 공동 작업을 하고 있는 제니퍼 알로라(Jennifer Allora, 1974-)와 기예르모 칼자디야(Guillermo Calzadilla, 1971-)는 2011년 이후 지속적으로 '방' 전에 참여하였으며, 이들은 제한된 화이트 큐브의 방을 가장 역동적으로 사용하였다.

비센바흐가 로스앤젤레스 현대미술관 관장으로 취임하며 2015년 첫번째로 소장한 퍼포먼스 아트 작품이 이들 듀오의 작품이었다.[22] '방' 전에서 선보인 이들의 2011년 작품인 〈회전문(Revolving Door)〉은 테이프 선을 사용하여 방을 4개의 동일한 면을 갖도록 사등

(사진 68) 알로라와 칼자디야(Allora & Calzadilla), 〈회전문(Revolving Door)〉, 퍼포먼스, 2011 ⓒHoward Barlow

분으로 나누었고, 10명의 공연자들이 방에 들어와 일정한 간격으로 팔짱을 끼고 서서 테이프가 붙여진 선 위에 선다. 관람객들은 이 공간에 들어가도록 초대받지만 그렇게 하는 동안 회전하는 인간 바리케이드 뒤에 갇힌 자신을 발견하게 된다.[23]

이는 공연자 그룹이 자발적으로 팔을 연결해서 인간 사슬을 만들고, 일렬로 바닥에 그려진 테이프 선을 따라 원운동을 하면서 좁은 방을 쿵쾅거리며 이동한다. 공연자들은 이렇게 방 주위를 돌며 관람

---

[22] 비센바흐는 제니퍼 알로라와 기예르모 칼자디야의 2014년작인 〈기질과 늑대 (Temperament and the Wolf)〉를 소장하였는데, 이는 2019년 재공연되었다. 이어서 로스앤젤레스 현대미술관의 두번째 퍼포먼스 컬렉션은 쉬즌의 작품으로, 쉬즌 역시 '방' 전에 참여하였다.

[23] Schwartz, S. *11 Rooms*. Art Monthly, Iss. 349, 2011, pp.20-21.

객을 둘러싸거나 관람객들을 구석으로 몰고, 공연자들이 이동해 돌다가 회전문처럼 내부로 들어갈 수 있는 공간이 생기면 관람객들은 사람이 만든 문을 통과할 수도 있다. 최근 알로라와 칼자디야는 상황적 교차점을 탐구하는 것을 통해 역사와 문화, 정치적 은유 및 군인 정신과 소리의 상호 작용을 예술 작품에 투영한다.

이 작품은 영화이론가이자 영화사가인 지그프리트 크라카우어 (Siegfried Kracauer, 1889-1966)의 1927년 에세이 《대중의 장식 *Mass Ornament*》이 더욱 새롭게 업데이트되면서 군사 버전으로 제공되었다.[24] 이 글에서 크라카우어는 당시 커다란 인기를 누렸던 무회들의 군무에만 포커스를 맞춰 전형적인 사회 문화적 징후를 독해하고 여러 세계관들이 형성하는 이념적 긴장 관계를 그 역동적 모순과 발전 도상에서 개념적으로 재구성해 나간다. 이를 통해 자본주의 경제체제하에서 소외된 대중들과 사회 전반에 대한 비판적인 시각을 지니며, 형상적 사유를 통해 사회학적 탐색을 추구한다.[25]

이렇게 사회적 문제와 문화적 불평등을 탐구하는 과정은 스페인 예술가인 산티아고 시에라(Santiago Sierra, 1966-)의 〈구석으로 향하고 있는 아프가니스탄, 동티모르,[26] 이라크와 베트남 전쟁 참전용사들

24) Schwartz, S. *11 Rooms*. Art Monthly, Iss. 349, 2011, pp.20-21.

25) 신양섭, 〈대중의 장식(Das Ornament der Masse)에서 지그프리트 크라카우어의 변증법적 분석〉, 《인간 · 환경 · 미래》(18), 인간환경미래연구원, 2017, pp.82-84.

26) 동티모르는 인도네시아와 호주 대륙 사이의 티모르 섬 동쪽에 위치하고 있으며, 450년 동안 포르투갈령으로 남아 있다가 포르투갈과 인도네시아가 이 섬을 차지하기 위해 각축전을 거듭하였다. 베트남 전쟁이 끝난 후 인도네시아의 무력 침공에 의해 1975년 인도네시아 영토로 합병되었다가 1999년 동티모르의 독립을 지원하기 위한 유엔기구가 설치되어 15개국에서 파병된 1만여 명의 다국적군 병력으로

(Veterans of the Wars of Afghanistan, Timor Leste, Iraq and Vietnam Facing the Corner)〉에서도 살펴볼 수 있다. 미국의 이라크 침공과 베트남 전쟁의 군사적 개입 및 아프가니스탄의 탈레반 정권 제거 등, 미국 중심의 투쟁적 세계 질서 안에서 과거의 여러 분쟁 지역과 전투에 참전한 군인들은 전쟁의 고통을 기억하며 정신적·육체적 후유증을 겪었고, 내정 간섭과 민간인 학살이라는 비난을 받으며 충분한 보상이나 예우도 부족한 퇴역군인들을 퍼포먼스에 참여시켰다.

시에라의 작품에는 최소한의 보수를 받은 실제 거리노동자와 불법이민자·실업자 등 사회 빈곤 계층도 등장하는데, 시에라는 이들에게 개인과 사회의 경계를 시험하고 자본과 노동의 문제를 가시화한 퍼포먼스를 진행하도록 지시한다. 2013년 시드니의 '13개 방'에서 시에라는 아프가니스탄·동티모르·이라크·베트남 전쟁 참전용사들을 가로세로가 각 5미터인 방의 한쪽 모서리를 향해 서 있게 하였다.[27] 이는 시리즈 작품으로 2011년에는 〈구석으로 향하고 있는 북아일랜드·아프가니스탄 및 이라크 전쟁 참전용사들(Veterans of the Wars of Northern Ireland, Afghanistan and Iraq Facing the Corner)〉로 제작

이 지역의 치안을 어느 정도 확보할 수 있었다. 이러한 조치는 인도네시아로부터 분리되어 완전히 독립한 2002년까지 이어졌다. 인도네시아의 동티모르 강제 점령과 동티모르인들의 수난은 주변국의 경제적 이해 관계와 제2차 세계대전, 1970년대까지 아시아 지역에서 만연했던 공산화에 대한 우려가 그 배경으로 작용하고 있었다. 특히 미국을 비롯한 자유세계 국가들은 베트남의 공산화에 의한 도미노식 공산화가 인도네시아와 동티모르 등 동남아시아 국가들에게 미칠 것을 크게 우려한 결과 인도네시아의 강제 점령을 묵인했다고 할 수 있다. 서세호, 〈동티모르 사태와 상록수 부대의 성과 및 영향 연구〉, 《군사》(56), 국방부, 2005, pp.267-278 참조.

27) Kaldor Public Art Project. http://kaldorartprojects.org.au/13rooms/santiago-sierra

되었다.

시에라는 이들 퇴역군인들에게 방의 가장 먼 한쪽 구석을 향해 서 있다가 근위병 교대식처럼 엄숙하게 다른 군인과 교대한 이후에만 자신의 자리에서 떠나도록 요구하였다.[28] 그의 이 작품에서 최소한의 보수를 받은 참전용사들은 마치 죄를 짓고 벌을 받는 사람처럼 벽의 한쪽 구석을 향해 서 있다. 금전적 거래를 통한 이들의 자발적 행위는 상호 작용을 바탕으로 하지만 오히려 사회와의 상호 작용을 금지하였고, 소통을 불가능하게 만들었다. 시에라는 이들을 고용한 후 이들에게 가한 사회 자본의 모순된 권력 구조와 힘을 폭로하며 예술이라는 이름으로 폭력을 가한다. 파블로 엘게라(Pablo Helguera)는 《사회 참여 예술이란 무엇인가》에서 다음과 같이 말한다.

현대 미술계는 산티아고 시에라의 행위를 의미 있는 개념적 진술로 인정한다. 그의 행위에 반대하는 사람도 있을 수 있지만, 예술의 표현 방식에 익숙한 사람들에게는 대립적 행위가 운용 방식 중 하나로서 본질적으로 인정되기 때문이다. 시에라의 작품들은 예술계에서 부정성이 차지하는 오랜 역사의 관점에서 볼 때 아주 친숙하다. 그의 작품들은 미니멀리즘과 행위예술을 직접적으로 참고할 뿐 아니라 전위예술의 원동력이 된 저항적인, 때로는 반사회적인 행동에 의존하기도 한다.[29]

---

28) E-Flux. https://www.e-flux.com/announcements/31306/14-rooms/
29) 파블로 엘게라, 고기탁 옮김, 《사회 참여 예술이란 무엇인가》, 열린책들, 2013, pp.96-97.

시에라의 이 작품은 그의 다른 퍼포먼스에서와 같이 공연자를 고용하고 최소한의 임금을 지급하면서 자본주의 사회의 착취 구조를 예술 형식으로 가져와 현실의 모순적 경제 구조와 이러한 시스템에서 벗어날 수 없다는 잔인한 권력 구조를 폭로한다. 그는 자신이 만들어 내는 상황 속 자본주의 시스템을 누구도 벗어날 수 없다고 주장한다. 관람객들은 거래를 통해 예술가의 요구를 수행하는 이 퍼포먼스에 참여한 이들이 처한 상황을 불편한 마음으로 바라봐야 한다.

(사진 69) 〈영혼 없이 껍질뿐인(No Ghost Just a Shell)〉 프로젝트의 '안리(Ann Lee)', 1999
ⓒ200-percent.com

티노 세갈(Tino Sehgal, 1976-)의 방에서는 어린 소녀가 일본 만화 캐릭터로 자신을 소개하고 있었다. 소녀의 이름은 '안리(Ann Lee)'로, 그녀는 2차원적 만화 속 삶에서 세갈이 자신을 풀어 준 이야기를 읊고 있다. 1999년 필립 파레노(Phillippe Parreno, 1964-)와 피에르 위그

(Pierre Huyghe, 1962-)는 일본의 '케이웍스(K-works)' 사에서 가장 저렴했던 만화 캐릭터 '안리'의 저작권을 구입하였고, 공동 프로젝트였던 〈영혼 없이 껍질뿐인(No Ghost Just a Shell)〉에 등장시켰다. 그리고 이를 구입해 몇몇 예술가들에게 상업적 노예 상태였던 그녀를 해방시키도록 의뢰하였다.[30] 세갈은 만화와 비디오에 갇혀 관객들과 대화할 수 없었던 안리에게 생명을 불어넣어 '현실'이 되게 함으로써 살아 있는 조각으로의 의미를 생성하도록 하였다. 전시 과정에서 하나의 같은 이야기를 읊는 여러 안리가 존재하게 된다.

루시 레이븐(Lucy Raven)은 '방' 전을 위해 삶과 노동·기술 사이의 관계에 대한 진일보한 판단을 제공하였다. 다양한 매체와 장르를 활용하는 레이븐의 〈오늘날 맨체스터는 무엇을 하고, 세계는 내일 무엇을 하는가(What Manchester Does Today, the Rest of the World Does Tomorrow)〉는 지역의 역사, 즉 영국 산업혁명의 중심지 맨체스터의 현실에 대해 작성한 프리드리히 엥겔스(Friedrich Engels, 1820-1895)의 1845년 저서인 《영국 노동 계급의 상황 *The Condition of the Working Class in England*》을 주제로 다루었다. 엥겔스는 노동자 계급과 직접 교류하며 19세기 이후 기계 도입을 통해 세계적으로 경제 발전을 이룬 영국에서 자본주의에 착취당하는 노동자 계급의 비참한 삶을 정면으로 묘사한 것이다.

피아노가 놓인 레이븐의 이 작품은 실제 공연자가 없는 유일한 방이었고, 기계에 의한 노동 주체의 불가피한 이동에 대한 단순한 논

---

30) 안리의 이미지는 티노 세갈을 비롯해 리크리트 티라바니자(Rirkrit Tiravanija, 1961-), 리암 길릭(Liam Gillick, 1964-) 등 동료 작가들의 작품에서 다른 의미로 활용되었다.

평이 아니라 분업 기술에 대한 탐구였다. 피아노는 연주자가 직접 연주하지는 않지만 여전히 연주되고 있었으며, 피아노에서 나오는 곡은 미국 록 밴드 엘시디 사운드시스템(LCD Soundsystem)이 2010년 발표한 앨범에 수록된 것으로 사랑하는 못난 친구들과 춤을 추며 현실을 잊고 싶다는 내용의 '춤을 추며 스스로 정화하라(Dance Yrself Clean)'를 자동적으로 연주하도록 하였다.[31] 피아노에서 나오는 사운드는 산업 현장에서 노동자들이 근무 시간을 기록하기 위해 카드를 찍는 데 사용되는 기계와 동일한 움직임으로 생성되며, 단조로운 노동이 반복되는 것처럼 반복적으로 카드를 펀칭한다.

2) 위임된 참여와 관람객의 경험 확장

'방' 전에 참여한 예술가들은 하나의 방을 갖고, 공연자들을 통해 관람객이 방에 입장할 때 그 작품의 일부가 되게 하였다. 관람객의 참여 없이 퍼포먼스 아트는 완성될 수 없으며, 예술은 더 이상 멀리서 수동적으로 감상하는 정적인 작품이 아니었다. 관람객은 각각의 방에서 일어나고 있는 상황에 주목하며 예술을 보는 새로운 방식

---

31) 엘시디 사운드시스템의 '춤을 추며 스스로 정화하라'의 세 가지 변주곡 중 피아노를 위한 연주로 미국의 재즈 피아니스트이자 작곡가인 제이슨 모란(Jason Moran, 1975-)이 편곡하였고, 제임스 머피(James Murphy, 1970-)가 가사를 쓴 곡이다. 줄리언 다이어(Julian Dyer)의 녹음된 피아노 연주를 삽입하기 위한 피아놀라 롤(Pianola rolls)이 포함되어 있다. 실행 시간은 8분 55초의 피아노 독주를 위한 '춤을 추며 스스로 정화하라'의 대본, 5분 23초의 '춤을 추며 스스로 정화하라' 리플렉스(Reflex), 3분 13초의 '춤을 추며 스스로 정화하라'의 스트라이드 로직(Stride logic)으로 구성된다. Ways of Curating. https://waysofcurating.withgoogle.com/exhibition/11-rooms-exhibitions-manchester/media/5113956490280960

을 경험할 수 있다. 따라서 동시대 퍼포먼스 아트는 예술가와 공연자, 그리고 관람객과의 소통의 과정을 강조하며 작품 안에서 관람객은 창조적 역할을 수행하고 기억 속에 영원히 '살아 있는 전시'를 구성한다.

뉴욕에 기반을 둔 미술품 컬렉터인 닐라니 트렌트(Nilani Trent)는, 예상을 뛰어넘는 '14개 방'의 작품들에 대해 세계 곳곳의 여러 아트페어에 참석하고 정보를 탐색하는 관계자들이 느끼는 '페어 피로(fair fatigue)'를 해소하는 데 도움이 될 수 있을 것이라며, "퍼포먼스 아트는 경험이 많은 노련한 관람객들이라고 하더라도 멈춰 서서, 생각하고, 반응하고, 상호 작용하게 만든다"[32]고 덧붙였다.

일반적으로 관람객들이 각 방에서 할 수 있는 경험은 매우 다른데 어떤 경우는 만남이고, 또는 대화이며 움직임으로 방은 반복되지만 각 방마다 완전히 다른 경험을 제공한다.[33] 즉 이 방에 전시된 작품은 인간을 물질로 대체하며 관람객들에게 보다 수행적이고 상호 실천적인 통찰력을 제공함으로써 관람객들은 각 방에 들어갈 때마다 새로운 상황을 직면하며 다양한 몰입감과 친밀한 경험에 참여할 수 있다.[34] 이렇게 방마다 펼쳐진 오노 요코와 데미언 허스트 등 유명 작가들이 만든 관람객 참여형 라이브 아트 전시는 광범위한 예술 세계를 반영하며 동시대 예술의 전개 방식과 변화에 대해 더 많이 인식

---

32) Harris, G. *Art Basel stages '14 Rooms', an exhibition of 'live art'.* FT.com(2014, Jun 13).

33) Artsy. *Hans Ulrich Obrist & Klaus Biesenbach on Co-Curating, Living Sculptures, and the Chance Encounter That Started It All.* https://www.artsy.net/article/editorial-hans-ulrich-obrist -and-klaus-biesenbach-on

34) E-Flux. https://www.e-flux.com/announcements/31306/14-rooms/

(사진 70) 로만 온닥(Roman Ondak), 〈교환(Swap)〉, 2011/2013, '13개 방(13 Rooms)' ⓒ Kaldorartprojects.org.au

하게 한다.

시간을 기반으로 한 '방'전은 관람객 참여와 함께 완성된 하나의 작품으로 계획하거나 규정할 수 없다는 특징이 있다. 예를 들어 슬로바키아 예술가인 로만 온닥(Roman Ondak, 1966-)은 일상적인 상황을 접목한 퍼포먼스와 설치 작업으로 유명한데, 그의 2011년작 〈교환 (Swap)〉에서 공연자는 방 한가운데 있는 테이블에 앉아 방으로 들어오는 관람객과 자신의 손에 있는 물건을 끊임없이 교환하려고 시도한다. 이는 관람객이 소유하고 있는 것 중 교환할 의사가 있는 물건을 계속해서 바꿔 나가는 방식으로 구성된다.[35] 온닥은 공연자에게

---

35) Schuetze, C. *Exhibits chat and go home: Art Basel's 14 Rooms are interactive spaces for dialogue on life topics.* International New York Times, 2014, p.207.

테이블 앞에 앉을 때 물건을 선택하도록 요청하고, 관람객이 방에 들어오면 자신의 물건과 다른 물건을 교환할 의사가 있는지 물은 후 다른 물건으로 계속 교환할 수 있게 지시하였다.[36]

《타임 아웃 시드니 *Time Out Sydney*》는 이를 다음과 같이 보도하였다. "50달러는 100달러로 교환되었고, 이는 이후 화가의 스케치북과 교환되었다. 손목시계는 데이비드 말로프(David Malouf, 1934-)의 책과 교환되었는데, 공연자는 말로프 자신이 그 방에 있었다는 것을 알지 못했고, 석사학위 논문은 립스틱 키스가 있는 갈색 종이로 바뀌었다."[37] 하루가 끝나면 공연자는 물물교환을 통해 최종적으로 손에 넣은 마지막 물건을 가지고 그 방을 떠나게 된다. 이 물물교환은 공연이 끝날 때까지 지속적으로 이어졌고, 단순한 교환이나 놀이가 아니라 그 물건을 소유하였던 관람객이 기억하고 있는 추억을 경제적 가치와 바꾸는 행위를 포함한 것이었다.

관람객은 예술가의 작품 재료 중 하나가 되었고, 전시는 끊임없이 유동적으로 성장하고 번역되며 관람객의 개입은 점점 더 복잡하고 우연적인 요소를 만들며 그들의 기억 속에 새로운 경험으로 자리하게 하였다. 이렇게 체험적 환경을 제공하고 관람객이 직접적으로 참여할 수 있는 가능성을 개발하는 것이 중요한 '방'전에 대한 초기 구상에 대해 비센바흐는 다음과 같이 말하였다.

이 전시에 대한 많은 영감은 라이브 아트가 조각이 될 수 있고,

---

36) E-Flux. https://www.e-flux.com/announcements/31306/14-rooms/

37) Artsy. *Six Iconic Performance Pieces You'll Find in Hans Ulrich Obrist and Klaus Biesenbach's "14 Rooms"*. https://www.artsy.net/article/editorial-six-iconic-performance-pieces-youll-find-in

실제로 실물이 갖는 것과 같은 연속적인 시간을 가질 수 있다는 아이디어에서였다. 아침부터 저녁까지 갤러리가 개방하는 시간 내에는 그곳에 있지만, 마지막 관람객이 떠나고 갤러리가 문을 닫으면 조각품도 모두 사라진다.[38]

'방' 전의 퍼포먼스 아트는 예술가가 자신의 지시를 다른 공연자에게 위임하는 방식으로 재공연을 진행한다. 예술가를 대신할 출연자를 찾고, 자신의 지시에 따라 이를 수행하도록 한다. 대표적인 예로 데미언 허스트(Damien Hirst, 1965-)의 작품을 들 수 있다. 허스트는 1988년 '프리즈(Freeze)' 전을

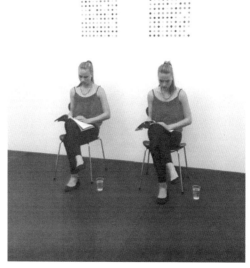

(사진 71) 데미언 허스트(Damien Hirst), '쌍둥이: 홀리, 그레텔(Twins: Holly, Gretel)', 1992/2014 ©White Cube on Twitter

통해 포름알데히드로 보존된 상어 작품으로 이름을 알린 지 몇 년 후인 1992년 실제 쌍둥이가 등장하는 작업을 진행하였다. 이는 거의 알려지지 않은 그의 초기 작품으로 2012년 이후 여러 번의 '방' 전에

---

38) Forbes, A. *Hans Ulrich Obrist and Klaus Biesenbach Bring 14 Rooms to Art Basel.* https://news.artnet.com/market/hans-ulrich-obrist-and-klaus-biesenbach-bring-14-rooms-to-art-basel-8564

서도 1992년 쾰른에서 열린 전시에서 선보인 것과 같은 형식으로 공연되었다.

허스트의 '스팟 페인팅(spot painting)' 두 점이 걸린 벽 앞에 의자를 놓고 일란성 쌍둥이들이 돌아가면서 앉아 있도록 구성된다. 이 작품은 2009년 테이트 모던(Tate Modern)에서 다시 선보였고, 2012년 '12개 방' 이후 '14개 방'에도 포함되었다. 그는 '14개 방' 전시에 앞서 아트 바젤 웹사이트에 "만약 일란성 쌍둥이라면 데미언 허스트의 퍼포먼스에 참여할 기회를 잡으세요"라고 공지하였다. 허스트는 참여자들에게 "하루 중 몇 시간 동안 당신은 허스트의 작품에서 불멸의 존재가 될 수 있다"[39]고 약속하였다. 〈쌍둥이(Twins)〉라는 작품 제목은 공연자로 참여하는 쌍둥이의 이름에 따라 달라져 1992년 처음 전시되었을 때는 '마리안, 힐데가르드(Marianne, Hildegard)'와 '잉고, 토어스텐(Ingo, Torsten)'이라는 부제가 달렸다.[40]

이외에도 예술가 본인이 현장에 도착하지 않고 공연자를 고용해 전시 현장에서 예술가 자신의 신체를 이용하여 진행된 그 당시의 퍼포먼스를 복제해 재공연하기도 했다. 1960년대와 1970년대의 퍼포먼스 아트는 육체적 한계를 실험하는 듯 시각적 충격을 주는 요소들을 포함하였고, 예술가의 신체는 현장에서 엄숙한 의식적 감각을 가졌다. 예를 들어 아브라모비치의 1975년 작품인 〈예술은 아름다워야 하며, 예술가는 아름다워야 한다〉에서 예술가는 손에 빗을 들고 "예술은 아름다워야 한다. 예술가는 아름다워야 한다"는 문장을 반복하며

---

39) Artsy. *Six Iconic Performance Pieces You'll Find in Hans Ulrich Obrist and Klaus Biesenbach's "14 Rooms"*. https://www.artsy.net/article/editorial-six-iconic-performance-pieces-youll-find-in

40) Damien Hirst. https://www.damienhirst.com/news/2014/14-rooms

얼굴과 머리를 빗는 행위를 반복한다.

　이는 그녀의 초기 작품으로 그녀가 당시 이 작품을 진행할 때 마지막에는 완전히 히스테릭한 상태에서 광기에 빠졌다. 2015년 상하이 롱미술관의 '15개 방'에서는 흰색 옷을 입은 모델이 그녀의 동작을 정확하게 복제해서 공연하였지만 그때 그 장소에서 일어난 작가의 정신 상태를 완전히 복제할 수는 없었으므로 형식만 남고 실체는 사라진 것 같은 시간을 재연한 것이 되었다.[41] 즉 그녀의 퍼포먼스를 그대로 복제할 수 있었지만 대부분의 작품에서 이러한 복제가 가져온 통일성은 어떤 의미에서 전체 전시 언어의 모호함을 전달하였다.

　롱미술관에서의 이 전시 역시 관람객과 작품 사이의 융합을 반영하였을 뿐 아니라 동시에 시각예술가가 청동이나 캔버스 · 먹 · 유화 · 영상 비디오 혹은 기타 여러 형식의 물리적 재료처럼 인체를 이용해 그들의 작품을 제작할 수 있다는 믿음을 드러내고자 하였다. 전시의 콘셉트는 라이브 아트 조각으로 관람객들이 떠나고 밤이 되면 이 조각품들 역시 방에서 나오게 된다.[42]

　'방' 전의 인간을 재료로 한 살아 움직이는 예술에 대한 경험은 영원히 사람들의 기억 속에 저장된다. 예술가의 지침은 존재하지만 공연자의 행위와 과정을 통해 형성되는 부정확하고 유동적인 성격은 이러한 전시 형식에 새로운 가치를 조성하였고, 이로써 여기 포함된 작품들은 사실 같은 개념으로 번역되었다. 예술가가 전시 공간 안에서 하나의 주제를 설정하고 오픈 당일까지 작품은 미완성 상태로 남

---

41) 邱敏, 〈異質能否共生?─關於《15個房間》〉, 《Art Monthly》(11), 2015, pp.10-13.
42) Xu Zhen. https://www.xuzhenart.com/exhibitions-cat/solo-exhibitions/

(사진 72) 마리나 아브라모비치(Marina Abramović), 〈예술은 아름다워야 하며, 예술가는 아름다워야 한다(Art Must Be Beautiful, Artist Must Be Beautiful)〉, 1975/2015, '15개 방(15 Rooms)', 롱 미술관(Long Museum) ⓒLorenza Baroncelli

(사진 73) 마리나 아브라모비치, 〈예술은 아름다워야 하며, 예술가는 아름다워야 한다〉, 1975 ⓒChristies.com

겨지지만, 관람객의 개입을 통한 서로 다른 공간에서의 체험이 만든 여러 반응은 비로소 작품을 하나의 완성된 형태로 남게 한다.

3) 매체와 장르의 해체 및 탈경계

'방'전은 퍼포먼스적인 요소보다 인간의 삶에 대한 아이디어를 담고 있다. 각 작품은 라이브 공연자 또는 그 공간에 있는 관람객들과 함께 있으며, 예술가의 작업은 각각의 방 안에서 발생하지만 거울을 통한 반사나 아바타와 같은 기술을 사용하여 인간과 기계의 경계를 탐구하고 전시 공간에 대한 재해석 같은 이질적인 주제에 관해 대화하도록 설계되었다.[43]

오브리스트는 특히 '14개 방'전에서는 좀더 전시에 현대적인 감각을 더할 것이라고 하였다. 그는 이러한 요소를 추가하는 목적은 디지털과 아바타에 대한 질문을 다루는 새로운 세대의 예술가들을 위한 것이라고 하였다.[44] 또한 '14개 방' 전시가 관람객뿐만 아니라 바젤과 그 지역 사람들을 끌어들여야 한다고 말한다. 예술가 길버트와 조지(Gilbert & George)가 말했듯이 모두를 위한 예술처럼 로봇과 아바타가 있는 이 퍼포먼스 아트 광경은 흥미롭다.[45]

---

43) Schuetze, C. *Exhibits chat and go home: Art Basel's 14 Rooms are interactive spaces for dialogue on life topics.* International New York Times, 2014, p.207.

44) Forbes, A. *Hans Ulrich Obrist and Klaus Biesenbach Bring 14 Rooms to Art Basel.* https://news.artnet.com/market/hans-ulrich-obrist-and-klaus-biesenbach-bring-14-rooms-to-art-basel-8564

45) Harris, G. *Art Basel stages '14 Rooms', an exhibition of 'live art',* FT.com(2014, Jun 13).

(사진 74) 조단 울프슨(Jordan Wolfson), 〈여성의 형상(Female Figure)〉, 2014 ⓒWays of Curating

(사진 75) 조단 울프슨, 〈여성의 형상〉 세부, 2014 ⓒWays of Curating

예를 들어 조단 울프슨(Jordan Wolfson, 1980-)의 2014년작인 〈여성의 형상(Female Figure)〉은 형클어진 금발의 여성이 엉덩이를 흔들며 거울 앞에 서 있다. 울프슨은 미국 로스앤젤레스에 기반을 두고 활동하며, 비디오와 조각 · 설치 · 퍼포먼스 및 컴퓨터 애니메이션 · 가상현실 등 광범위한 미디어 작업을 진행하면서 도발적인 주제로 대중 문화 속 폭력과 차별, 심리적 불안 등을 주제로 다룬다.[46] 〈여성의 형상〉에서 아슬아슬하게 짧은 원피스를 입고 방의 한쪽 벽면에 설치된 거울을 향해 서 있는 이 여인은 '애니매트로닉(Animatronic)'[47] 로봇 조각으로 근육과 피부의 질감을 사람처럼 재현하였고, 실제 사람이 움직이는 듯한 동작을 구현하였다. 애니매트로닉스 기술은 울프슨이 2013년 할리우드로 스튜디오를 옮긴 후 특수분장과 효과를 제작하는 미국의 스펙트럴 모션(Spectral Motion)사와의 합작을 통해 이루어졌다.[48]

---

46) 울프슨은 2018년 테이트 모던의 비디오 · 설치 · 퍼포먼스 아트 등을 선보이는 새로운 전시 공간인 '탱크(Tanks)'에서 그의 2016년 작품인 〈컬러 조각(Colored Sculpture)〉을 선보였다. 이는 실로 매달아 조작하는 인형극 마리오네트처럼 사슬에 매달린 소년의 조각상을 특징으로 하며, 만화 영화 〈허클베리 핀의 모험(The Adventures of Huckleberry Finn)〉의 주인공 헉(Huck)과 아동 TV 프로그램 속 하우디 두디(Howdy Doody), 그리고 풍자 잡지 《매드 Mad》의 마스코트 알프레드 노이먼(Alfred Neuman)의 인종차별주의 캐릭터를 참조하였다. David Zwirner. https://www.davidzwirner.com/artists/jordan-wolfson/biography; Artnet. http:// www.artnet.com/artists/jordan-wolfson/
47) 애니매트로닉은 '애니메이션(Animation)'과 '일렉트로닉스(Electronics)'의 합성어이며, 인간을 닮도록 설계된 로봇을 사용해 촬영하는 특수 효과 기술의 일종으로 컴퓨터에 의해 제어되고 원격 조정되며 가상 캐릭터의 근육과 표정 · 감정을 실제와 같이 사실적으로 연출한다.
48) Harris, G. *Art Basel stages '14 Rooms', an exhibition of 'live art'*, FT.com(2014, Jun 13).

기괴한 가면을 쓴 이 로봇은 "엄마가 죽었어요. 아빠도 마찬가지 죠. 나는 동성애자예요. 시인이 되고 싶어요. 여기가 나의 집이에요"라고 말한 후, 레이디 가가(Lady Gaga, 1986-)의 〈박수갈채(Applause)〉에 맞춰 몸을 흔들며 위협적이면서도 느릿하게 움직인다. 전시장에는 "나는 박수갈채를 받기 위해 살아, 너희가 나를 향해 환호하고 소리치는 것을 위해 살지"라는 요란한 노래가 울리고, 이 로봇은 마치 살아 있는 댄서처럼 춤을 춘다.

실제 사람 크기의 이 로봇은 관람자에게서 시선을 돌리고 있지만, 얼굴 인식 소프트웨어를 탑재하고 있어 거울을 통해 주변 관람객의 얼굴을 인식할 수 있다.[49] 즉 거울에 부착된 쇠막대가 그녀를 거울 앞에 고정시키고, 이마에 내장된 카메라를 통해 거울에 비친 관람객의 움직임을 따라 관람객 개개인의 눈을 응시하며 상호 작용하도록 하였다. 이 작품은 인간인 관람객과 인간 같은 여성 로봇 사이의 경계를 모호하게 만들었으며, 그로테스크한 형상을 통해 남성 중심의 공동체에서 철저히 대상화되는 여성 문제와 성차별 등을 고발한다. 관람객이 작품을 마주하고 바라보는 일방적인 감상 대상에서 벗어나 작품인 로봇이 관람객을 응시하며, 대상화되던 로봇이 관람객을 대상화하며 응시의 대상이 된 여성에서 벗어나도록 하였다.

런던에 기반을 두고 활동하는 에드 앳킨스(Ed Atkins, 1982-)는 디지털 미디어에 민감하게 반응하는 예술가로, 2014년 '14개 방'에서 〈아무도 나보다 더 많이 '일'하는 사람은 없다(No one is more 'work' than

---

49) Schuetze, C. *Exhibits chat and go home: Art Basel's 14 Rooms are interactive spaces for dialogue on life topics.* International New York Times, 2014, p.207.

(사진 76) 에드 앳킨스(Ed Atkins), ⟨아무도 나보다 더 많이 '일'하는 사람은 없다(No one is more 'work' than me)⟩, 2014 ⓒWays of Curating

me)⟩를 선보였다. 텅 빈 스크린 위에 머리를 밀고 문신을 한 작가 자신의 목소리와 행동을 입힌 3D 애니메이션 가상인물과 남자 배우도 함께 등장하는데, 그는 설득력 있게 인간성에 대해 말하는 아바타의 '증인'이 되기 위해 실제 현장에 함께하는 것이다. 컴퓨터그래픽 아바타를 통해 이야기를 전달하며 아바타가 '생명력을 방어하는' 동안 남자 배우도 증인으로 방에 존재하게 된다. 여기서 공연자의 존재는 아바타와 관람객 사이에 있는 어떤 것으로 식별의 지점이자 또 다른 양면적 추가 인증의 지점으로 작용한다.

'방' 전에 참여하는 작품은 동시대 예술계에서 장르와 매체를 해체하였고, 세대와 지역을 가로지르며 디지털 시대 인간과 기계가 어떻게 조화를 이루며 발전할 수 있는지 고찰하고자 하였다. 특히 바젤에서의 '14개 방' 이후 이 전시는 미술과 음악 등 타장르와의 융합을 이루었고, 또한 건축적 요소와 연극적 요소가 혼재되며 실재와 가상이 혼합되었다. 이러한 움직임은 '15개 방'까지 이어지면서 각 공간에서 진행되는 퍼포먼스 아트는 전통적 형식을 깨고 탈경계적 요소를 탐구하며 자유롭게 인간의 신체를 활용한 실험을 거듭하였다.

4. 맺음말

오브리스트와 비센바흐가 기획한 '방'전은 2011년 영국 맨체스터 국제 페스티벌에서 11개 방으로 처음 선보인 이후, 2015년의 15개 방까지 전통적인 회화와 조각에서 벗어나 인간을 '물질'로 대체한 몰입적이고 친밀한 경험의 시리즈 라이브 아트 전시로 지속되었다. 오브리스트와 비센바흐는 '방'전에 퍼포먼스적 요소를 개입한 것에 대해 다음과 같이 말하였다. "퍼포먼스 작품은 시간을 따라 이동할 수 있다는 것이 흥미롭다. 작업은 계속해서 반복될 수 있고, 이 전시는 나중에 다시 볼 수 있는 시리즈 작품이 된다."[50] 동시대 예술에 대한 개념이 변화하고 역사적·현대적 퍼포먼스에 대한 관심이 더욱 고조되는 시기에 시간을 기반으로 한 이 전시는 회화나 조각 작품처럼 물질적 오브제가 아니라 실제 대상으로서의 인간 신체를 포함한다. 여기에 참여한 이들은 국제적으로 명성을 얻고 있는 스타급 예술가로 세대와 지역을 아우른다.

---

50) Harris, G. *Art Basel stages '14 Rooms', an exhibition of 'live art',* FT.com(2014, Jun 13).

퍼포먼스 아트는 1970년대 예술의 역사적 의미와 가치를 수호하는 전통적인 역할에 의문을 제기하며 미술관의 전시 큐레이팅과 함께 시작되었다. 즉 수집된 작품을 사용해 전시를 기획하는 큐레이터의 기능에 대한 잠재적인 변화를 인식할 수 있게 하였다. 특히 2000년대 이후 퍼포먼스 아트는 동시대 미술에 적합한 아이디어의 원천으로 생각되어 왔으며, 매체와 장르를 뛰어넘어 예술 전반에 영향을 미치며 대중화되었다. 퍼포먼스는 개념을 기반으로 하며 물질적인 오브제가 존재하지 않으므로 과거에는 반시장·반제도적 예술로 간주되었지만, 최근에는 새롭게 주목받고 있다.

'방' 전에서는 이미 역사가 되어 비디오나 사진을 통해서만 볼 수 있었던 퍼포먼스 작품들을 예술가의 지시와 위임된 형식으로 재공연함으로써 실천하였다. 그러므로 이 전시에는 많은 전문 배우들이 참여하며, 음악의 악보나 연극의 시나리오처럼 계속 실행될 수 있다는 특수성을 가진다. 다시 말해 일반적으로 전시는 기간이 정해져 있어 수명이 제한되지만, '방' 전은 지시문의 형태로 무기한 계속될 수 있고, 매일 밤 집으로 돌아가는 살아 있는 인간 조각은 앞으로도 수십 년간 지속될 수 있으며, 누구나 쉽게 전시를 부활시킬 수 있다. 전시는 이제 시작에 불과하며 매년 지속적으로 다시 공연될 수 있지만 끝을 알 수 없기 때문에 그만큼 진행 속도가 느리다.

오브리스트와 비센바흐는 '방' 전에서 새롭게 재해석된 작업을 만들기 위해 세대와 지역을 뛰어넘는 지속적인 만남을 형성할 수 있는 예술가들의 다양한 작품을 모았다. 예술가 자신의 직접적인 개입이 아닌 퍼포먼스를 수행할 공연자들을 고용하고, '방'이라는 경계가 분명한 사적 공간에서 예술가는 공연자들에게 지시와 훈련을 제공함으로써 일반적인 전시의 개념을 벗어나도록 하였다. 이들은 벽에 한 두 점의 작품만 전시될 수 있는 한정된 밀실 공간을 통해 의도적으로 관람객들이 공연자에게 불편하게 접근하도록 강요하였고, 공연자들 은 큐레이터에 의해 '살아 있는 조각'으로 서술되었다.

따라서 동시대 퍼포먼스 아트는 오페라나 연극·발레와 같이 미 래에도 살아남을 수 있는 제작 방식을 통해 작가 스스로를 해방하였 다. 이에 대해 오브리스트는 "예술가가 작품을 수행하는 것에만 의존 하지 않는 시간 기반 예술은 실제로는 퍼포먼스가 아니라 시간 기반 조각에 가깝다"[51]고 주장하였다. 이 프로젝트는 해를 거듭하며 새로 운 환경과 공공 공간에서 유기적인 방식으로 전시를 확산시키며 지 역과 도시를 연결하였다. 또한 퍼포먼스 아트의 습득을 촉진하는 동 시에 지속 가능한 전시를 위한 유연한 인식 변화를 이끌었다.

각각의 방은 자체적으로 예술가의 지시들이 실행되며, 관람객들 이 예술의 예측할 수 없고 즉흥적인 측면들을 탐구할 수 있다는 것이 전시의 흥미로운 부분이 된다. 즉 완성된 예술 작품이 아닌 '작가의 죽음'에 이른 작품의 최종적인 해석을 관람객들에게 부여하며, 그 중 간에서 이를 설정하는 이들이 큐레이터이다. 사실 이러한 개념을 활 용하는 작품 제작과 전시의 역사는 이미 오래되었다.

큐레이터는 전 세계 각지에서 시간을 기반으로 활동하는 예술가 의 지시들을 모았고, 관람객들은 특별히 설계된 공간에서 다양한 상 황에 직면하며 일상적 시간에서 모험적 시간을 경험하였다. 이러한

---

51) Fitzgerald, M. *Lifting the lid on living sculpture: Performance-Kaldor Public Art Project.* Sydney Morning Herald, 2013, p.17.

라이브 아트는 기존의 예술이 강조한 물리적 실현이나 예술가의 존재를 감소시켰으며, 관람객의 자발적 혹은 비자발적인 접근은 더 새로운 담론과 지식을 생산할 수 있게 하였다. 따라서 관람객들은 지금까지 미술관에서 감상한 시각예술 작품보다 더 오랜 시간을 '방'에 머무르며 다양한 세계를 창조하는 데 기여하였고, 큐레이터는 이러한 상황을 기획함으로써 21세기 예술을 보는 새로운 방식을 만날 수 있게 해주었다.

VI

지속 가능한 테이트 모던의
퍼포먼스 아트 컬렉션

1. 머리말

　최근 동시대 미술관에서는 퍼포먼스 아트의 수집과 보존에 주목하면서 미술관 컬렉션의 새로운 방향성을 제시하고 있다. 1960년대 이후 예술가 자신의 몸은 주된 이미지 매체가 되어 퍼포먼스 아트는 시각예술의 주요 언어로 자리잡았고, 1970년대 관련 기록이 확장되며 풍부한 예술 언어로 인식되기 시작하였다. 그러나 2000년대 이후까지도 미술관에서 시간을 기반으로 순간의 미학을 실천하는 퍼포먼스 아트를 소장한다는 것은 일반적인 일이 아니었고, 작품 컬렉션에 있어 적극적인 대상이 되지 못한 것이 사실이었다.

　퍼포먼스 아트를 수집한다는 것은 전통적인 미술품 컬렉션과 다른 복잡한 과정이 필요하지만, 최근 동시대 미술관에서 퍼포먼스 아트 컬렉션은 더 이상 새로운 장르가 아니며, 이를 소장하고 인수해 다시 공연하기 위한 부서와 전시를 기획할 전문 큐레이터나 특별 장소 등을 마련하고 있다.[1] 특히 영국의 테이트 모던(Tate Modern, 이하 테

---

1) 현대미술관(MoMA)은 2008년부터 기존의 미디어 부서에 퍼포먼스 아트를 추가해 미디어&퍼포먼스(Media and Performance) 부서로 확장하며 퍼포먼스 분야에 대한 장악력을 높이고, 미술관 컬렉션의 지속적인 개선과 성장을 추구하고 있다. 테이트 모던에서는 2004년부터 스튜어트 코머(Stuart Comer)가 테이트 모던 터바인 홀(Turbine Hall)에서 토니 콘래드(Tony Conrad, 1940-2016)·낸 골딘(Nan Goldin, 1953-)·바버라 해머(Barbara Hammer, 1935-)·데릭 저먼(Derek Jarman)·지브릴 좁 맘베티(Djibril Diop Mambéty, 1945-1998)·다리아 마틴(Daria Martin, 1973-) 및 지나 파킨스(Zeena Parkins, 1956-)·테라야마 슈지 (Shuji Terayama, 1935-1983) 등의 라이브 프로젝트를 구성하였다. 코머는 2013년부터 현대미술관의 미디어&퍼포먼스 아트 부서 수석 큐레이터로 재직하고 있다. 2019년 10월에는 미술관 재정비를

이트)[2]은 2016년 발전소 작동을 위해 기름을 저장하던 지하 탱크 개조 공사를 통해 라이브 아트 전용 전시 공간인 '탱크(Tanks)'를 오픈하였다.[3] 그리고 같은 해 6월, 이곳에서 3주간의 'BMW 테이트 라이브(BMW Tate Live)' 프로그램이 진행되었다. 테이트의 'BMW 테이트 라이브' 시리즈는 2003년부터 소개되었고, 온라인상에서 퍼포먼스 아트를 경험할 수 있는 기회를 제공하였으며, 퍼포먼스 아트 역사에 대한 연구 프로젝트를 문서화할 수 있는 기반을 마련하였다.

2008년 당시 뉴욕 현대미술관(The Museum of Modern Art/MoMA, 이하 모마)의 미디어&퍼포먼스(Media and Performance) 부서 수석 큐레이터였던 클라우스 비센바흐(Klaus Biesenbach, 1967-)는 퍼포먼스에 대한 사람들의 관심이 증가하는 것은 필연적이라며, "우리가 금세기의 첫 10년을 되돌아보면서 퍼포먼스 아트를 세계 어디에서나 볼 수 있는 것처럼 이는 이미 필수적인 분야가 되었다"[4]고 언급하였다.

동시대 미술관은 자신의 역사와 기능·성격에 맞는 새로운 작품을 지속적으로 수집하기 위해 기존의 소장품을 재평가하며, 개념과 행

거쳐 미디어와 퍼포먼스를 기반으로 한 실험적인 라이브 프로그램을 진행하는 마리-조제&헨리 크래비스 스튜디오(The Marie-Josee & Henry Kravis Studio)를 오픈하였다. MoMA *Names Stuart Comer as Media and Performance Art Curator.* New York Times. https://artsbeat.blogs.nytimes.com/2013/06/13/moma-names-stuart-comer-as-media-and-performance-art-curator/

2) 테이트(Tate) 미술관은 1897년 영국 미술을 위한 내셔널 갤러리(National Gallery of British Art)로 설립되었다. 1932년에 테이트 갤러리(Tate Gallery)로 명칭을 변경하였고, 2000년 현재의 테이트 미술관으로 개칭되었다. 테이트는 테이트 모던(Tate Modern)·테이트 브리튼(Tate Britain)·테이트 리버풀(Tate Liverpool)·테이트 세인트 아이브스(Tate St. Ives) 등 4개의 미술관을 운영하고 있다.

3) Scott, I. *Can you collect performance art?* FT.com(2017, Jun 23).

4) Wainwright, J. *How to Collect Performance Art,* Art Basel Daily Edition, 2009, p.5.

(사진 77) 테이트 모던 미술관과 신축한 '탱크(Tanks)'

(사진 78) 테이트 모던의 라이브아트 전용 공간 '탱크(Tanks)' 내부 ⓒFstoppers

위를 강조한 작품에 그 자리를 내주고 있다. 비센바흐는 2018년 로스 앤젤레스 현대미술관(The Museum of Contemporary Art/ MOCA)의 관장을 맡으면서 미술관의 퍼포먼스 아트 전시와 수집을 확장하고 있다.

이렇듯 동시대 미술관이 퍼포먼스 아트를 수집한다는 것은 사물이 아닌 실제 대상으로서의 신체를 포함하는 것이며, 미술관은 이를 공연할 권리와 책임을 가진다. 이러한 작품은 신체적 행위의 예술적 실행이 진행되는 순간에 일어나는 일시적인 비물질화에 의미를 둔다. 한편 동시대의 예술가들은 자신의 신체가 직접적으로 개입된 행위의 실천을 넘어 퍼포먼스를 대신 수행할 행위자들을 고용하고, 예술가는 작업에 대한 지시와 훈련을 제공한다. 이러한 퍼포먼스 아트의 행위는 '재공연(re-performance)'될 때마다 그대로 재현되지만 동일하지 않아 작품이 다시 수행되면 제목에 새로운 연도가 추가되며, 관람객의 기억에만 영원히 존재한다.

이제까지 퍼포먼스 아트에 대한 사람들의 인식은 회화나 조각과 같은 물질적 오브제 작품과 달리 제스처나 혹은 쇼를 위한 것으로 낮게 평가되어 왔다. 그러나 최근 동시대 미술관은 이러한 퍼포먼스와 관람객 참여의 작품들을 공연하고 소장하는 것에 대한 어려움을 극복하고, 이에 대한 새로운 대화를 진행하고 있다. 즉 세계적인 예술가와 큐레이터가 미술관에 모여 퍼포먼스 워크숍과 토론을 개최하는데, 이는 그 자체로 일종의 확장된 퍼포먼스 작품이 된다.

본고에서는 퍼포먼스 아트 컬렉션에 대한 인식 전환을 테이트 모던의 퍼포먼스 아트 컬렉션으로 살펴보고, 그 의미에 대해 고찰하는 것을 목적으로 한다. 퍼포먼스 아트 컬렉션은 일반적인 미술관의 작품 수집과 전시 방식을 벗어난 것으로 개념과 행위로써 작품의 비물질적 요소를 소유하는 과정이다. 예술가의 지시에 따라 작업을 수행할 행위자를 고용하고, 이들이 예술가의 공연을 대신할 수 있도록 하는 것에서 퍼포먼스 아트의 지속 가능성이라는 의미를 찾을 수 있다. 따라서 퍼포먼스 아트는 예술가의 아이디어를 물리적인 대상처럼 다루고 관람객의 참여를 유도함으로써 예술가와 작품, 그리고 관람객 사이의 전통적 구분을 해체하였다. 더 나아가 장르와 매체를 넘나들며 유연한 사고를 제시함으로써 동시대 미술관 컬렉션의 새로운 패러다임을 자극하였다는 것에서 가치가 있다.

2. 동시대 퍼포먼스 아트의 비물질화와 수행성

1) 퍼포먼스 아트의 비물질화 과정

1960년대 후반 현대 미술 발전에 있어 중요한 역할을 담당하였던 퍼포먼스 아트는 일상 속 행위 자체를 미술로 확장시켰다. 1970년대 초기 퍼포먼스 아트를 대표하는 비토 아콘치(Vito Acconci, 1940-2017)·크리스 버든(Chris Burden, 1946-2015)·마리나 아브라모비치(Marina Abramović, 1946-)·지나 판(Gina Pane, 1939-1990) 등은 예술가의 개념적 아이디어와 행위를 통한 작품 제작 과정에서 작가의 '신체적 현존'을 작품으로 인정하며, 신체의 한계를 실험하는 과격하고 충격적인 행위를 실행하였다.

즉 신체 자체가 예술 작품이 되어 예술가 자신의 몸을 주요 표현 매체로 사용하는 것은 1970년대 가장 중요한 예술적 발전이었다.

이러한 신체 작업의 중요성은 그것이 예술가와 대중 간의 관계를 수정하는 방식이 된다는 것으로, 이는 작가의 행위를 강조하는 '해프닝(happening)'과 현대 무용의 영향을 받았으나 연극적인 특성과 현대무용의 형식주의와는 분명히 구분된다. 이러한 작업은 관람객의 존재를 받아들일 수도 있지만, 퍼포먼스의 내용은 예술가 자신의 심리적 상태 및 개인적 관심과 밀접하다.[5]

(사진 79) 마리나 아브라모비치, 〈리듬 0〉, 1974/1994, 퍼포먼스, 72개의 오브제와 지시문 ⓒMoMA

1974년 마리나 아브라모비치가 나폴리의 스튜디오 모라(Studio Morra)에서 진행한 〈리듬 0(Rhythm 0)〉는, 탁자 위에 놓인 72개의 오브제 중 하나를 사용하여 관람객이 원하는 방식대로 그녀의 몸에 사용할 수 있도록 한 작업으로, 여기서 그녀 역시 하나의 오브제가 되어 마네킹처럼 수동적인 자세로 서 있었다. 탁자 위에는 장미, 깃털,

5) 트레이시 워, 심철웅 옮김, 《예술가의 몸》, 미메시스, 2007, p.251.

꿀, 빵, 포도주, 가위, 못, 총알을 넣을 수 있는 총 등이 포함되었는데,[6] 아브라모비치는 이후 이 작품에 대해 "내가 배운 것은… 대중에게 결정을 맡기면 죽을 수 있다는 것이다"[7]라고 말하였다. 여섯 시간 동안 이어진 이 퍼포먼스에서 관람객들은 그녀의 손에 가시 돋친 장미꽃을 쥐어 주었으며, 세 시간이 지난 뒤 그녀의 옷은 잘려 나가고, 목에는 칼자국이 난 상태였다.

1974년과 1975년 사이에 진행된 아브라모비치의 이 '리듬' 퍼포먼스에서, 그녀의 몸에 위해를 가하는 일은 보는 사람들에게 상당한 책임감을 안겨 주었다. 여기서 책임감이란 그녀를 구해야 한다는 사실과는 관계가 없었다. 그보다는 모든 퍼포먼스가 그렇듯이 관람객이 참여하지 않는다면 작가가 제아무리 확고한 의지를 가졌다고 해도 아무런 가치가 없다는 사실과 더욱 관련되어 있었다.[8] 이와 같이 작가와 관람객 사이의 인터랙티브한 행위를 표현하는 퍼포먼스에서 관람객들이 아브라모비치의 신체와 상호 작용함으로써 퍼포먼스의 과정이 결과만큼 중요하게 되었다. 수동적 공격성을 보여주는 행동

---

6) 이 작업에 사용된 72개의 오브제 소품 목록은 다음과 같다. 총, 총알, 파란색 페인트, 빗, 벨, 채찍, 립스틱, 포켓 나이프, 포크, 향수, 숟가락, 면, 꽃, 성냥, 장미, 양초, 거울, 유리컵, 폴라로이드 카메라, 깃털, 쇠사슬, 못, 바늘, 안전핀, 머리핀, 브러쉬, 붕대, 빨간색 페인트, 흰색 페인트, 가위, 펜, 책, 흰 종이, 식칼, 망치, 나무 조각, 도끼, 스틱, 양뼈, 신문, 빵, 포도주, 꿀, 소금, 설탕, 비누, 케이크, 금속 창, 면도날, 접시, 플루트, 반창고, 알코올, 메달, 코트, 신발, 의자, 가죽끈, 털실, 철사, 유황, 포도, 올리브유, 물, 모자, 금속 파이프, 로즈마리 가지, 스카프, 손수건, 의료용 메스, 사과. Tate. https://www.tate.org.uk/

7) Tate. https://www.tate.org.uk/

8) 마이클 아처, 이주은·오진경 역,《1960년 이후의 현대미술》, 시공아트, 2007, pp.127-128.

으로 이러한 작업의 목적은 색다른 정신적 상태로 도달하기 위한 육체적 한계로 돌진하는 것이며, 작품 자체에 관람객과 예술가 모두를 끌어들이는 것이었다.

이후 예술가의 신체를 주요 매체로 완전한 비물질화와 탈물질을 유발하였고, 퍼포먼스 아트의 이러한 특징은 당시 일반적인 미술관의 컬렉션에서 배제되었다. 그러나 동시대 미술관은 이와 같이 시간적 요소를 기반으로 한 오브제의 비물질화 작품을 주목하며, 퍼포먼스 아트의 불확실하고 우연적인 신체적 언어를 수집할 수 있는 방법에 대해 모색하였다. 《래디컬 뮤지올로지 *Radical Museology*》의 저자 클레어 비숍(Claire Bishop, 1971-)은 일시적인 행위의 순간인 퍼포먼스 아트를 선호하면서, 역사적인 컬렉션 작업에 대한 큐레이터의 관심 부족을 분명히 밝히고 있다.

"많은 큐레이터에게 영구적인 컬렉션의 역사적 무게는 새로운 관람객을 끌어들이는 데 필수적인 참신함을 억제하는 걸림돌이 된다. 왜냐하면 일시적인 전시의 끊임없는 재공연은 진짜 작품을 보여주는 또 다른 방식을 찾는 것보다 더 흥미진진한 것으로 간주되기 때문이다."[9] 비숍은 일시적인 전시의 실체를 재해석이 가능한 자원으로 간주하였는데, 이는 미술관의 전통적 작품 수집 개념에서 벗어나 컬렉션으로 보여줄 수 있는 작품의 정의가 확장되었다는 것을 의미한다.

이러한 라이브 아트 작품이 미술관의 컬렉션에 포함될 때, 공연

---

9) Fraser, M. *Collecting Forever? On Acquiring a Tino Sehgal.* International Contemporary Art, Iss.143, 2019, pp.26-31.

을 위해 설치의 일부로 제작된 소품이나 작품에 대한 지침이 담긴 문서·악보·스케치 등의 형태로 수집할 수 있었다. 오노 요코(Yoko Ono, 1933-)의 1964년작 〈컷 피스(Cut Piece)〉는 관람객들에게 자신이 입고 있는 옷을 자르라고 초대한 작품으로, 영화와 사진 외에 테이트가 소유한 오노의 드레스 조각이 존재한다. 런던의 컬렉터 발레리아 나폴레오네(Valeria Napoleone)는 스파르타쿠스 체트윈드(Spartacus Chetwynd, 1973-)·바네사 비크로프트(Vanessa Beecroft, 1969-) 등을 포함한 여성 예술가들을 전문적으로 연구하는데, 이들이 퍼포먼스중에 제작되었거나 공연에서 파생된 작품을 소장한다.[10]

이는 퍼포먼스 아트를 소유할 수 있는 가장 일반적인 접근 방식이 되었으며, 또한 예술가들은 서로 다른 지시 원칙을 기록으로 남겨 컬렉션할 수 있도록 하였다. 이렇게 수집한 퍼포먼스 아트를 재공연함에 있어 기록물을 통한 고증은 중요하지만 이것만으로는 그 시간, 그 장소에서 관람객과 함께 호흡하는 실질적 경험이 필수적인 퍼포먼스 아트를 제대로 이해하기 어렵다. 다시 말해 퍼포먼스는 시각예술과 공연 사이에 존재하는 예술 장르로 라이브 공연을 통해 구체화되는 것이 특징이며, 본질적으로 행위가 진행되는 시간과 행위가 정지되는 시간 사이를 오가며 공연이 수행될 때에만 의미를 가진다.

따라서 시간을 기반으로 한 퍼포먼스 아트의 비물질적이며 일시적인 행위는 '실시간'의 형태를 가지므로 종종 예측할 수 없는 사건을 어떻게 수집하고 보존할 것인가의 질문이 포함되기 시작하였다.

---

10) Fraser, M. *Collecting Forever? On Acquiring a Tino Sehgal.* International Contemporary Art, Iss.143, 2019, pp.26-31.

특히 2000년대 이후 퍼포먼스 아트는 더욱더 완성된 하나의 물질적 오브제에 대한 대안으로 제시되며, 새로운 매체를 원했던 컬렉터들의 수집 대상이 되고 있다. 즉 기존의 회화나 조각 등의 오브제를 수집하는 전통에서 벗어나 1초만 지나도 과거가 되고 순간적으로 사라지는 퍼포먼스가 가진 '한시성'이라는 난제를 극복하고, 퍼포먼스 아트의 재공연 권리를 소장하게 되면서 이에 대한 연구가 더욱 중요하게 다루어지고 있다.

2) 퍼포먼스 아트의 수행성과 재공연

퍼포먼스는 움직임의 반복이 만들어 낸 결과로, 퍼포먼스와 '행위를 이행하다'라는 의미의 '수행적(performative)'이라는 말은 모두 '행위하다(to perform)'라는 동사에서 비롯된 것으로 수행성이 공연을 통해 나타난다는 것을 분명하게 한다. 즉 수행성은 수행적 행위의 공연적 성격으로 표명되고 현실화된다. 예술의 수행성으로의 이동은 수행성 자체가 공연으로 현실화되거나, 그 이름에서 이미 행위와 공연의 성격을 분명하게 드러내는 '퍼포먼스 아트'나 '행위예술'과 같은 새로운 예술적 형태로 나타난다.[11]

전통적으로 퍼포먼스 아트는 수집할 수 없는 것으로 여겨져 왔고, 초기 여러 퍼포먼스 작품은 시장에서의 거래를 거부하며 행위를 통해 예술가의 존재를 드러내고 이벤트로 개념화되어 공연적 요소

---

11) 에리카 피셔-리히테, 김정숙 역, 《수행성의 미학》, 문학과지성사, 2019, pp.43 -55.

를 갖는 것으로 인식되었다. 이렇게 순간적으로 사라지고 동일하게 반복되지 않는다는 퍼포먼스의 성격은 비디오나 사진 등의 기록물에 의존하게 되지만, 이 물질성은 상연되어 드러나는 순간 다시 사라져 버린다.

　최근에는 퍼포먼스 아트 작품이 발표된 이후 시간이 지나도 다시 공연될 수 있다는 '재공연' 현상이 부상하였다. 그러나 퍼포먼스 아트의 재공연과 문서화 방식, 저작권 문제는 여전히 논쟁의 여지가 있다. 어떤 예술가들은 자신의 작품이 재공연되기를 원하지 않았고, 또 어떤 이들은 퍼포먼스가 악보처럼 지속적으로 다시 연주되어야 하며, 원본에 대한 저작권은 작가가 가지고 재공연을 위해서는 작가의 허가를 받아야 한다고 언급한다.[12] 런던에 본사를 둔 '컬렉팅 라이브아트(Collecting LiveArt)'의 디렉터인 테레사 칼론제(Teresa Calonje)는 다음과 같이 말하였다.

　　퍼포먼스 아트의 수집과 보존에 대해 이야기할 때는 반드시 재공연되는 것에 대해 논의해야 한다. 마리나 아브라모비치는 다른 예술가들의 역사적 공연을 다시 정리하였고, 작품을 복제할 수 있는 권한과 허가를 받는 데 수년이 걸렸다. 당신의 작품이 복제되거나 혹은 잘못 복제되는 것을 어떻게 보호받을 수 있고, 오래된 작품의 경우 일반적으로 문서가 거의 남아 있지 않는 예가 많지만 퍼포먼스의 좋은 점 중 하나는 이를 경험한 사람들의 기억 속에 남아 있다는 것이다.[13]

---

12) Harris, G. *Performance art in the marketplace.* https://www.ft.com/content/ef939b02-d19f-11df-b3e1-00144feabdc0

최근 젊은 예술가들은 자신들의 퍼포먼스 아트 작품을 판매하기 시작하였다. 이는 1970년대 반시장적이었던 예술가들에게는 상상할 수 없었던 일로, 퍼포먼스 아트를 구입할 수 있다는 이러한 생각의 전환에 미술관도 반응하였다. 구겐하임 미술관의 부관장 낸시 스펙터(Nancy Spector)는 퍼포먼스 아트에서 "유일하게 소비되는 것은 눈에 띄는 흔적도 잔여물도 아닌 예술을 만드는 방법에 대한 아이디어이다"[14]라고 언급하였다. 이러한 변화는 퍼포먼스 작품 인수와 미술관 컬렉션으로서의 영구성 문제를 논의하게 하였고, 작가와 큐레이터 · 미술관과의 관계는 물리적으로 더욱 긴밀해져야 하는 동시에 제도적 보완도 중요해졌다.

로스앤젤레스 현대미술관의 교육 디렉터이자 수석 큐레이터인 아만다 헌트(Amanda Hunt)는 "만약 예술가가 규정한 것이 있다면 아이디어와 문서를 수집할 수는 있지만, 예술가들은 또 한편으로 공연이 완전하게 일시적이며 경험적인 것이 되기를 더 선호한다"[15]고 말하였다. 그러나 테이트는 지난 20년 동안 퍼포먼스 아트의 주요 컬렉터가 되었고, 이 분야에 대한 컬렉션에 더 많이 주목하면서 이로써 미술관이 나아갈 방향을 짐작할 수 있게 하였다. 웨일즈 내셔널 뮤지엄(National Museum Wales)의 모던과 컨템퍼러리 부문 큐레이터인 닉 손턴(Nick Thornton)은 퍼포먼스 아트에 대해 다음과 같이 말한다.

---

13) Wainwright, J. *How to Collect Performance Art*, The Art Newspaper, Art Basel Daily Edition, 2009, p.5

14) Stein, D. *Tino Sehgal*. W Magazine. https://www.wmagazine.com/culture/angelina-jolie-churchill-painting-auction-record

15) Vankin, D. *Museums; Blink of eye art. And Then? Performance is fleeting-and often missing in museum collections. Here's why.* Los Angeles Times(2019, Aug 11).

동시대 문화에서 중요한 예술 형식으로 주목받는 예술가들 중 일부는 시간을 기반으로 한 설치 혹은 퍼포먼스 작업에 참여하고 있다. 미술관은 이러한 예술 형식을 수집해야 하고, 만약 미술관이 전통적인 방식의 컬렉션만 진행한다면, 우리가 사는 동시대의 중요한 예술을 수집하는 것이 아니며, 우리 자신의 역사와 동시대의 역사를 수집하는 것도 아니다. 궁극적으로 작품 컬렉션과 보존을 통한 이러한 참여는 작품을 계속해서 살아 있게 유지하며, 또한 관람객이 100년 혹은 200년 안에 해당 예술 형식에 접근할 수 있는 방법이 될 것이다.[16]

다시 말해 예술가 또는 예술가가 고용한 다른 사람이 수행하는 거의 모든 행위를 예술적 공연이라고 할 수 있다. 즉 참여자가 절대적 중심이 되었으며, 정적인 형태가 아닌 즉흥적 몸짓을 수행할 공연자가 필요하게 되었다. 또 한편으로 퍼포먼스 자체와 행위 이후의 흔적 사이에서 오는 불일치로 발생할 수 있는 법적 문제나 제도권을 전복시키기 위해 만든 작품을 기관이 소유하는 것에 대한 적절성 등의 문제를 생각하게 하였다.

초기 퍼포먼스 아트 중 일부는 수집할 수 없는 것으로 간주되었고, 요셉 보이스(Joseph Beuys, 1921-1986)·크리스 버든·브루스 나우먼(Bruce Nauman, 1941-)과 같은 예술가들의 목표는 갤러리와 시장의 범위 밖에서 작품을 제작하는 것이었으며, 일부 퍼포먼스 작품은 이를 공격하기 위해 제작되기도 하였다.[17] 그러나 퍼포먼스 작품은 이미

---

16) Durrant, N. *How to spend money on memories and air: More and more museums are collecting performance art, but how do you buy an event?* The Times, 2018, p.8.

미술 시장의 일부가 되었고, 상업 갤러리에서 거래되며, 공공 미술관에서도 소장될 뿐 아니라 기관의 자금 후원을 받기도 한다. 또 한편으로 퍼포먼스 아트는 동시대 미술관에서 현재 진행중인 예술 작품이자 역사의 중요한 조성 부분으로 이러한 작품을 수집하고 제시하는 것은 하나의 도전 과제가 되었다.

3. 테이트 모던의 퍼포먼스 아트 컬렉션

1) 테이트의 퍼포먼스 컬렉션 전개

테이트에서는 1960년대부터 퍼포먼스 아트에 대한 전시와 수집에 대한 논쟁이 있었지만, 최근까지 60년 넘게 이와 관련한 작품을 수집해 왔고 전시를 기획하였다. 특히 2000년대 이후부터 미술관의 프로그램 편성에 있어 퍼포먼스 아트에 대한 부분에 점점 더 초점을 맞추고 있으며, 이를 지속적으로 공연하고 있다. 이러한 테이트의 퍼포먼스 프로그램은 새로운 예술 형식에 참여하고, 이를 개척하기 위한 기관의 노력을 대표하는 것이었다.

지난 20년 동안 미술관의 작품 컬렉션과 전시의 관계가 점점 복잡해졌고, 이러한 변화에 따라 2003년에는 '테이트 라이브(Tate Live)' 시리즈를 소개하는 것을 통해 지역 사회와 미술관의 소통을 확장하고 퍼포먼스를 일반적인 업무에 통합하였다. 또한 테이트는 이때부

---

17) Art Fund, https://www.artfund.org/assets/downloads/why-collect-report.pdf p.82.

터 현대미술관(MoMA)이나 샌프란시스코 현대미술관(SFMoMA)과 함께 퍼포먼스 기반 예술 작품의 수집과 기획·보존에 관한 토론과 새로운 실천을 주도하고 있다.

테이트 갤러리(Tate Gallery)에서 개최한 첫번째 라이브 아트 이벤트는, 1969년 스튜어트 브리슬리(Stuart Brisley, 1933-)와 피터 세즐리(Peter Sedgley, 1930-)가 폴리우레탄 조각품을 실시간으로 만드는 과정을 선보인 것이었다. 그로부터 3년 후인 1971년 로버트 모리스(Robert Morris, 1931-)는 일련의 '인터랙티브' 조각을 전시하였고, 1974년 개최한 '두 유럽 아티스트: 이브 클랭과 만초니(Two European Artists: Yves Klein and Manzoni)'전에서는 여러 퍼포먼스 관련 기록을 전시하였다.

이후 1981년 '퍼포먼스, 설치, 비디오, 영화(Performance, Installation, Video, Film)'전에서는 비토 아콘치(Vito Acconci, 1940-2017), 마크 카미유 샤모비츠(Marc Camille Chaimowicz, 1947-), 로버트 모리스 및 브루스 나우먼(Bruce Nauman, 1941-)의 시간을 기반으로 한 작품이 비디오부터 라이브 퍼포먼스에 이르기까지 다양하게 전시되었으며, 테이트 갤러리는 여기에 포함된 프랑스 예술가 샤모비츠의 1980년 작품 〈파셜 이클립스(Partial Eclipse)〉를 인수하였다.[18] 특히 이 작품은 샤모비츠의 초기 퍼포먼스로 1981년 당시 테이트 갤러리에서 공연된 이후 2006년과 2011년에 재공연되었고, 2007년 테이트 모던이 최종 인수하기까지 27년의 시간이 소요되었다.[19]

이는 테이트의 다른 퍼포먼스 작품들의 인수 시간이 2−3년으로

---

18) Lawson, L. *Acatia Finbow & Hélia Marçal, Developing a strategy for the conservation of performance-based artworks at Tate.* Published online, 2019, pp.2-4.

19) Tate. https://www.tate.org.uk

(사진 80) 마크 카미유 샤모비츠(Marc Camille Chaimowicz), 〈파셜 이클립스(Partial Eclipse)〉, 1980, 퍼포먼스, 사람 1명, 슬라이드 160장, 프로젝션 2개, 음향 ⓒTate

짧은 것에 비해 오랜 시간이 걸린 것으로, 테이트에서 2005년 구입한 로만 온닥(Roman Ondak, 1966-)의 〈좋은 시간에 좋은 느낌(Good Feelings in Good Times)〉은 2003년에 제작되었고, 같은 해 구입한 티노 세갈(Tino Sehgal, 1976-)의 〈이것은 프로파간다이다(This is Proparganda)〉는 2002년에 제작되었다. 테이트 모던은 이렇게 구입한 작품들을 2016년부터 'BMW 테이트 라이브(BMW Tate Live)'에서 선보였다.

'BMW 테이트 라이브'는 2012년 3월부터 BMW와 4년 장기 협업 프로그램인 'BMW 테이트 라이브: 퍼포먼스 룸(BMW Tate Live: Performance Room)'에서 처음 시작되었고, 이는 2015년까지 이어졌다.[20] 퍼포먼스 룸은 온라인 공간을 위해 제작된 퍼포먼스 시리즈로 순수

20) Tate. https://www.tate.org.uk

하게 웹 방송만을 위해 만들어진 최초의 예술 프로그램이며, 테이트의 유튜브 채널을 통해 확인할 수 있다. 첫해에는 프랑스 안무가 제롬 벨(Jérôme Bel, 1965-)이 참여하였는데, 이는 서로 다른 구호들이 프린트된 티셔츠를 여러 개 걸쳐입고 하나씩 벗는 행위를 진행하는 것이었다. 이외에 파블로 브론스테인(Pablo Bronstein, 1977-)·하렐 플레처(Harrell Fletcher, 1967-)·조안 조나스(Joan Jonas, 1936-)·에밀리 로이스든(Emily Roysdon, 1977-) 등이 출연하였다.[21]

'BMW 테이트 라이브'의 목적은 대중의 접근성을 보장하고, 변화하는 시대에 새로운 아이디어를 인식하게 하는 것이었다. 즉 퍼포먼스 아트가 온라인 공간에서 생중계되는 것을 통해 라이브로 이를 경험할 수 있는 기회를 제공하였다. 이후 이는 전 세계 라이브 퍼포먼스 아트 네트워크에서 인정받는 프로그램이 되었으며, 지금까지 40명의 아티스트와 11개 주요 예술기관과 협력하였다.[22] 'BMW 테이트 라이브'는 2016년 6월부터 테이트 모던의 새로운 갤러리 공간인 '탱크(Tanks)'에서 진행되고 있다. 이는 발전소 작동을 위해 기름을 저

---

21) 2012년 제롬 벨(Jérôme Bel, 1965-)·파블로 브론스테인(Pablo Bronstein, 1977-)·에밀리 로이스든(Emily Roysdon, 1977-)·하렐 플레처(Harrell Fletcher, 1967-)·2013년 조안 조나스(Joan Jonas, 1936-)·류딩(Liu Ding, 1976-)·고이즈미 메이로(Meiro Koizumi, 1976-)·니콜린 반 하스캄프(Nicoline van Harskamp, 1975-)·라그나 캬르탄손(Ragnar Kjartansson, 1976-)·다니엘 리네한(Daniel Linehan, 1982-), 2014년에는 캘리 스푸너(Cally Spooner, 1983-)·보야나 스베이지(Bojana Cvejić)·알렉산드라 바흐쳇지스(Alexandra Bachzetsis, 1974-)·셀마(Selma, 1975-)와 소피안 위씨(Sofiane Ouissi, 1972-)·노라 슐츠(Nora Schultz, 1975-)가 참여하였다. 2015년 'BMW 테이트 라이브'는 라이브 웹 방송, 전시장 내 퍼포먼스와 컨퍼런스 및 워크숍을 포함한 일련의 혁신적인 라이브 공연과 이벤트로 진행되었으며, 더 많은 사람들이 퍼포먼스 아트에 더 가까이 접근할 수 있도록 설계하였다.

22) Tate. https://www.tate.org.uk

장하던 거대한 지하 오일 탱크를 개조하여 퍼포먼스와 비디오 · 설치 등의 전시를 위한 영구 전용 공간을 구성한 것이었다.

이 공간은 우크라이나 출신 억만장자 렌 블라바트닉(Len Blavatnik, 1957-)의 기부로 증축한 '블라바트닉 빌딩(Blavatnik Building)'에 위치하며, 블라바트닉 가족재단(Blavatnik Family Foundation)은 이를 위해 5,800만 파운드(한화 약 851억 원)를 기증하였고, 개관 이후 600만 명이 넘는 관람객이 방문하였다.[23] 이곳에서는 테이트의 퍼포먼스 컬렉션 중 5가지 주요 작품이 'BMW 테이트 라이브'라는 제목의 프로그램으로 공연되었으며, 이를 통해 테이트는 21세기 세계적으로 주목을 받고 있는 동시대 미술의 최전방인 라이브 퍼포먼스 현장을 대중들에게 알릴 수 있게 되었다.

이 라이브 프로그램에 포함된 다섯 작품은 아말리아 피카(Amalia Pica, 1978-)의 2008년작 〈낯선 사람들(Strangers)〉, 데이비드 라멜라스

---

23) 블라바트닉 빌딩은 스위스 건축가 헤르조그 & 드 뫼롱(Herzog & de Meuron)이 설계한 것으로 갤러리가 있는 오래된 발전소의 일부를 따서 처음에는 임시로 '스위치 하우스(Switch House)'라고 불렸다. 자금을 지원한 렌 블라바트닉은 미국과 영국을 오가며 화학과 석유 · 음악 · 영화 등으로 투자를 확장하고 있는 엑세스 인더스트리즈(Access Industries)를 운영하는 사업가이자 미술후원자로 잘 알려져 있다. 렌이 설립한 과학 연구 재단인 블라바트닉 가족 재단은 수년 동안 영국의 국립미술관(National Gallery) · 국립 초상화 갤러리(National Portrait Gallery) · 왕립 예술학교(Royal Academies of Arts) · 임페리얼 전쟁박물관(Imperial War Museum) · 로열 오페라 하우스(Royal Opera House) · 대영박물관(British Museum) 등을 포함한 다양한 기관의 프로젝트와 전시를 지원하였다. 2016년 이 재단은 빅토리아 앤 앨버트 뮤지엄(Victoria and Albert Museum/V&A)의 새로운 홀을 설립하는 데도 자금을 지원하였다. 2020년 코톨드예술학교(Courtauld Institute for Art)에 1,000만 파운드(한화 약 146억 원)를 기부하였다. The Guardian. https://www.theguardian.com/artanddesign/2017/may/04/tate-modern-names-extension-after-oligarch-donor-len-blavatnik; http://blavatnikfoundation. org/about-us/

(사진 81) 제롬 벨(Jérôme Bel), 〈셔톨로지(Shirtology)〉, 퍼포먼스, 'BMW 테이트 라이브: 퍼포먼스 룸', 테이트 모던, 2012. 3. 22 촬영 ⓒTate

(David Lamelas, 1946-)의 1970년작 〈타임(Time)〉, 로만 온닥의 〈좋은 시간에 좋은 느낌〉, 타니아 브루게라(Tania Bruguera, 1968-)의 2008년 대표작 〈타틀린의 속삭임 #5(Tatlin's Whisper#5)〉, 티노 세갈의 〈이것은 프로파간다이다〉가 있다. 이는 2016년 당시 테이트의 퍼포먼스를 기반으로 한 컬렉션 중 절반을 차지하는 것으로, 관람객들에게 이러한 작품들을 실제로 다시 경험할 수 있는 기회를 제공하였을 뿐 아니라 이를 통해 미술관 큐레이팅 전략을 다양화할 수 있었다.

　'BMW 테이트 라이브'는 퍼포먼스 전용 공간 오픈 이후 현재까지 진행중에 있으며, 온라인으로 생중계된다.[24] 온라인 관람객들은 퍼

───────────────

24) BMW Tate Live Performance Room. www.youtube.com/user/tate/tatelive

포먼스가 펼쳐지는 동안 트위터(twitter.com/tate) · 페이스북 (facebook.com/tategallery) · 유튜브(youtube.com/tate) 등 소셜 미디어 채널을 통해 다른 관람객과 대화를 나눌 수 있으며, 아티스트나 큐레이터에게 질문을 할 수도 있다. 각 퍼포먼스는 아카이브 형태로 저장되어 프로그램이 종료된 이후에도 온라인상에서 감상할 수 있다.

이는 대중과의 소통을 강조한 테이트 모던의 철학과 부합한 프로젝트로 관람객의 변화된 예술적 요구와 관심을 충족시키는 새로운 형태의 전시가 되었다. 테이트는 이 프로젝트를 통해 퍼포먼스 · 영화 · 음악 · 설치 등 광범위한 영역을 아우르는 예술가의 자유로운 실험 정신을 지원하고 있다. 또한 퍼포먼스 아트와 관련된 테이트의 보존 프로세스를 평가할 수 있는 이상적인 플랫폼을 제시하였고, 퍼포먼스 전시 기법과 보존 방법을 연구함으로써 퍼포먼스의 경계를 확장하고 있다.

테이트가 소장한 퍼포먼스와 관련된 영상 · 사진 · 인터뷰 · 서신 등에는 요셉 보이스 · 트리샤 브라운(Trisha Brown, 1936-2017) · 존 케이지(John Cage, 1912-1992) · 머스 커닝햄(Merce Cunningham, 1919-2009) 같은 예술가들의 다양한 자료가 보유되어 있으며, 이외에도 게릴라 걸스(Guerrilla Girls) · 김성환(Sung Hwan Kim, 1975-) · 조안 조나스 · 수잔 레이시(Suzanne Lacy, 1945-) · 크리스찬 마클레이(Christian Marclay, 1945-) · 차이궈창(Cai Guo Qiang, 1957-) · 타니아 브루게라 등이 포함되어 있다. 이들 중 일부 퍼포먼스는 디지털 자료나 사진으로 광범위하게 제작되었지만, 티노 세갈의 작품처럼 일반적인 기록을 문서화하지 않는 작품도 소장되었다.[25]

동시대 미술에서 퍼포먼스 아트는 중요한 예술 형식이 되었고,

젊은 세대 작가들의 매체에 대한 탐구가 증가하면서 퍼포먼스에 대한 미술관의 연구와 토론이 부상하고 있다. 따라서 테이트를 비롯한 동시대 미술관에서는 이러한 시대적 요구에 부응하며 미술관 컬렉션의 오랜 전통을 뛰어넘어 퍼포먼스 아트 작품이 가지는 특이성에 적응하기 시작하였다. 특히 퍼포먼스 아트의 예측 불가능한 공연적 속성을 보존하고, 퍼포먼스 아트 컬렉션의 지속 가능성을 위해 예술가의 지시에 따라 '위임된 퍼포먼스(delegated performance)'를 실행함으로써 유연한 지형 변화를 예고하였다.

2) 테이트의 위임된 퍼포먼스 아트

테이트는 2002년부터 퍼포먼스 프로그램을 시작하였고, 캐서린 우드(Catherine Wood)를 현대미술/퍼포먼스(contemporary art/performance) 부문 큐레이터로 임명하였다. 2005년 테이트에서 처음으로 퍼포먼스 아트 작품을 인수한 이후 현재까지 20점이 넘는 작품을 수집하였다. 2005년 이후 테이트가 구입한 퍼포먼스 아트는 예술가를 대신하여 비전문가나 다른 분야에서 활동하는 전문가를 고용하고, 이들이 예술가의 지시에 따라 특정 시간과 장소에 등장해 퍼포먼스를 실행하는 '위임된 퍼포먼스' 형식을 취한다.[26]

테이트의 첫번째 퍼포먼스 아트 컬렉션인 슬로바키아 예술가 로만 온닥(Roman Ondak, 1966-)의 2003년작 〈좋은 시간에 좋은 느낌

---

25) Tate. https://www.tate.org.uk/
26) Bishop, C. *Delegated Performance: Outsourcing Authenticity,* October 140. The MIT Press, 2012, p.91.

(사진 82) 로만 온닥, 〈좋은 시간에 좋은 느낌〉, 2003, 퍼포먼스, 쿤스트할레 브라티슬라바, 슬로바키아 ⓒTwitter

〈Good Feelings in Good Times〉〉은, 위임받은 이들에 의한 퍼포먼스라는 새로운 형식적 전환을 보여주는 행위가 되었고, 테이트는 이 작품을 소장하기 전까지 라이브 퍼포먼스 작품을 구입한 적은 없었다.[27]

온닥의 〈좋은 시간에 좋은 느낌〉은 공산주의 시대 슬로바키아에서 음식을 기다리며 긴 줄을 선 예술가의 기억에서 영감을 얻었으며, 8-12명의 사람들이 대기열 형태로 전시장에서 줄을 서도록 배치되었는데, 가끔은 관람객들과 함께 전시장 전체를 가로지르는 줄이 세워지기도 하였다. 이 작업은 시간을 기반으로 한 퍼포먼스의 가변적이고 일시적인 개념을 넘어 예술가의 지시를 통해 일반적으로 한 번에 40분 동안 하루 종일 공연되었고, 오랜 시간 반복적으로 이어지

---

27) *Museums; Three Key Works-And Who Owns Then.* Los Angeles Times(2019, Aug 11).

도록 설정되었다.[28]

테이트가 이 작품을 컬렉션한 것은 라이브 퍼포먼스를 소장할 수 있음을 공식적으로 인정한 것이었고, 이는 또한 작가의 서면 지시와 함께 작품을 수행할 수 있는 권리를 획득하는 것으로서 예술가의 존재에 의존하지 않는 라이브 작업이 되었다. 로만 온닥의 이 작품은 관리번호 T11940으로 테이트의 소장품이 되었고, 2004년 프리즈 프로젝트(Frieze Projects)에서 다시 공연되었으며, 이후 2007년, 2011년, 그리고 2017년에 재공연되었다.[29] 퍼포먼스 무대를 다시 실행하면 작품 콘셉트와 전체 행위는 그대로 유지될 수 있지만 처음과 똑같지는 않기 때문에 작품이 재연될 때마다 새롭게 해당 연도가 추가된다.

테이트가 인수한 온닥의 이 줄서기 퍼포먼스 작품은, 행위자들을 고용해 전시장 밖이나 안에서 줄을 서 있는 것처럼 보이도록 지시하였고, 이를 따르는 행위자들이 줄지어 서 있는 것을 보고 관람객이나 지나가는 행인들이 그 줄에 합류하기도 하였다. 온닥은 예술과 일상을 모호하게 하나로 만들어 결합시키고 작품 안에 관람객을 포함시킴으로써 예술가와 작품, 그리고 관람객 사이의 전통적인 구분을 극복하고 일상적인 순간을 전시의 한 맥락으로 전환하였다.

로만 온닥 이후 테이트는 티노 세갈(Tino Sehgal, 1976-)의 2002년 작 〈이것은 프로파간다이다(This is Propaganda)〉를 39,950유로(한화

---

28) Laurenson, P., Saaze, V. *Collecting Performance-Based Art: New Challenges and Shifting Perspectives.* In: O. Remes(etal.) Performativity in the Gallery: Staging Interactive Encounters, 2014, p.34.

29) Laurenson, P., Saaze, V. *Collecting Performance-Based Art: New Challenges and Shifting Perspectives.* In: O. Remes(etal.) Performativity in the Gallery: Staging Interactive Encounters, 2014, p.36.

약 5,350만 원)에 소장하였다.[30] 이 작품은 모두 4개의 에디션이 있는데, 그 중 하나를 테이트가 인수한 것으로 2006년 재공연되었다. 세갈의 작품은 대부분 특정 행동을 수행하도록 훈련받은 참가자들을 포함하는데, 세갈은 이들을 '플레이어(players)' 혹은 '해석자(interpreters)'라고 부른다. 세갈이 그의 작업을 수행하기에 적합한 잠재적인 해석자를 찾는 일 은 오랜 인터뷰와 캐스팅 작업을 거쳐 이루어진다. 이는 그의 작업을 진행하는 데 가장 큰 도전 중 하나로, 그는 이들을 설득하는 데 많은 시간을 보내게 된다.

작품의 모든 신체적 움직임과 지시·인용·행위 등은 작가나 혹은 그의 대리인이 해석자에게 직접 구두로 전달한다. 이렇게 구두로 전달된 지시로 인해 세갈의 작품들은 자칫 즉흥적으로 보일 수도 있다. 그러나 실제로 세갈은 통제할 수 없는 주변 환경에서 작업하는 것을 선택하였고, 지속적인 불안 상태에서 정성을 다해 이를 감독함으로써 이들 작품은 매우 섬세하게 계획된 결과물이 된다. 그는 해석자들을 훈련시키고, 전시 마지막까지 이들이 열정을 유지할 수 있도록 정기적으로 모습을 드러내 이를 유도한다.[31]

세갈의 〈이것은 프로파간다이다〉에서는 관람객이 전시장을 걷는 동안 경비원 복장을 한 해석자가 "이것은 프로파간다이다, 당신은 알고 있지, 당신은 알고 있지, 이것은 프로파간다(This is propaganda, you know, you know, this is propaganda)"를 포함한 주어진 단어 세트를 노래하는 걸 들을 수 있다. 마지막에 "이것은 프로파간다이다, 2002"

30) Durrant, N. *How to spend money on memories and air: More and more museums are collecting performance art, but how do you buy an event?* The Times, 2018, p.8.

31) Lubow, A. *Making Art Out of an Encounter.* New York Times Magazine, 2010, pp.4-5.

라는 말로 마무리될 때, 이것이 녹음이 아니라 라이브로 노래를 부른 것임을 알 수 있는데, 이는 구두 형식의 설명문 역할을 한다. 관람객은 질문을 할 수 있으며, 다른 누군가가 전시장에 들어가 행위가 다시 시작될 때까지 토론이 이어질 수 있다.[32]

티노 세갈은 자신의 퍼포먼스를 '살아 있는 조각(living sculptures)' '구축된 경험(constructed experiences)' '구축된 상황(constructed situations)'이라고 부르며, '위임된 퍼포먼스'로써 이를 수행하도록 하였다. 단일한 예술가의 행위에서 참가자들을 고용하여 예술가의 행위를 대신하게 하였던 위임된 퍼포먼스는, 예술가 자신의 신체를 통해 즉각적으로 구현되는 일시적인 이벤트성 퍼포먼스가 아닌 위임받은 이들이 특정 행동을 수행하도록 하였다. 세갈은 이를 위해 큐레이터에게 작품 제작 방법을 지시하였고, 이러한 작업은 세갈의 지시를 전달할 준비가 된 테이트 직원과 함께 다른 기관에 대여할 수도 있다.[33]

세갈의 퍼포먼스는 물질적 형태나 흔적이 없는 작업을 만들기 때문에 작품을 수집하는 데 더 많은 도전을 제기한다. 컬렉션된 그의 작업은 작품 설명이나 사진·영상과 같은 방식으로 자료화될 수 없고, 퍼포먼스가 수행될 때만 경험할 수 있다.[34] 또한 그의 작품 컬렉션은 서면계약서도 존재하지 않고, 거래명세서나 정품인증서도 교환

---

32) Finbow, A. *Tino Sehgal, This is propaganda 2002/2006, in Performance At Tate: Into the Space of Art.* Tate Research Publication. https://www.tate.org.uk/research/publications/performance-at-tate/perspectives/tino-sehgal

33) 현대미술관(MoMA)은 2008년 티노 세갈의 〈키스(Kiss)〉를 구입하였고, 2010년 모마는 솔로몬 R. 구겐하임 미술관(Solomon R. Guggenheim Museum)의 세갈 전시를 위해 이를 대여하였다.

34) Art Fund. https://www.artfund.org/assets/downloads/why-collect-report.pdf. p.82.

되지 않으므로 이를 승인하는 사람들은 눈으로 확인할 수도 없는 무형의 무언가를 위해 자금을 지원한다는 것에 익숙하지 않을 수 있다. 그러므로 세갈의 작품을 구입하는 것은 지속적인 관리가 필요한 평생의 약속이 되며, 수장고에 존재하는 조각 작품과 달리 적극적으로 기억되어야 하는 소장품이 된다.

이처럼 퍼포먼스 작품은 일반적으로 현장에서 수행되는 '라이브'가 아닌 경우 비디오나 영상 등의 형식을 통해 접근할 수 있지만, 여전히 수집하기 까다로운 분야이다. 특히 위임된 퍼포먼스라는 퍼포먼스 아트의 변화된 전시 방식에 대해 테이트의 퍼포먼스 부문 큐레이터 캐서린 우드는 다음과 같이 덧붙였다. "1960년대와 1970년대의 많은 예술가들은 세갈과 온닥 같은 젊은 퍼포먼스 작가들의 방식에 근거하여 그들의 작업을 다시 생각하게 되었다."[35]

행위자에게 위임된 이들의 퍼포먼스 작품은 사물이 아니라 사람을 포함하고 있음을 강조하는데, 특히 예술을 만드는 과정에 행위자뿐 아니라 관람객 참여를 적극적으로 유도하였다. 이러한 시도는 퍼포먼스 아트가 더 이상 행위자 한 사람의 신체에 국한되는 것이 아닌 관람객을 포함한 집단적 신체와 연결되는 것을 의미한다. 즉 작품 진행에 대한 예술가의 지시와 조건이 존중되고, 행위자의 신체를 매개로 퍼포먼스가 진행되는 공간에 새로운 생명을 불어넣을 수 있다. 또한 하나의 연출된 상황으로 퍼포먼스가 진행되는 동안 관람객은 인터랙티브한 경험을 가지게 되며, 더욱 몰입적이고 친밀한 소통을 통

---

35) Harris, G. *Performance art in the marketplace.* https://www.ft.com/content/ef939b02-d19f-11df-b3e1-00144feabdc0

(사진 83) 타니아 브루게라, 〈타틀린의 속삭임 #5〉, 퍼포먼스, 사람 2명과 말 2마리, 테이트 모던의 'UBS 오프닝: 라이브', 2008. 1. 7–1. 26 ⓒTate/Sheila Burnett

해 더 많은 통찰력을 얻게 된다.

쿠바 출신의 퍼포먼스 아트 작가 타니아 브루게라의 〈타틀린의 속삭임 #5(Tatlin's Whisper #5)〉는 테이트 모던의 터바인 홀(Turbine Hall)에서 경찰관 두 명이 실제 살아 있는 검정색 말과 흰색 말을 타고 미술관 내부에서 군중을 통제한다. 경찰은 군중 통제 훈련을 실시하여 관람객을 불편하게 하고, 사람들과 거리를 유지하게 하였다. 경찰관이 실제 시위 현장이나 도로에서 대중들을 통제하듯 관람객들의 동선을 제한하며 벽에서 떨어지도록 한다.[36] 그러나 이 작업이 제대로 작동하려면 행위자인 경찰관의 지시에 관람객이 주어진 명령을 준수

36) Tate. https://www.tate.org.uk/

하고 협력해야 한다. 그리고 이러한 과정을 통해 관람객들은 이 퍼포먼스를 정확하게 인식할 수 있게 되며, 관람객 스스로 권력과 지휘권에 대해 다시 한 번 생각할 수 있도록 유도한다.

이렇듯 미술관 컬렉션의 일부가 되는 퍼포먼스 작품은 더 이상 예술가 자신이 행위자가 되는 방식에 의존하지 않으며, 어떤 경우에는 과거에 예술가가 이미 실행한 적이 있는 작품이 다른 이들에 의해 재공연되기도 한다. 퍼포먼스에 대한 작가의 구체적인 비전을 실현하기 위한 리허설과 지도 과정은 미술관의 전통적인 임무 범위에서 벗어나기 때문에 퍼포먼스가 재공연되거나 전시될 때 예술가는 소장 기관과 작품에 다시 참여해야 한다. 이러한 작품들은 미술관의 물질적 구속과 불변이라는 가정에 근거하여 컬렉션을 보존하고 관리하는 전통적인 접근 방식을 다시 생각하게 한다. 또한 예술을 물질적 대상으로 관리하기 위한 미술관의 오랜 시스템 과정과도 상충된다.[37]

다시 말해 퍼포먼스 아트에 대한 인식 전환은 미술관의 전통적인 컬렉션 방식에도 변화를 가져왔다. 미술관의 컬렉션은 더 이상 고정된 오브제로 지난 과거를 수집하는 것이 아니라 현재와 미래에도 지속적으로 접근할 수 있는 작품을 수집한다는 개념이 되었다. 즉 일반적으로 미술관이 소장할 수 있는 작품은 회화나 사진·조각·설치 작품들이지만, 퍼포먼스 아트의 위임된 형식에 의한 재공연은 인간 행위의 수집과 지속 가능성을 제시하였고, 동시대 미술관 컬렉션의 개념과 범위를 확장시켰다.

---

37) Tate. https://www.tate.org.uk/

4. 퍼포먼스 아트 컬렉션의 확장과 지속 가능성

1990년대 들어 세계 주요 미술관에서는 퍼포먼스 장면을 촬영하기 시작하였고, 2000년대 이후 일회적인 퍼포먼스를 주장했던 예술가들의 작품이 새롭게 선보여지며 예술가의 퍼포먼스가 다시 공연되었다. 2000년대 이후 테이트를 비롯한 현대미술관(MoMA) · 퐁피두센터(Centre Georges Pompidou)와 같은 동시대 미술관에서 퍼포먼스 아트 전시와 컬렉션이 주목을 받고 있으며, 비엔날레와 아트 페어에서도 관련 프로그램이 증가하고 있다. 이러한 작품을 구매하는 사람들은 자신들이 소장할 수 있는 작품에 퍼포먼스를 포함시킴으로써 개인 컬렉션의 범위를 확장하고 있다.

뉴욕에서 퍼포먼스 아트를 지원 및 홍보하는 비영리단체 퍼모마(Performa)의 창립이사인 로즐리 골드버그(RoseLee Goldberg, 1947-)는, 퍼포먼스 아트가 지난 수십 년 동안 사람들에게 친밀하게 매력을 느끼는 대상으로 인식되어 예술가를 행위자로 수집하는 것은 필연적인 단계가 되었다고 말한다.[38] 퍼포먼스 아트가 미술관의 컬렉션에 포함되어 재공연되면서 결과적으로는 오브제로서의 전통적인 컬렉션의 분류와 보존, 역사적 의미와 가치라는 미술관의 컬렉션 역할에 의문을 제기하고 있다. 또한 큐레이터의 기능에 있어서 미술관이 수집한 예술 작품을 활용한다는 개념에 잠재적인 변화를 인식케 하였다.

---

38) Wainwright, J. *How to Collect Performance Art*, The Art Newspaper, Art Basel Daily Edition, 2009, p.5.

다시 말해 동시대 미술관에서 작품을 선택해 수집하고 연구·해석하며 최종적으로 전시를 기획하는 방식을 수반하는 것 외에, 더 근본적으로 작품을 어떻게 보존하는가의 문제를 고려하게 되었다. 전통적으로 미술관은 작품 수집의 안전성과 지속성을 위해 그림·텍스트·서신·인터뷰·출판물·설치 매뉴얼 등의 자료를 기록화하고 보존하는 데 많은 시간과 노력을 투자하였다. 그렇기 때문에 원본 작품에 대한 정보는 언제 어디서든 접할 수 있고, 작품은 시각 자료와 함께 홍보되며, 사진과 영상으로 기록되고, 이미지로 출판되어 전해진다. 시각 문화 안에서 미술을 맥락화하고자 하는 이러한 관심은 미술관 어디에서나 살펴볼 수 있다.[39]

이제까지 대부분의 미술관에서 비물질적인 퍼포먼스 아트를 물질로 만들어 기록하는 데 가장 좋은 매체는 사진으로 소장하는 방식이었고, 이는 이미 과거가 된 행위의 순간을 되새겨 자료화할 수 있게 하였다. 그러나 퍼포먼스 아트의 일시적 물질성은 미술관에 영구 소장한다는 개념에서 벗어난 것으로, 오늘날 이를 구입한다는 것은 작품을 공연할 권리를 구입하는 것이라는 의미로 전환되었다. 즉 퍼포먼스 아트의 수집은 당시 현장을 찍은 비디오나 사진과 같이 행위 이후에 남겨진 흔적과 관련된 무엇을 획득하는 것이 아니라, 그 작품 뒤에 있는 비물질적인 개념을 소유하는 것으로 확장되었다.

이러한 퍼포먼스 아트의 비물질적인 특성으로 인해 최근에는 작품 창작과 공연·구입·판매 및 재판매, 그리고 컬렉터와의 사이에

---

39) 클레어 비숍, 구정연 역, 《래디컬 뮤지엄－동시대 미술관에서 무엇이 '동시대적'인가?》, 현실문화, 2016, p.65.

서 발생할 수 있는 법적 계약 조건이 더욱 중요해지고 있다. 특히 위임된 퍼포먼스는 미술계의 모든 라이브 실험에 대한 참여자가 각 분야에서 활동하는 전문가이거나 배우로 실제 설명보다 연극이나 연기 기술과 더 관련이 있으며, 예술적 실행을 통한 신체적 행위에 대한 대안적 재구성을 시작하였다. 테이트의 퍼포먼스 컬렉션 가운데 티노 세갈은 이러한 퍼포먼스를 대표하며, 세갈은 행위자들을 추천받고 인터뷰를 통해 이들을 설득하는 데 많은 시간을 보낸다.

퍼포먼스 아트의 개념 확장과 위상 변화로 테이트는 시간을 기반으로 한 미술관 아카이브의 보급을 위해 이미지와 비디오, 그리고 텍스트가 포함된 관련 프로그램과 학제간 실천에 초점을 맞춘 연구 프로젝트를 구성하고 있다. 2000년대 이후 퍼포먼스 아트의 비물질적 요소가 크게 증가하면서 예술가들은 이에 대한 저작권을 얻기 시작하였고, 퍼포먼스 아트의 재공연을 통해 예측 불가한 유동성과 지속 가능성을 유지하게 되었다. 이에 따라 동시대 미술관이 다양한 퍼포먼스 작업을 구현함에 있어 요구되는 필수 사항과 고유한 법적 조건 및 과제가 발생하고 있다.

특히 동시대 미술관에서는 퍼포먼스 작품을 제작하고 공연·구입·판매할 때 제기될 수 있는 문제들에 주목하였으며, 테이트는 2012년부터 퍼포먼스를 기반으로 한 예술 작품을 미술관 컬렉션에 포함하는 문제와 관련한 여러 사항들을 연구해 왔다. 이는 퍼포먼스 아트를 수집하고 보존하기 위한 선구적인 노력이었고, 그 주요 결과물로 라이브 리스트(The Live List)'를 제작하였다. 이 리스트는 기본적으로 작품에 대한 정보와 형식, 미술관이 작품을 수집하는 데 있어 필요한 사항과 조건, 퍼포먼스 제작 및 기록, 작품과 관람객의 관계 등을 언급하고 있다.

예를 들어 작품을 구성하는 기본 조건 및 변수와 관련해서는 다음과 같은 내용의 매뉴얼을 포함하고 있다. '예술가의 작품 설명 요청' '작품의 기본적 공연 기간과 장소, 공연자의 숫자와 성격' '작품이 여러 형태로 존재한다면 작품의 라이브적 요소와 기록 방식' '작품 속 구조적 요소' '무용·연극·현대음악·영화 등과 같이 작품 속 공연적 요소가 작품 이해에 어떤 영향을 미치는지' '향후 작품의 관리 방식' '특정 인물에 의존하는지' '특정 장소나 환경 설정에 따라 차이를 가지는지' '현재와 미래에 해당 작품을 활성화하는 데 있어 가장 큰 과제는 무엇인지' 등의 내용을 다루고 있다. [40]

특히 위임된 퍼포먼스 작품을 진행함에 있어 행위자에게 필요한 구성 요소들로 행위자의 장기간 고용에 대한 건강 상태 체크 및 안전 문제와 관련한 비용 문제, 그리고 퍼포먼스를 수행하기 위해 모집된 사람들에게 특정 기술이 필요한지 여부를 확인해야 한다. 예를 들어 브루게라의 〈타틀린의 속삭임 #5〉에서는 군중 속에서 말을 다룰 수 있게 훈련된 경찰관과 말이 필요하며, 티노 세갈의 〈이것은 프로파간다이다〉에서는 노래를 부를 아마추어 가수가 요구된다. 제니퍼 알로라(Jennifer Allora, 1974-)와 기예르모 칼자디야(Guillermo Calzadilla, 1971-)의 2007년작 〈세력 균형(Balance of Power)〉에서는 요가 강사 등이 필요하다.

또한 테이트의 '라이브 리스트'에는 미술관과 퍼포먼스 아트 컬렉션에 있어 작품 구입이나 공연과 관련한 여러 고려 사항들에 대한

---

40) Tate. https://www.tate.org.uk/

내용도 포함된다. 우선 미술관과 협의해야 하는 핵심 사항으로 '예술가 개인의 참여 여부와 정도' '미술관에서의 작품 사용 방법' '미술관 관리자나 큐레이터, 그리고 기술적으로 지원할 수 있는 직원 등의 작업 참여 정도'와 '작품 참여시에 작품 구입과 제작 중 어느 단계에 필요한지' '작업 장소는 미술관의 특정 영역에 한정되는지, 아니면 미술관 외부에서 전시할 수 있는지' '현재와 미래에 재정적·시간적·공간적 정보와 기술이 필요한지' '이와 관련하여 다른 공연자와 외부 전문가들이 필요한지' 등을 고려한다.

이외에 좀더 세부적으로 작업을 변경할 때 필요한 부분과 관객의 참여 여부 및 방식, 미술관의 다른 작품을 참조하거나 사용하는지, 시리즈 작업의 일부인지, 직원 개입이 허용되는지, 작업이 수행되는 공간이 변경된다면 어떤 방식인지, 작업 시간과 특별 이벤트 방식은 무엇인지, 특수 조명과 음향의 사용 여부, 미술관측이 퍼포먼스를 위해 준비할 소품, 작품 설치 비용, 퍼포먼스 수행에 따르는 안전 사항이나 법적 문제, 외부 기관의 허가나 혹은 저작권 여부, 공연을 위한 리허설 유무, 전시 진행중 유지 보수 및 모니터링이 필요한지 등의 내용을 다룬다.[41]

이 리스트는 수명이 짧은 퍼포먼스 작품을 구입할 때 고려해야 할 사항과 문제들을 자세히 언급하고 있으며, 작품을 실행하고 기록함에 있어 발생할 수 있는 기본적인 매개변수를 제시하고 있다. 또한 퍼포먼스 아트가 가진 가변성과 지속성·수행성에 따른 작품 활성화 과제에 대해서도 고려하였다. 퍼포먼스 아트의 이러한 성격에 대해

---

41) Tate. https://www.tate.org.uk/

컬렉터 시그리드 커크(Sigrid Kirk)는 "퍼포먼스 작업은 일시적이고 순간적이기 때문에 당신이 실질적으로 유지하고 보존할 수 있는 것은 당신이 목격한 행위에 대한 기억이다. 예술가의 아이디어나 행위의 일부를 소유한다는 것은 손에 잡을 수 없고 파악하기 어려워 더 매력적이다"[42]라고 말하였다.

이 모든 퍼포먼스의 핵심은 우리가 볼 수 있는 것과 보지 못하는 것을 연결하는 것으로, 행위자들 스스로 자신의 능력을 펼치는 동시에 관람객들은 이 능력이 새로운 맥락에서 무엇을 산출할 수 있는지 관찰하는 이들이 되는 것이다. 예술가들은 연구자들과 마찬가지로 그들의 능력을 발현하고 전시하는 무대를 구축한다.[43] 퍼포먼스가 실현되는 무대에서 관람객들은 수동적인 참여자가 아닌 능동적인 해석자가 되어 자신만의 새롭고 흥미로운 세계를 만들게 되며, 예술가와 함께 에너지 넘치는 열린 대화를 나눌 수 있는 기회를 형성할 수 있다.

5. 맺음말

동시대 미술관의 퍼포먼스 아트 컬렉션은 전통적으로 물질적 오브제의 획득이 필수적인 공공 기관과 개인 컬렉터의 작품 수집 방식과 구별되며, 영구적으로 보존되는 일반적인 예술 매체와도 반대된

---

42) Durrant, N. *How to spend money on memories and air: More and more museums are collecting performance art, but how do you buy an event?* The Times, 2018, p.8.
43) 자크 랑시에르, 양창렬 옮김, 《해방된 관객》, 현실문화, 2016, p.35.

다. 즉 오브제로서의 물질적 컬렉션이 아닌 작품보다 비물질적인 개념과 기억을 중시하는 것으로 바꾸어 놓음으로써 작품 제작에 대한 예술가의 아이디어를 지속 가능하게 하였다. 이러한 퍼포먼스 아트는 동시대 미술관 전시와 작품 컬렉션에 대한 의미를 다시 생각하게 하였고, 퍼포먼스 아트 수집의 지속 가능성에 따른 보존과 관리에 대한 구체적인 기준과 여러 질문들이 하나의 도전 과제가 되게 하였다.

최근 동시대 미술관의 퍼포먼스 아트 컬렉션 확장은 이 분야에 대한 미술 문화적 명성을 짐작할 수 있으며, 이를 전시·보존하기 위해 경험에서 비롯된 광범위한 연구와 전략이 요구되었다. 테이트 모던이 수집한 퍼포먼스 아트는 하나의 연출된 상황에서 수행된 위임된 퍼포먼스로 예술가의 지침에 따라 행위자들은 그 자체로 '살아 있는 조각'이 되게 하였다. 그들의 움직임과 즉흥적 상황은 모두 작품의 일부가 되어 불확실한 결과를 드러내며, 이미지가 아닌 신체 자체로 돌아가 예측할 수 없는 우연성으로 해당 공간에 새로운 에너지를 불어넣었다.

예술가는 일반적으로 퍼포먼스 전시를 준비하고 문서화하는 방법에 대한 지시들을 제공하며, 이렇게 위임된 퍼포먼스는 지속적으로 공연을 진행하고 관람객이 경험한 행위와 과정은 영원히 기억 속에 저장된다. 여기서 관람객은 퍼포먼스를 수동적으로 받아들이는 것이 아니라 지금 눈앞에서 일어나고 있는 상황에 주목하고, 자신의 고유한 해석을 더해 새롭게 번역된 지적 체험을 경험한다. 이러한 상호 작용성으로 퍼포먼스 아트는 관람객 참여 없이 완성될 수 없다. 즉 관람객은 행위자를 관찰 대상으로 파악하는 주체와 객체 관계가 아니라, 행위자가 자신을 주체로 보고 관람객을 객체로 여긴 채 예술가와 행위자 혹은 공연자, 그리고 관람객의 상호 작용에 의한 결과물이 된다.

퍼포먼스를 비롯해 비물질적이며 개념적이고 과정과 시간에 기반을 둔 참여적 작품은 예술이 형태 없이 존재할 수 있다는 잠재력을 탐구하는 것으로, 이를 소장한다는 것은 컬렉션할 수 없는 것을 수집한다는 설득력 있는 역설을 만든다. 그러나 한편으로 퍼포먼스 아트의 비물질에 대한 관심은 컬렉션 과정에서 여러 문제들과 연결될 수 있다. 특히 티노 세갈처럼 기록 없이 소장되고 지속되어야 하는 작품의 경우 컬렉션에 대한 기준이 불분명한 것은 또 다른 문제를 일으킬 수 있다.

이렇게 충분히 기록되지 않아 연구하기도 까다로운 작품을 소장하는 것은 퍼포먼스 아트에 대한 평가 때문이다. 티노 세갈이나 로만 온닥 등은 국제적인 미술 행사인 비엔날레에 초청되고, 동시대 세계 여러 미술관의 컬렉션 대상으로 고려된다. 따라서 위임된 형식의 이러한 퍼포먼스 아트를 수집하는 것은 지속적인 관리와 책임이 따르는 것이며, 테이트는 동시대 미술관의 퍼포먼스 컬렉션과 관련하여 필요한 여러 세부 사항을 '라이브 리스트'로 제시하였다.

동시대에 미술관을 연구하는 학문은 인간 활동의 모든 영역을 포함하는 것으로, 시대적 변화에 따른 여러 도전을 인식하면서 새로운 분야를 모색하고 관람객과의 소통과 참여를 강조한다. 퍼포먼스 아트는 미술관이라는 장소 안에서 사람과 사람 사이의 관계를 형성하고, 만남의 공간을 제공하며, 관람객 스스로 적극적인 참여자가 되어 새로운 가치를 창조해 낼 수 있도록 유도했다. 특히 테이트의 'BMW 테이트 라이브'는 퍼포먼스 아트에 대한 대중의 접근성을 보장하였으며, 변화하는 시대에 라이브로 이를 경험할 수 있는 기회를 확대하였다.

그러므로 미술관의 퍼포먼스 아트 컬렉션 확장은 동시대 미술관의 시대적 요구에 부합한 결과였고, 위임된 퍼포먼스를 통한 지속 가능한 공연은 관람객과의 소통과 흥미 유발을 이끌었다. 여기서 관람객은 창조적 역할을 수행하였고, 관람객 참여를 통해 만들어진 유동적 상황을 강조하였다. 결과적으로 퍼포먼스 아트 컬렉션은 동시대 미술관의 새로운 과제와 나아갈 방향을 제시하였으며, 퍼포먼스 아트를 더욱 가치 있는 존재로 만들어 미술관의 역할과 위상을 새롭게 확립할 수 있도록 하였다.

VII

구겐하임 미술관 컬렉션의
지형 변화와 의미

구겐하임 UBS 맵 글로벌 아트 이니셔티브를 중심으로

1. 머리말

솔로몬 R. 구겐하임 미술관(Solomon R. Guggenheim Museum, 이하 구겐하임 미술관)의 컬렉션은, 1937년 솔로몬 R. 구겐하임 재단(Solomon R. Guggenheim Foundation)이 설립된 이후 지속적으로 미술관의 미술품 수집과 연구를 진행해 왔다.[1] 이러한 내용은 솔로몬 R. 구겐하임 재단의 미션에도 잘 드러나 있다. 그 내용은 다음과 같다.

새로운 것을 창조하는 데 전념하는 구겐하임 재단은 현대 및 동시대 미술품을 수집하고 보존·해석하며, 역동적인 큐레이터와 교육 계획 및 협업을 통해 문화 전반에 걸친 아이디어를 탐구한다. 재단은 건축적으로나 문화적으로 구별되는 미술관·전시·출판물 및 디지털 플랫폼으로 구성되어 있으며, 지역 사회와 전 세계 관람객을 모두 매혹시킨다.[2]

다시 말해 현대와 동시대 미술품을 수집한다는 구겐하임 미술관의 글로벌한 사명은 지금까지 유효하다. 특히 '구겐하임 UBS 맵 글로벌 아트 이니셔티브(Guggenheim UBS MAP Global Art Initiative, 이하

---

[1] 솔로몬 R. 구겐하임(Solomon R. Guggenheim, 1861-1949)이 세운 솔로몬 R. 구겐하임 재단은 뉴욕의 솔로몬 R. 구겐하임 미술관과 스페인 빌바오 구겐하임 미술관, 베네치아 페기 구겐하임 컬렉션을 운영하고 있다.

[2] Solomon R. *Guggenheim Foundation Collections Management Policy*, 2020, p.1. https://www.guggenheim.org/wp-content/uploads/2020/06/guggenheim-collections-management-policy-20200527.pdf.

맵 프로젝트)'는 북미와 유럽에 치중되어 있던 구겐하임의 소장품 영역을 확대하기 위한 프로젝트로, 이를 통해 구겐하임 미술관은 남아시아와 동남아시아·라틴아메리카·중동 및 북아프리카 지역의 현대미술을 연구하고 구입·소장하는 일을 진행하였다.

이 프로젝트는 스위스 금융 그룹 UBS의 지원을 받아 이루어졌으며, 해당 지역의 예술가와 큐레이터·교육자를 선정하였고, 동시대 미술에서 소외된 지역의 다양한 작품을 반영함으로써 새로운 미술을 수집하고, 세계 미술계에서 그 범위를 확장하는 방법론을 제시하였다.

2013년부터 시작된 구겐하임 UBS 맵 프로젝트는 2018년까지 5년에 걸쳐 3단계로 진행되었고, 남아시아·동남아시아를 시작으로 각 단계의 지역마다 큐레이터를 한 명씩 초청하였다. 이들은 2년간 뉴욕에 거주하면서 구겐하임 미술관과 협력하여 큐레이터가 속한 지역의 두드러진 문화적 관습과 지적 담론을 이끌어 내는 새로운 작품이나 최신 작품들을 발굴·선별하고, 전시를 기획하였다. 이 전시는 뉴욕 구겐하임 미술관에서 시작하여 전 세계를 순회하고, 전시가 끝나면 구겐하임 미술관에 작품이 영구 소장되었다.[3]

구겐하임 미술관의 컬렉션은 추상미술을 널리 알리는 것을 목적으로 수집된 1900년대 이후 유럽과 미국의 추상미술 작품들, 예를 들면 입체파 이후 초현실주의·추상표현주의, 그리고 1960년대 후반과 1970년대의 미니멀리즘·개념미술·포스트미니멀리즘까지 미술사에서 20세기 모더니즘의 정점이자 중추적인 전환점으로 해석되는 경향의 작품들이 포함되었다. 이를 통해 구겐하임 컬렉션은 현대

---

3) Guggenheim Museum. https://www.guggenheim.org/

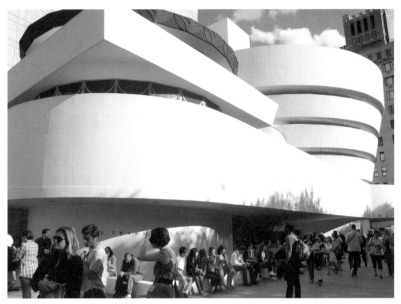

(사진 84) 솔로몬 R. 구겐하임 미술관(Solomon R. Guggenheim Museum)

(사진 85) 솔로몬 R. 구겐하임 미술관 내부

미술과 관련한 역사적 뿌리와 맥락을 드러낼 수 있게 하였고, 더 나아가 동시대 미술로의 확장을 제시하였다.

구겐하임 온라인 컬렉션에는 구겐하임의 영구 소장품 약 8,000여 점 중에서 선별된 625명 이상의 작품 1,700여 점을 검색 가능하도록 데이터베이스를 제공한다. 여기에는 솔로몬 R. 구겐하임(Solomon R. Guggenheim, 1861-1949)이 19세기 후반부터 수집하기 시작한 광범위한 소장품을 기반으로 동시대의 다양한 경향을 반영하였으며, 지속적으로 확장된 미술관의 핵심적인 컬렉션과 베네치아의 페기 구겐하임 컬렉션(Peggy Guggenheim Collection), 스페인의 빌바오 구겐하임 미술관(Guggenheim Bilbao Museum)이 구매하거나 기증받아 소장한 작품을 포함하고 있다.[4]

미술관에서 수집된 작품은 하나의 문화적 언어로, 작품 수집은 그 언어의 파생과 분절에 대한 상상적 촉매로서 작동한다. 그러므로 동시대 미술관의 수집 행위는 필연적으로 예술 작품, 그리고 그것을 향한 탐구의 의도와 어휘의 틀에 대한 지속적인 재고찰과 수정을 필요로 한다. 이러한 관점에서 특히 미술관의 수집이 시대적 유의미함을 가져야 함에 동의한다면 우리 사회에서 미술관이 어떠한 위치에 있어야 하는지, 미술관의 사회적 책임의 범위는 어디까지인지 등에 대한 공동의 논의 또한 꾸준히 이루어져야 한다.[5]

이런 의미에서 구겐하임 미술관과 UBS의 맵 프로젝트는 기존의 미술관 소장품의 핵심을 이루던 유럽과 북미 이외의 남아시아와

---

4) Guggenheim Museum. https://www.guggenheim.org/
5) 임산, 〈미술관 '수집'의 개념적 원류와 동시대 '타자성'의 수용〉, 《미술관은 무엇을 수집하는가》(국립현대미술관편), 서울: 국립현대미술관, 2019, pp.47-48.

동남아시아·라틴아메리카·중동과 북아프리카에 이르는 세 지역의 소장품 영역을 확대하고, 동시대 작가를 지원함으로써 다양한 문화적 실천과 역사를 반영하려는 미술관의 역할과 의도를 한층 심화시켰다. 또한 이 프로젝트는 해당 지역의 큐레이터·교육자들과 관계를 맺음으로써 구겐하임 미술관의 다원적인 전시 기획과 교육 프로그램 운영을 재조정하였으며, 뉴욕 전시 이후 국제 순회 전시를 통해 서로 다른 지역과 문화 기관을 연결하고자 하였다.

따라서 본고는 구겐하임 미술관의 동시대적 요구와 방향을 반영하며 서구 중심주의에서 제3세계로 지역적 경계를 확장하고, 글로벌과 로컬적 요소가 유기적 관계를 형성하는 미술관 컬렉션의 역할 변화에 대해 살펴보는 것을 목적으로 한다. 동시대 미술관은 다양한 컬렉션 확대를 통해 지역 사회와 소통하고, 관람객 참여를 중심으로 이들의 개별 활동과 역할에 주목하며 미술관 작품 수집과 보존·연구·전시라는 전통적 기능에 교육과 체험을 통합해 미술관의 사회적 기능을 높이고자 하였다.

나아가 구겐하임 맵 프로젝트는 지속적인 작품 수집과 전시·연구를 활용해 관람객과의 능동적 대화를 시도함으로써 교육적 정보와 의미를 활성화하고, 미술관 컬렉션이 지역 사회와 문화에 새로운 이해와 교류의 장을 제공할 수 있다는 결과를 도출하고자 하였다.

2. 구겐하임 미술관의 소장품 형성과 확대

1) 구겐하임 미술관의 컬렉션 수집 역사

구겐하임 미술관을 설립한 미국 철강계의 거물이자 자선사업가인 솔로몬 R. 구겐하임은, 현대회화 컬렉션을 시작으로 1920년대 후반부터 유럽과 미국의 추상미술을 주로 수집하였다. 그는 1937년 자신의 개인 컬렉션을 공개적으로 전시·보존하기 위해 솔로몬 R. 구겐하임 재단(Solomon R. Guggenheim Foundation)을 설립하였는데, 이는 개인 컬렉션의 공공 미술관으로의 전환을 알리는 것이었다.[6]

1939년 '비구상 회화 미술관(Museum of Non-Objective Painting)'을 오픈한 이후, 1959년 프랭크 로이드 라이트(Frank Lloyd Wright, 1867-1959)가 설계한 지금의 미술관을 신축하면서 '구겐하임 미술관'으로 개칭하였고, 독특한 건축물과 내부 소장품은 관람객의 주목을 받았다.

이후 구겐하임은 뉴욕을 시작으로 빌바오·베네치아·아부다비 등에 분관을 설립하면서 세계적인 미술관으로 발전하였고, 21세기 '글로벌' 현상과 더불어 동시대성이 대두되면서 동시대 미술은 정치·경제·사회·문화 전반의 시대적 변화를 다양하게 반영하였으며, 서구 중심의 미술계는 제3세계로 빠르게 확대되었다. 동시대 미술관을 대표하는 구겐하임의 컬렉션 지형 변화는 과거 서구 중심주의였던 지역적 경계가 무너지면서 지역적 정체성과 유목성·소통·융합·놀이·참여 등의 개념이 확산된 것과 관련이 있다.

특히 1988년 토마스 크렌스(Thomas Krens, 1946-)가 관장으로 취임한 이후 이러한 변화를 적극적으로 수용하며, 1998년 중국과 합작하여 뉴욕과 빌바오 구겐하임에서 '중국: 5천년(China: 5,000Years)' 전을 개최하였다. 또한 BMW가 후원한 '모터사이클 예술(The Art of

---

6) Guggenheim Museum. https://www.guggenheim.org/

the Motorcycle)' 전과 《보그 *Vogue*》 잡지가 후원한 '조르지오 아르마니 (Giorgio Armani)' 전시를 진행하면서 관객들을 즐겁게 할 수 있는 다양한 전시 주제를 선택하였다.[7]

이러한 미술관의 운영 모델은 '구겐하임 모델(Guggenheim's model)' 이라 불리며 다른 문화 기관에도 상당한 자극이 되었고, 한편 서구의 아시아에 대한 사회·문화적 관심은 새로운 컬렉션 대상에 대한 시선 이동과 미술관 컬렉션의 범위 확장으로 이어졌다. 따라서 구겐하임 미술관이 세계적인 미술관으로의 역할과 의미를 확대하는 데 미술관 컬렉션은 중요한 역할을 담당하였다.

구겐하임의 소장품은 온라인 컬렉션을 통해서도 확인할 수 있는데, 아티스트와 연대별·매체별·경향별 검색이 가능하며, 재단 설립 이후의 작품 소장과 구입 거래도 진행별로 살펴볼 수 있다. 매체별로는 회화·조각·드로잉·사진·비디오·설치 및 인터넷 네트워크 코드인 html, 자바스크립트(Javascript) 등을 통해 자료가 배포되거나 공유되는 인터넷 아트(Internet art) 등으로 나누어 볼 수 있다.

경향별로는 20세기 이후 현대미술의 여러 사조, 예를 들어 큐비즘(Cubism)·미래주의(Futurism)·다다(Dada)·데 스틸(De Stijl)·바우하우스(Bauhaus)·초현실주의(Surrealism)·추상표현주의(Abstract Expression)·앵포르멜(Informel)·키네틱 아트(Kinetic Art)·팝아트(Pop Art)·미니멀리즘(Minimalism)·퍼포먼스(Performance)·개념미술(Conceptual Art)·포스트미니멀리즘(Post Minimalism) 등 다양하다. 이러한 소장품

---

7) Klebnikov, P. *Museums Inc.*. Forbes. https://www.forbes.com/forbes/2001/0108/068.html?sh=544371c3a649

(사진 86) 솔로몬 R. 구겐하임 미술관(Solomon R. Guggenheim Museum)

에는 개인 컬렉터들이 재단에 제공하거나 구입한 작품도 포함되었다.

뉴욕의 구겐하임 미술관은 솔로몬 R. 구겐하임이 제공한 작품을 기반으로 하였는데, 그는 특히 추상회화의 옹호자였으며, 1929년부터 바실리 칸딘스키(Wassily Kandinsky, 1866-1944)의 작품 150여 점과 앙리 루소(Henri Rousseau, 1844-1910) · 프란츠 마르크(Franz Marc, 1880-1916) · 파블로 피카소(Pablo Picasso, 1881-1973) · 알베르 글레이즈(Albert Gleizes, 1881-1953) · 아메데오 모딜리아니(Amedeo Modigliani, 1884-1920) · 로베르 들로네(Robert Delaunay, 1885-1941) · 마르크 샤갈(Marc Chagall, 1887-1985) · 라슬로 모홀리 나기(László Moholy-Nagy, 1895-1946) · 페르낭 레제(Fernand Leger, 1914-1920) 등의 작품을 적극적으로 수집하였다.[8]

솔로몬 R. 구겐하임의 컬렉션은 오늘날 구겐하임 미술관의 핵심을 이루고 있으며, 이외에도 구겐하임 미술관의 소장품은 본질적으로 서로 다른 여러 개인 컬렉션에서 확장된 것들로 구성되었다. 예를 들어 솔로몬 R. 구겐하임의 조카 페기 구겐하임(Peggy Guggenheim, 1898-1979)의 컬렉션은 1930년대 말과 1940년대 초 현대미술을 수집하였는데, 1947년까지 그녀가 세운 뉴욕 금세기 미술 화랑(Art of This Century Gallery)을 통해 미국의 초기 추상표현주의의 발전을 지원하였다.

페기 구겐하임의 컬렉션에는 칸딘스키와 피카소를 비롯해 자코모 발라(Giacamo Balla, 1871-1958)·콘스탄틴 브랑쿠시(Constantin Brancusi, 1876-1957)·마르셀 뒤샹(Marcel Duchamp, 1887-1968)·막스 에

(사진 87) 페기 구겐하임 컬렉션(Peggy Guggenheim Collection), 베네치아

---

8) Guggenheim Museum. https://www.guggenheim.org/

른스트(Max Ernst, 1891-1976) · 르네 마그리트(Rene Magritte, 1898-1967) · 피에트 몬드리안(Piet Mondrian, 1892-1944) · 헨리 무어(Henry Moore, 1898-1986) · 알베르토 자코메티(Alberto Giacometti, 1901-1966) · 파울 클레(Paul Klee, 1903-1940) · 마크 로스코(Mark Rothko, 1903-1970) · 프랜시스 베이컨(Francis Bacon, 1909-1992) · 잭슨 폴록(Jackson Pollock, 1912-1956) 등 입체파와 추상 · 초현실주의 · 추상표현주의 작품을 포함하였다. 1970년대 중반 이후 페기 구겐하임은 솔로몬 구겐하임 재단에 그녀의 컬렉션을 기증함으로써 구겐하임 컬렉션을 보완하였다.

이외에도 탄호이저 컬렉션(Thannhauser Collection)은 1963년 구겐하임 재단이 독일 출신의 컬렉터이자 아트 딜러로 유럽의 현대미술이 발전하는 데 중요한 역할을 하였던 저스틴 탄호이저(Justin K. Thannhauser, 1892-1976)의 프랑스 초기 현대미술 컬렉션 일부를 영구 대관 및 기증받음으로써 구겐하임 미술관 컬렉션을 더욱 풍부케 하였다. 또한 판자 컬렉션(Panza Collection)은 유태인 아트 딜러 주세페 판자 디 비우모(Giuseppe Panza di Biumo, 1923-2010)가 뉴욕 이주 후 1966년과 1976년 사이 미국의 컬렉터이자 아트 딜러인 레오 카스텔리(Leo Castelli, 1907-1999)나 유럽의 일리아나 소나벤드(Ileanna Sonnabend, 1914-2007)의 갤러리에 전시된 특정 작품을 집중적으로 구매하며 시작되었다.[9]

1990년과 1992년 사이 구겐하임은 그의 컬렉션 중 350여 점의 미니멀리즘 · 포스트미니멀리즘 및 개념미술 작품을 구입하였다. 이러한 개인 컬렉션 구입은 추상미술을 수집하고 널리 알리려는 구겐

---

9) Guggenheim Museum. https://www.guggenheim.org/

하임의 사명과도 연결되며, 동시에 1900년대 초기부터 1960년대와 1970년대 이후 서구 모더니즘 미술의 역사적 뿌리와 관련 작품을 전시·보존·연구하기 위한 선도적인 역할을 하였다. 이는 또한 다음 세대를 위한 역사적 회고의 장이 되었을 뿐 아니라, 현대미술에 대한 대중들의 관심을 다원화할 수 있는 미국 예술의 중요한 부분이 농축되어 구겐하임 컬렉션의 질적·양적 확대를 제공하였다.

개인 컬렉션 외에도 1992년 로버트 메이플소프 재단(Robert Mapplethorpe Foundation)이 기증한 로버트 메이플소프(Robert Mapplethorpe, 1946-1989)의 사진 200여 점으로 구겐하임은 메이플소프의 가장 전면적인 자료를 소장한 공공 기관이 되었고, 사진 컬렉션이 확대되는 계기가 되었다. 2001년에는 개인 자선단체인 보헨 재단(Bohen Foundation)이 기증한 영화·비디오·뉴미디어 등 예술가 45명의 작품 약 275점을 구겐하임이 소장하면서 동시대 미술 컬렉션을 크게 확장하였다. 여기에는 히로시 스기모토(Hiroshi Sugimoto, 1948-)·샘 테일러 우드(Sam Taylor-Wood, 1967-)·소피 칼(Sophie Calle, 1956-)의 사진 작품부터 이니고 망글라노 오발(Iñigo Manglano-Ovalle, 1960-)·피에르 위그(Pierre Huyghe, 1962-)·윌리 도허티(Willie Doherty, 1959-)의 대규모 비디오 설치 작품에 이르기까지 컬렉션의 역동적인 단면을 보여주었다.[10]

구겐하임 재단은 이러한 컬렉션을 개발·보존·개선하기 위해 정기적으로 조사하고 매각함으로써 소장품을 보완하고 재조정해 왔다. 소장품 철회는 재단의 컬렉션 관리 정책(Foundation's Collections

---

10) Guggenheim Museum. https://www.guggenheim.org/

Management Policy) 및 뉴욕주 법률(New York State law)에 따라 이루어
지며, 매각된 작품 판매로 인한 모든 수익금은 다시 작품 취득에 사
용되어야 한다.[11] 이와 같이 구겐하임은 구입과 기증으로 미술관의
핵심인 컬렉션을 보완하고, 동시에 기존의 미술관 컬렉션이 가진 역
사적 격차를 보충하여 독자적인 정체성을 유지하면서 미술관의 글로
벌한 개념을 확장하고 있다.

이러한 개념에서 구겐하임은 1997년부터 빌바오와 베를린 등
지에 분관을 두고 세계적인 뮤지엄 네트워크를 형성하였는데, 특히
빌바오 구겐하임 미술관(Guggenheim Museum Bilbao)의 컬렉션은 요
셉 보이스(Joseph Beuys, 1921-1986)와 제프 쿤스(Jeff Koons, 1955-) 등
20세기 중반부터 동시대의 여러 작품에 집중하고 있다.[12] 이외에
도 2013년 문을 닫은 베를린 도이치 구겐하임(Deutsche Guggenheim
Berlin)은 1997년에 토마스 크렌스 관장의 주도하에 구겐하임 재단과
의 파트너십으로 문을 열었고, 도이치은행 건물 1층에 전시 공간을
마련하여 매년 3-4차례의 현대와 동시대 미술 전시를 기획하였다.

도이치 구겐하임의 대부분 전시는 예술가가 특별히 위탁한 작품
으로 이루어졌으며, 미술관의 일반적인 관리는 두 기관이 협력하여
공동으로 진행하였다. 이는 동시대 미술 작품을 보강하기 위해 지난
20년 동안 도이치은행이 보유한 미술품 컬렉션으로 특별한 파트너십
을 지속한 결과였다. 이렇게 구겐하임은 19세기 후반부터 현재까지
다양한 시대와 매체를 다루는 국제적인 컬렉션을 형성하였고, 전 세

---

11) Guggenheim Museum. https://www.guggenheim.org/
12) Guggenheim Museum. https://www.guggenheim.org/

계적으로 여러 기관과 협력 관계를 맺음으로써 미술관의 핵심인 작품 컬렉션에 대한 정의와 의미를 재정립하였다.

2) 구겐하임과 UBS의 컬렉션 확대와 협력

구겐하임 미술관은 1988년 토마스 크렌스가 관장을 맡으며 지역적 한계를 깨뜨리는 글로벌 경영 이념을 발전시켰고, 지역 사회와 융합하여 문화적·경제적 효과를 확대하고자 하였다. 이러한 전략은 구겐하임 미술관의 소장품에서도 확인할 수 있는데, 서구 모더니즘 이후 여러 경향의 작품을 포함하는 것 외에 지역이나 장르에 경계를 두지 않고 적극적으로 동시대 작품을 수집하며 컬렉션 범위를 확장하였고, 각 분관의 소장품도 공유하며 그 가치를 최대화하고자 하였다.

이를 실현하기 위해 구겐하임 미술관은 2013년부터 2017년까지 5년 동안 UBS의 금융 그룹과의 협력을 통해 남아시아와 동남아시아·라틴아메리카·중동 및 북아프리카에 걸친 세 지역의 작품을 포괄하기 위한 독특하고 보완적인 프로젝트를 진행하였다. 이 구겐하임 맵 프로젝트는 3단계로 구성되었고, 각 단계마다 그 지역의 특성을 반영할 수 있는 3명의 큐레이터로 준 얍(June Yap, 1974-)·파블로 레온 드 라 배라(Pablo León de la Barra, 1972-)·사라 라자(Sara Raza, 1979-)가 선택되었다. 이들은 2년 동안 뉴욕에서 거주하며 구겐하임 미술관 직원들과 함께 하나의 전시를 기획하였고, 전시는 뉴욕 구겐하임 미술관에서 선보인 이후 홍콩·싱가포르·멕시코·런던·밀라노 등지에서 8개의 국제 전시를 개최하였다. 이 전시 시리즈에 100

(사진 88) 페기 구겐하임 컬렉션(Peggy Guggenheim Collection), 베네치아

만 명 이상의 관람객이 방문하였고, 동시대 미술에 대한 접근을 확대하였다.[13]

이 프로젝트에 대한 아이디어를 낸 구겐하임 재단 이사 리차드 암스트롱(Richard Armstrong)도 "대부분의 경우 우리의 미술사적 견해는 여전히 서구 중심이다. 이번 UBS와의 협력을 통해 우리는 이러한 관점에 대해 도전하기를 희망한다"[14]고 언급하였다. 실제로 당시까지 6,800점 이상의 방대한 구겐하임 컬렉션 중 남아시아와 동남아 시아의 작품은 12점에 불과하였고, 싱가포르 출신 작가는 컬렉션에 포함되어 있지 않았다.[15] 즉 서구 중심의 구겐하임 컬렉션을 해결하고, 과거에는 한번도 주목하거나 접근한 적이 없는 비서구권 지역의 작품을 지속적으로 연구·전시·소장함으로써 구겐하임의 컬렉션 역사를 더욱 입체적으로 만들었다.

각 단계에서 지정된 지역은 지리적으로 완전히 이질적인 곳으로, 미술관은 맵 프로젝트를 통해 서로 다른 지역의 작가와 작품이 가진 다양성을 받아들여 시대에 맞는 전시와 프로그램을 실현하고, 구겐하임 소장품의 맥락을 고려하여 이들 지역의 특색 있는 현대미술과 창의적인 활동을 조명하고자 하였다. 또한 기본적으로 이제까지 미술계에서 충분하게 소개되지 않은 지역의 미술을 단순하게 표현하기보다 통합적이고 맥락적인 방식에서 새로운 역사적 모델을 계획하는

---

13) Guggenheim Museum. https://www.guggenheim.org/

14) Guggenheim UBS MAP Global Art Initiative Media Release, 2012. https://www.ubs.com/microsites/guggenheim-map/en/archive.html

15) Shetty, D. *Guggenheim looks East.* The Business Times, Singapore. https://www.straitstimes.com/lifestyle/arts/see-asia-through-its-artists

것을 통해 각 지역의 문화적 관습과 사상적 담론을 깊이 있게 이해하며, 예술에 대한 시야를 넓힐 새로운 기회를 제시하고자 하였다.

이 프로젝트는 구겐하임 UBS 맵 구매기금(Guggenheim UBS MAP Purchase Fund)의 후원으로 UBS가 자금을 지원하였고, 해당 지역의 새로운 작품을 수집함으로써 미술관의 영구 컬렉션을 다양화하였다. UBS는 아트 바젤(Art Basel)과 UBS 아트 컬렉션(UBS Art Collection) 등 문화예술 활동에 투자해 왔다. 구겐하임과 UBS 관계자는 구겐하임 맵 프로젝트를 위해 UBS가 지불하기로 동의한 금액이 얼마인지 공개하는 것을 금지하는 기밀 유지 계약에 서명하였다. 미술계 인사들은 그 금액이 4,000만 달러(한화 약 456억 원) 이상일 것이라고 추정하였는데, 이는 UBS가 미술에 투자한 최대 규모였고, 구겐하임이 수행한 가장 큰 프로젝트가 되었다.[16]

UBS 자산관리(UBS Wealth Management) 최고경영자인 유르그 젤트너(Jürg Zeltner, 1967-2020)는, 이 프로젝트가 예술의 변화 가능한 힘과 혁신적 가치를 공유하는 구겐하임과 UBS의 장기적 지원과 비전 아래 가능한 것임을 다음과 같이 전하고 있다.

우리는 이들 지역이 가지고 있는 거대한 경제적 잠재력을 인식하였고, 이 지역들은 우리가 가진 자체적인 컬렉션 리스트에서 비교적 높은 순위를 차지하는 곳이다. 그러나 그 중요성을 비즈니스적인 시각에서만 측정할 수 있는 것은 아니며, 여러 학술적인 분야에서도 서

16) Vogel, C. *Guggenheim Project Challenges 'Western-Centric View'.* New York Times. https://www.nytimes.com/2012/04/12/arts/design/guggenheim-and-ubs-project-plan-cross-cultural-program.html

구 중심의 미술에 도전하는 작업이었다. UBS의 많은 고객들은 예술에 관심을 갖고 있으며, 구겐하임과의 이번 합작은 장기적으로 좀더 광범위한 작품 컬렉션을 전개하고자 하는 우리의 목표와도 완전히 부합하는 것이다.[17]

이 프로젝트로 인해 구겐하임은 33개국 출신의 작가 88명의 작품 126점을 컬렉션에 추가함으로써 이전과 비교해 중동과 북아프리카 출신 작가가 18% 증가하였고, 라틴아메리카 작가는 27%, 남아시아와 동남아시아 작가는 57% 증가하였다. 지난 80년간 구축된 미술관 소장품을 여전히 진행중인 작업으로 남겨둔 채 맵 프로젝트는 애초에 구겐하임의 사명이라 여겨졌던 단일한 역사가 아닌 복수의 역사를 성찰하고 기리는 목표를 향해 기관을 진척시켰다.[18]

이외에도 맵 프로젝트에서 기획한 80개 이상의 쌍방향 교육 프로그램에 6,000명 이상의 학생·교사·가족 및 예술애호가들이 참여하였는데, 이는 구겐하임 미술관과 기관 파트너들이 공동으로 개발하였다.[19] 여기에는 뉴욕과 세계 각지의 미술관들 사이의 전문적 정보 교류, 교육 훈련, 예술가 레지던시, 공공 퍼포먼스, 강의, 심포지엄, 워크샵 등이 포함되었다. 이로써 국제기관과 예술가·교육자

---

17) Guggenheim UBS MAP Global Art Initiative Media Release, 2012. https://www.ubs.com/microsites/guggenheim-map/en/archive.html

18) 조앤 영, 〈소장품을 재보정하며: 구겐하임 UBS MAP 세계 미술 계획〉, 《미술관은 무엇을 수집하는가》(국립현대미술관편), 서울: 국립현대미술관, 2019, pp.110-120.

19) Guggenheim UBS MAP Extends Its Reach to Mexico City and London. https://www.guggenheim.org/press-release/guggenheim-ubs-map-mexico-city-london

들 사이의 긴밀한 협력으로 새로운 작품을 생성하는 동시에 세계적으로 현대미술에 대한 잠재적인 고객을 확대할 수 있었다.[20]

구겐하임에 새롭게 소장된 작품들은 뉴욕과 홍콩 · 싱가포르 · 멕시코 · 런던 · 밀라노 등 또 다른 문화기관에도 전시되었고, 다양한 지역의 관람객들과 공유할 수 있는 작품으로 글로벌 플랫폼을 제공하였다. 이로써 구겐하임은 세계 각지에서 활동하는 작가들의 다변화한 주제의 작품을 반영하면서 전 세계 관람객들의 관심을 이끌었고, 이들 작품이 다른 컬렉션과 공존할 때 어떤 새로운 모습이 도출될지를 고찰하며 기존 소장품들과의 관계 속에서 재구축될 수 있는 다양한 지역 문화와 소통의 역사를 찾고자 하였다.

3. 구겐하임 UBS 맵 글로벌 아트 이니셔티브의 전개 과정

구겐하임 UBS 맵 프로젝트는 미술관의 컬렉션을 다양화하기 위한 것을 목표로, 기존의 구겐하임 소장품 역사를 유지하면서 미술관의 영구 소장품 중 대표성이 부족한 남아시아와 동남아시아 · 라틴아메리카 · 중동 및 북아프리카 지역의 생존 작가들을 중심으로 그들의 작품을 연구하는 데 초점을 두었다. 이를 위해 구겐하임은 각 지역별로 서로 다른 문화권에 속한 3명의 큐레이터와 협력하였으며, 그들의 다양한 목소리와 관심사를 보여줄 수 있는 작품을 전시하고 여러 프로그램을 기획하였다.

---

20) Guggenheim Museum. https://www.guggenheim.org/

(표 4) 구겐하임 UBS 맵 프로젝트(2012-2018)

구분	전시 제목 및 지역	큐레이터	전시 진행 기간
1단계	'나라는 없다: 남아시아와 동남아시아의 현대미술' (No Country: Contemporary Art for South and Southeast Asia)	준 얍 (June Yap, 1974-)	2013-2014
2단계	'같은 태양 아래: 오늘의 라틴아메리카 미술' (Under the Same Sun: Art from Latin America Today)	파블로 레온 드 라 배라 (Pablo León de la Barra, 1972-)	2014-2016
3단계	'그러나 폭풍은 낙원에서 불어오고 있다: 중동과 북아프리카 현대미술' (But a Storm is Blowing from Paradise: Contemporary Art of the Middle East and North Africa)	사라 라자 (Sara Raza, 1979-)	2016-2017

이 프로젝트로 구겐하임 미술관은 제3세계 예술가들의 동시대 미술 작품을 획득하는 임무를 수행하였고, 그동안 소개되지 않았던 지역에 대한 폭넓은 컬렉션 구성을 가능하게 하였다. 이러한 다년간의 탐구와 협력으로 125점이 넘는 새로운 작품이 구겐하임 미술관의 영구 컬렉션으로 추가되었다. 결론적으로 맵 프로젝트는 각 지역과 소통하며 해당 지역의 역사와 문화유산을 지속적으로 확대하고, 동시대 예술의 예술사적 관계성에 투자하기 위한 것이었다.

1) 나라는 없다(No Country):
남아시아와 동남아시아의 현대미술

맵 프로젝트의 첫번째 전시인 '나라는 없다: 남아시아와 동남아시아의 현대미술(No Country: Contemporary Art for South and Southeast Asia)'은, 세대를 초월한 예술가들의 작품을 통해 남아시아와 동남아시아의 현대미술이 가지는 다양성을 조사하여 해당 지역의 오래된 역사적 변화를 배경으로 이들 지역과 세계 다른 지역 사이의 복잡한 문화적 관계와 영향을 추적하고자 하였다.[21]

이 프로젝트의 큐레이터는 싱가포르에서 활동하는 준 얍(June Yap, 1974-)이 선정되었고, 여기에는 27명의 작가와 단체의 회화·조각·비디오·영화·평면 작업 및 설치 등 다양한 분야의 남아시아와 동남아시아 동시대 작품 40점이 전시되었다. 1단계 맵 프로젝트에 포함되어 뉴욕에서 전시한 예술가들은 표 5와 같다.

전시의 제목은 코맥 매카시(Cormac McCarthy, 1933-)의 2005년 소설 《노인을 위한 나라는 없다 No Country for Old Men》에서 참조된 윌리엄 버틀러 예이츠(W. B. Yeats, 1865-1939)의 1928년 시 〈비잔티움으로의 항해(Sailing to Byzantium)〉의 오프닝 구절에서 인용한 것이다.[22]

이는 정치적·지리적 경계를 초월한 변화 가능한 여정을 암시하고, 국경 없는 문화라는 것을 환기시키며 제국의 흥망성쇠에서 비롯

---

21) Vogel, C. *Guggenheim Project Challenges 'Western-Centric View'*. New York Times. https://www.nytimes.com/2012/04/12/arts/design/guggenheim-and-ubs-project-plan-cross-cultural-program.html
22) Guggenheim Museum. https://www.guggenheim.org/

(사진 89) 맵 프로젝트 1단계 '나라는 없다: 남아시아와 동남아시아의 현대미술', 싱가포르 현대아트센터 설치 장면, 2014. 5. 10-7. 20 ⓒThe Guggenheim Museum

된 복잡한 일련의 상황을 설명하고자 하였다. 즉 서로 다른 문화 사이의 교류와 접촉, 영토 분쟁, 이주, 민족, 정체성, 종교적 개념 등 보편적인 주제를 탐구함으로써 이 지역의 다양한 미술을 엿볼 수 있었으며, 정치나 지리적 경계에 대한 내용보다 지역을 이해할 수 있는 가능성을 제시하였다. 첫번째 단계에 포함된 국가는 아프가니스탄·방글라데시·미얀마·캄보디아·인도·인도네시아·라오스·말레이시아·네팔·파키스탄·필리핀·싱가포르·스리랑카·타이·베트남 등으로, 그들이 온 아시아 지역 문화와 관심사에 대해 구체적으로 이야기하였다.

싱가포르 출신 호 추 니엔(Ho Tzu Nyen, 1976-)의 〈미지의 구름 (The Cloud of Unknowing)〉은 예측할 수 없는 비정형의 구름으로 드러나는 광범위한 주제를 탐구하였고, 철학자 위베르 다미쉬(Hubert

(표 5) '나라는 없다' 참여 작가

구분	참여 작가
1단계	아마르 칸와르(Amar Kanwar, 1964–) 아라야 라스잠리안숙(Araya Rasdjarmrearnsook, 1957–) 아린 드위하르탄토 수나르요(Arin Dwihartanto Sunaryo, 1978–) 아웅 민(Aung Myint, 1946–) 바니 아비디(Bani Abidi, 1971–) 호 추 니엔(Ho Tzu Nyen, 1976–) 하딤 알리(Khadim Ali, 1978–) 나빈 라완차이쿨(Navin Rawanchaikul, 1971–) 노르베르토 롤단(Norberto Roldan, 1953–) 포크롱 아나딩(Poklong Anading, 1975–) 리자 아피시나(Reza Afisina, 1977–) 실파 굽타(Shilpa Gupta, 1976–) 탕 다 우(Tang Da Wu, 1943–) 타예바 베굼 리피(Tayeba Begum Lipi, 1969–) 오톨리스 그룹(The Otolith Group, 2002) 프로펠러 그룹(The Propeller Group, 2006) 트란 루웡(Tran Luong, 1960–) 쯔엉 탄(Truong Tan, 1963–) 투안 앤드류 응우엔(Tuan Andrew Nguyen, 1976–) 빈센트 레옹(Vincent Leong, 1979–) 워 누(Wah Nu, 1977–) 툰 윈 아웅(Tun Win Aung, 1975–) 옹 호이 총(Wong Hoy Cheong, 1960–)

Damisch, 1928-2017)의 형식미학과 상징주의에 관한 논문 〈구름에 대한 이론(A Theory of Cloud)〉에서 영감을 얻어 동서양의 문화적·역사적·철학적 문헌을 참고하여 혼합하였다.[23] 작가는 싱가포르의 공영 아파트 8곳에서 8명의 인물들이 어떤 구체적인 형상이었다가 수증기

---

23) Guggenheim Museum. https://www.guggenheim.org/

(사진 90) 호 추 니엔, 〈미지의 구름〉, 2011, 단일 채널 비디오, 스테레오 음향, 28분 ⓒ Kadist

와 같이 알 수 없는 안개로 바뀌는 구름을 마주하기 위한 어떤 행위를 진행하였다.

　이 전시를 담당한 큐레이터 준 얍은 관람객들에게 국경 너머를 바라보고 국가 사이의 경계를 예술에 대한 생각의 기준점으로 사용하지 말아야 할 것을 강조하였다. 결국 남아시아와 동남아시아의 역사적 이야기는 고대 왕국과 제국 시대부터, 국가와 국경이 생성되기 전부터 시작되었다고 전한다.[24] 이로써 이들 지역에 대한 다양성을 인정하며 좀더 깊고 비판적인 관심과 참여로 교류를 위한 장을 형성하였고, 동시대 작가들이 주목하고 있는 담론과 미학적 상황에 주목

---

24) Shetty, D. *Guggenheim looks East.* The Business Times, Singapore. https://www.straitstimes.com/lifestyle/arts/see-asia-through-its-artists

하며 서로 다른 국가의 예술적 실천을 이해하고자 하였다.

2) 같은 태양 아래(Under the Same Sun):
오늘의 라틴아메리카 미술

구겐하임 맵 프로젝트의 두번째 전시인 '같은 태양 아래: 오늘의 라틴아메리카 미술(Under the Same Sun: Art from Latin America Today)'은, 2014년 멕시코 출신의 큐레이터 파블로 레온 드 라 배라(Pablo León de la Barra, 1972-)가 기획하였다. 파블로 레온 드 라 배라는 이 전시가 "식민사와 근대사, 폭압적 정부, 경제 위기, 사회적 불평등뿐만 아니라 이 시기 그와 함께 공존하였던 경제적 성장이며 발달·진보 등에 영향을 받은 복합적이고도 공유된 현실에 대한 라틴아메리카 작가들의 창의적 응답"이라고 말하였다.[25]

뉴욕 전시 이후 2016년까지 멕시코 후멕스 미술관(Museo Jumex)과 사우스 런던 갤러리(South London Gallery)로 순회전을 진행하였다. 아르헨티나·볼리비아·브라질·칠레·콜롬비아·코스타리카·쿠바·과테말라·온두라스·멕시코·파나마·페루·우루과이·베네수엘라 등 라틴아메리카 15개국을 대표하는 작가 40명의 작품 57점이 라틴아메리카의 현대미술로 소개되었고, 이 전시는 주로 1968년 이후에 출생한 예술가들의 작품에 주목하였다.

'같은 태양 아래'전은 '개념주의와 그 유산(Conceptualism and its

---

25) 조앤 영, 〈소장품을 재보정하며: 구겐하임 UBS MAP 세계 미술 계획〉, 《미술관은 무엇을 수집하는가》(국립현대미술관편), 서울: 국립현대미술관, 2019, pp.110-120.

(사진 91) 맵 프로젝트 2단계 '같은 태양 아래: 오늘의 라틴아메리카 미술', 뉴욕 구겐하임 미술관 설치 장면, 2014. 6. 13–10. 1 ⓒDavid Heald

Legacies)' '열대주의(Tropicologies)' '정치행동주의(Political Activism)' '모더니즘과 그 실패(Modernism and its Failures)' '참여/해방(Participation/Emancipation)' 등 5개의 주제로 구성되었다.[26] 전시에서는 구겐하임에서 열린 라틴아메리카 관련 전시 및 작품 컬렉션의 역사를 분석하였는데, 여기에 참여한 작가들 중 다수는 식민지 시대와 현대 역사, 억압적 정부, 경제 위기, 사회적 불평등에 대한 영향을 받았고, 복잡한 현실에 대한 다양한 반응을 조사하였다.

　　2단계 맵 프로젝트에 전시된 작품들은 과거와 현재에 대한 예술의 당대적 반응을 제시하였으며, 또 다른 대안적 미래에 대한 주장을

---

26) Guggenheim Museum. https://www.guggenheim.org/

(표 5) '같은 태양 아래' 참여 작가

구분	참여 작가
2단계	제니퍼 알로라(Jennifer Allora, 1974-)와 기예르모 칼자디야(Guillermo Calzadilla, 1971-) 듀오 카를로스 아모랄레스(Carlos Amorales, 1970-) 아르만도 안드라데 투델라(Armando Andrade Tudela, 1975-) 알렉산더 아포스톨(Alexander Apóstol, 1969-) 타니아 브루게라(Tania Bruguera, 1968-) 파울로 브루스키(Paulo Bruscky, 1949-) 루이스 캄니처(Luis Camnitzer, 1937-) 마리아나 카스티요 데발(Mariana Castillo Deball, 1975-) 알레한드로 세사르코(Alejandro Cesarco, 1975-) 레이몬드 샤베스(Raimond Chaves, 1963-)와 길다 만티야(Gilda Mantilla, 1967-) (2006년 이후 함께 작업중인) 도나 콘론(Donna Conlon, 1966-)과 조나단 하커(Jonathan Harker, 1975-) 아드리아노 코스타(Adriano Costa, 1975-) 미네르바 쿠에바스(Minerva Cuevas, 1975-) 호나다스 데 안드라데(Jonathas de Andrade, 1982-) 윌슨 디아즈(Wilson Díaz, 1963-) 후안 도네이(Juan Downey, 1940-1993) 라파엘 페러(Rafael Ferrer, 1933-) 레지나 호세 갈린도(Regina José Galindo, 1974-) 마리오 가르시아 토레스(Mario García Torres, 1975-) 도미니크 곤잘레스 포에스터(Dominique González-Foerster, 1965-) 타마르 기마레스(Tamar Guimarães, 1967-) 페데리코 헤레로(Federico Herrero, 1978-) 알프레도 하르(Alfredo Jaar, 1956-) 클로디아 조스코윅츠(Claudia Joskowicz, 1968-) 루노 라고마르시노(Runo Lagomarsino, 1977-) 데이비드 라멜라스(David Lamelas, 1946-) 마르타 미누진(Marta Minujín, 1943-) 카를로스 모타(Carlos Motta, 1978-) 이반 나바로(Iván Navarro, 1972-) 리바네 노이엔슈반더(Rivane Neuenschwander, 1967-)

가브리엘 오로즈코(Gabriel Orozco, 1962-)
다미안 오르테가(Damián Ortega, 1967-)
아말리아 피카(Amalia Pica, 1978-)
윌프레도 프리에토(Wilfredo Prieto, 1978-)
폴 라미레즈 조나스(Paul Ramírez Jonas, 1965-)
베아트리스 산티아고 무뇨스(Beatriz Santiago Muñoz, 1972-)
가브리엘 시에라(Gabriel Sierra, 1975-)
하비에르 텔레즈(Javier Téllez, 1969-)
에리카 베주티(Erika Verzutti, 1971-)
카를라 자카니니(Carla Zaccagnini, 1973-)

(사진 92) 베아트리스 산티아고 무뇨스, 〈블랙 케이브〉, 2013, 디지털 컬러 비디오 ©
Google Arts & Culture

탐구하였다. 예를 들어 푸에르토리코 예술가 베아트리스 산티아고
무뇨스(Beatriz Santiago Muñoz, 1972-)는 반식민주의 운동과 무정부주
의자 공동체, 자연 환경에 대한 관찰을 주제로 비전문적인 배우들과

연극적 영상 작업 및 비디오 프로젝트를 진행하였다. 그녀는 이 프로젝트에 20분가량의 비디오 작품 〈블랙 케이브(The Black Cave)〉를 전시하였다.

그외 쿠바 출신의 윌프레도 프리에토(Wilfredo Prieto, 1978-)의 〈예/아니오(Yes/No, 2002)〉라는 선풍기 조각과 멕시코 예술가 가브리엘 오로즈코(Gabriel Orozco, 1962-)가 2013년 유화로 제작한 몬스테라가 포함되었는데, 이는 일반적으로 멕시코의 가정이나 호텔을 장식하는 데 사용하는 식물을 그린 작품이다. 이외에 브라질 설치미술가로 일상 속 단편과 시간의 흐름, 사회적 관계 등을 주제로 관객 참여적인 작업을 하는 리바네 노이엔슈반더(Rivane Neuenschwander, 1967-)의 작품도 전시되었다.

3) 그러나 폭풍은 낙원에서 불어오고 있다
   (But a Storm is Blowing from Paradise):
   중동과 북아프리카 현대미술

맵 프로젝트의 마지막 3단계 '그러나 폭풍은 낙원에서 불어오고 있다: 중동과 북아프리카 현대미술(But a Storm is Blowing from Paradise: Contemporary Art of the Middle East and North Africa)' 전시에는, 런던 출신의 큐레이터 사라 라자(Sara Raza, 1979-)가 초청되었다. 맵 프로젝트 3단계에는 아프가니스탄·알제리·이집트·이란·이스라엘·요르단·레바논·팔레스타인·사우디아라비아·튀니지·터키 등지의 현대 예술가들의 시선에 중점을 두었고, 다음과 같은 이들이 포함되었다.

(표 7) '그러나 폭풍은 낙원에서 불어오고 있다' 참여 작가

구분	참여 작가
3단계	카더 아티아(Kader Attia, 1970–) 압바스 아카반(Abbas Akhavan, 1977–) 에르귄 캐브소그루(Ergin Çavuşoğlu, 1968–) 리다 압둘(Lida Abdul, 1973–) 마리엄 가니(Mariam Ghani, 1978–) 로크니 해리자데(Rokni Haerizadeh, 1978–) 수잔 헤푸나(Susan Hefuna, 1962–) 이만 이사(Iman Issa, 1979–) 나디아 카비 링케(Nadia Kaabi-Linke, 1978–) 모하메드 카젬(Mohammed Kazem, 1969–) 아메드 마터(Ahmed Mater, 1979–) 알라 유니스(Ala Younis, 1974–) 지넵 세디라(Zineb Sedira, 1963–) 오리 게르쉬트(Ori Gersht, 1967–) 알리 쉐리(Ali Cherri, 1976–) 조아나 햇지토마스(Joana Hadjithomas, 1969–)와 카릴 조르지(Khalil Joreige, 1969–) 에밀리 자키르(Emily Jacir, 1972–) 귤슌 카라무스타파(Gülsün Karamustafa, 1946–) 하산 칸(Hassan Khan, 1975–)

사라 라자는 중동과 북아프리카와 관련한 여러 사안과 비판적 이슈를 조명하였으며, 이를 보여줄 19명의 예술가를 선정했다. 2016년 구겐하임 미술관에서의 전시 후 2017년에는 이스탄불, 2018년에는 밀라노에서 공개되었다. '그러나 폭풍은 낙원에서 불어오고 있다'는, 독일 철학자이자 비평가인 발터 벤야민(Walter Benjamin, 1892-1940)이 세상을 떠나는 해 발표한 에세이에서 역사와 진보의 본질에 대하여 묵상하는 파울 클레의 1920년 판화 〈새로운 천사(Angelus Novus)〉에 대한 설명의 한 구절을 인용한 것이다.

(사진 93) 맵 프로젝트 3단계 '그러나 폭풍은 낙원에서 불어오고 있다: 중동과 북아프리카 현대미술', 밀라노 현대미술관 전시 장면, 2018. 4. 11—6. 17 ⓒThe Guggenheim Museum

(사진 94) 로크니 해리자데, 〈그러나 폭풍은 낙원에서 불어오고 있다〉, 2014, 잉크젯 프린트에 젯소, 수채화 물감, 잉크, 각 30×40cm ⓒGoogle Arts & Culture

전시에 참여한 로크니 해리자데(Rokni Haerizadeh, 1978-)도 '그러나 폭풍은 낙원에서 불어오고 있다'라는 같은 제목의 회화 시리즈 작품을 제작하였다. 여기서 작가는 유튜브에서 인쇄한 스틸과 중동 및 북아프리카의 TV 뉴스의 정지된 화면 위에 초현실적인 이미지를 더하며 이란과 그외 다른 지역의 동시대 정치와 관련한 소재를 유머러스하고 아이러니하게 제시하였다.[27]

다시 말해 라자는 중동과 북아프리카의 식민사와 동시대 역사를 둘러싼 질문들을 교차시키며 비평적 논의를 제시하였고, 이들 지역의 역사적 사실로부터 문제를 풀어낼 도구이자 전시의 통일된 주제로 기하학적 개념을 응용하고자 하였다. 특히 이슬람의 수학과 기하학을 바탕으로 기하학과 관련한 여러 다른 연구 분야를 포용하고, 이를 재해석하며 그 대안을 제시하고자 하였다.[28]

중동과 북아프리카 지역 현대미술을 다룬 맵 프로젝트 3단계 전시는 설치·비디오·회화·드로잉·조각 등 다양한 분야를 포함하고 있으며, 이들의 식민주의 역사와 디아스포라(diaspora) 등 역사적이면서도 철학적인 내용을 다루었다. 이를 통해 이 지역 작가들이 선택한 다양한 목소리를 경험할 수 있었고, 여전히 격동의 시기를 보내고 있는 중동과 아프리카 지역의 현재가 어떻게 형성되었는지 작품을 통해 보여주었다.

---

27) Guggenheim Presents Contemporary Art from the Middle East and North Africa Media Release, 2016, p.1.

28) Raza, S. *But a Storm Is Blowing from Paradise: Acquiring Contemporary Art of the Middle East and North Africa.* International Contemporary Art, Toronto, 143, 2019, pp.39-43.

4. 구겐하임 컬렉션 확대와 지형 변화의 의미

구겐하임 미술관의 컬렉션은 유럽과 미국의 모더니즘과 포스트 모더니즘 역사를 바탕으로 한 현대미술을 수집하는 것을 목적으로 하며, 구겐하임의 여러 분관 중 빌바오는 주로 동시대 작품을, 아부 다비는 1960년대 작품에 주목하며 중동뿐 아니라 전 세계 예술가들의 작품을 소장하고 있다. 그러나 2010년 이후까지 구겐하임 미술관의 소장품은 충분히 광범위하고 다원적인 지역으로 확대되지 못했고, 이에 주목하며 지속적으로 새로운 지역과 교류하고 더 많은 컬렉션을 수집하고자 하였다.

구겐하임의 리처드 암스트롱 관장은 "우리의 글로벌 목표는 이러한 장소에 익숙해지는 것이지만, 이를 위해서는 사람들의 모험심이 필요하다. 우리는 확실히 후자를 가지고 있다"[29]라고 말한다. 이를 위해 구겐하임은 UBS와의 파트너십으로 유럽과 미국 이외에 구겐하임이 놓치고 있었던 남아시아와 동남아시아·라틴아메리카·중동 및 북아프리카와 같이 문화적으로 역동적인 세 지역의 현대미술에 대한 노출과 접근을 통해 프로젝트의 지리적 매개변수를 완성하였다.

맵 프로젝트는 구겐하임 컬렉션 확대라는 성과 외에 이들 각 지역의 전시 주제가 동시대 미술의 특성을 파악하는 데 유용하게 작용

---

29) Vogel, C. *Guggenheim Project Challenges 'Western-Centric View'*. New York Times. https://www.nytimes.com/2012/04/12/arts/design/guggenheim-and-ubs-project-plan-cross-cultural-program.html

하였으며, 중동·라틴아메리카·아시아로 확대된 작품을 관람객들에게 소개함으로써 스스로 동시대의 다양한 사회·문화적 현상과 인식 변화를 주목할 수 있도록 여러 질문과 대화를 유도하였고, 당대의 이슈와 담론을 지정하는 데 도움이 되었다는 것에서 의미가 있다.

이러한 실천을 좀더 구체화하기 위해 미술관은 학술토론과 심포지엄·워크숍 외에 작가가 주관하는 아티스트 프로그램과 관련 교육 프로그램, 그리고 온라인 자료 등을 통해 아티스트·기관·학자 및 관람객 간의 지속적인 관계를 촉진하였다. 또한 뉴욕 전시 이후 홍콩·싱가포르·멕시코 등지로의 순회전을 통해 같은 작품이라도 장소에 따라 다른 해석을 가능하게 하였고, 서로 다른 지역과 문화가 교류할 수 있는 기회를 열어주었으며, 현재의 의미를 재해석하며 미래의 새로운 가치 생산에 참여하도록 하였다.

이는 맵의 1단계 '나라는 없다' 전에서부터 확인해 볼 수 있다. 즉 오늘날 글로벌 투자자들이 어떻게 남아시아와 동남아시아 지역을 바라보고 있으며, 다양한 성장 동력을 바탕으로 아시아에서 직면하고 있는 문화적·경제적 관점과 위기는 무엇인지에 대한 논의였다. 이 전시의 큐레이터 준 얍은 세계적으로 경제적 부의 증가가 이 지역의 예술 활동 확대와 어느 정도의 상관 관계가 있는지, 혹은 작품 속에서 관람객들이 직면하게 되는 정치적·지리적 불일치를 반영하는 문제에 대해 다루었다.[30] 여기에서의 지역적 논의들은 프로젝트의 2단계와 3단계에 포함되는 각 지역의 현실과 동시대적 이슈를 다루는

---

30) Guggenheim UBS MAP Global Art Initiative Media Release, 2012. https://www.ubs.com/microsites/guggenheim-map/en/archive.html

(사진 95) 알프레도 하르, 〈미국을 위한 로고〉, 디지털 컬러 비디오, 음향, 10분 25초, 뉴욕 타임스 스퀘어 ⓒThe Guggenheim Museum

예술 실천에서도 주목되었다.

예를 들어 맵 프로젝트 2단계 '같은 태양 아래' 전에 참여한 알프레도 하르(Alfredo Jaar, 1956-)의 대표적인 비디오 작품 〈미국을 위한 로고(A Logo for America)〉는, 언어의 힘을 드러내며 미국의 민족 중심주의에 맞서고 있다. 이 작품은 원래 1987년에 제작된 것으로 21세기 글로벌 정치 환경에서 새로운 역설과 의미를 얻었으며, 뉴욕 타임스 스퀘어, 멕시코시티 국립극장, 런던 피카딜리 서커스 등 서로 다른 세 곳에서 영상을 감상할 수 있게 하였다.

같은 전시에 참여한 쿠바 출신의 타니아 브루게라(Tania Bruguera, 1968-)의 공공 프로젝트는, 이민 문제를 위한 독특한 사회 참여 방식으로 브루게라와 그녀의 협력자들은 구겐하임 미술관 외부의 관람객

17,000명 이상으로부터 서류 미비 이민자를 위한 시민권 요청 지지 서명을 모았다. 그녀는 "예술이 현실을 바꿀 수 있다는 순진한 생각을 가지고 있으며, 또 매우 드물기는 하지만 그런 일이 일어나는 것을 본 적이 있다"[31]고 말한다.

이외에도 브루게라는 세계화와 도시화 연구자이자 사회학자인 사스키아 사센(Saskia Sassen, 1947-)과 함께 대규모 이민 문제와 관련하여 도시가 직면하고 있는 정치적 도전을 해결할 수 있는 방법에 대해 서로 토론하였다. 이렇듯 맵 프로젝트는 예술가 자신과 그외 다양한 분야에서 활동하는 전문가와 교류하고, 학제간 연계를 통해 지역적 상호 작용에 대한 시각을 확장할 수 있었다.

맵 프로젝트 3단계 '그러나 폭풍은 낙원에서 불어오고 있다'에 참여한 압바스 아카반(Abbas Akhavan, 1977-)은 자신이 태어난 이란 테헤란을 떠나 1992년부터 캐나다에 거주하고 있으며, 그의 작업은 이러한 경험에서 정보를 얻은 이주와 망명에 대한 내용과 관련이 있다. 2013년부터 진행중인 〈기념비 연구(Study for a Monument)〉 설치 시리즈는, 지역의 고유하고 다양한 자연사 컬렉션에서 선택한 멸종식물을 복제하였다.

아카반은 멸종식물의 표본을 연구하는 데 수년을 보냈으며, 바그다드 농림부(Ministry of Agriculture)는 1960년대부터 이라크 사막과 습지 등에 서식하는 3,300종 이상의 다양한 식물을 수집하고 분류하기 위해 노력하였다. 그는 이러한 자료를 이용해 사담 후세인(Saddam

---

31) Bruguera at the Guggenheim. Cuban Art News. https://cubanartnewsarchive. org/2014/08/05/bruguera-at-the-guggenheim-art-activism-and-10000-postcards-to-the-pope/

(사진 96) 압바스 아카반, 〈기념비 연구〉, 2013–2016, 브론즈, 면, 가변 크기
(사진 97) 압바스 아카반, 〈기념비 연구〉 세부 ⓒThe Guggenheim Museum

Hussein, 1937-2006)의 바티스트(Ba'athist) 정부(1979-2003)와 이라크 전쟁 (2003-2011)에 의해 파괴된 습지에서 토착식물을 추적하였다.[32]

구겐하임 미술관은 맵 프로젝트를 통해 전시와 교육 프로그램을 통합적으로 운영하면서 지역의 학교와 가족들을 연결하였고, 다양한 연령대의 서로 다른 경험으로 더욱 유연한 사고를 발견할 수 있도록 하였다. 예의 압바스 아카반의 작품을 활용한 토론 주제로는 다음과 같은 내용이 포함되었다. '자신이 본 것이 무엇인지 설명하고, 이 작품을 감상하고 떠오르는 것은 무엇인지' '작가가 연구한 지역의 멸종식물을 실제 크기보다 더 크게 제작하였는데, 이 식물 조각의 크기가 어떤 영향을 미치는지' '작가가 사용한 다양한 재료들을 어떻게 해석할 수 있는지' 등에 대해 서로 발표하도록 하였다.

이외에도 이 작품에 대한 교육 활동을 위한 질문으로 기념비는 어떤 것이 있고 왜 세워지는지, 기념비는 어떤 메시지를 전달하고 어떤 형태를 취하는지, 또한 어떤 재료를 사용하며 크기는 어느 정도이고 영구적인지 아니면 일시적인 것인지에 대한 내용 등을 학습하고 공유하며, 나아가 인간이 환경에 미치는 영향 등 다양한 가능성을 비교할 수 있도록 하였다.

이렇게 미술관 소장품을 통해 작품 전시와 기획, 연구 과정에서 작품에 대한 심층적인 의견 교환을 진행함으로써 작품 전시나 컬렉션팀 외에 교육과 홍보, 디지털 콘텐츠 담당자를 포함하는 부서간 교류를 확대하였으며, 여러 계층의 사람들에게 다양한 예술적 경험과 교육의 기회를 제공하고자 하였다. 이를 위해 뉴욕과 전시가 순회될

---

32) Guggenheim Museum. https://www.guggenheim.org/

지역에 방문할 관람객의 다양성을 염두에 둔 성인용·아동용·시각장애인용 등 맞춤형 교육 프로그램을 함께 개발하였으며, 전시와 작품의 주제를 탐구할 수 있는 기법을 제공하였다. 특히 예술가들은 대중들과 함께 퍼포먼스와 이벤트를 통해 직접적으로 상호 작용함으로써 많은 사람들이 새로운 작품을 만드는 과정에 참여하고 결과물을 얻을 수 있게 하였다.

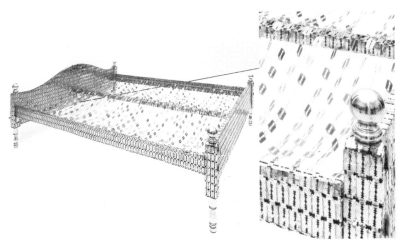

(사진 98) 타예바 베굼 리피, 〈러브 베드〉, 2012, 스테인리스 스틸 조각, 79.4×184.8×221 cm ⓒGoogle Arts & Culture

예를 들어 '나라는 없다'전에 참여한 방글라데시 출신 타예바 베굼 리피(Tayeba Begum Lipi, 1969-)는, 홍콩 거주 기간 동안 여성의 신체 표현과 한계에 대한 페미니스트 문제를 탐구하였으며, 가족과 청소년 및 여성 커뮤니티 그룹과 함께 그녀의 2012년 작품 〈러브 베드 (Love Bed)〉에서 영감을 받은 모래로 주조한 부조 조각을 제작하였다. 특히 관람객 참여와 이벤트 행사로 미술관의 학술적·교육적 기능을 넘어 놀이와 즐거움 사이에서 적절한 균형을 유지하여 미술관에 대한 대중의 요구에 부응하고자 하였다.

아시아 소사이어티 홍콩 센터(Asia Society Hong Kong Centre)에서 열린 '나라는 없다' 전의 마지막 주말 동안 쯔엉 탄(Truong Tan, 1963-)은, '당신의 아이디어, 나는 이를 위해 춤을 춘다(Your Idea, I Dance for It)'를 수행하였다. 춤을 추는 동안 참가자들은 탄의 몸에 붙인 화려한 천조각에 소원을 적어 다른 관람객들에게 전파하였다. 이외에 '쌀 한 알: 남아시아와 동남아시아의 음식 문화(In a Grain of Rice: Food and Culture for South and Southeast Asia)' 이벤트에서는 셰프 · 예술가 · 요리학자 · 미식가들이 모여 요리 시연과 시음회를 가짐으로써 다양한 관점에서 지역의 대표 음식이 가진 상징성과 경제적 중요성을 조사하였다.

코스타리카 출신의 페데리코 헤레로(Federico Herrero, 1978-)는 맵 프로젝트 2단계인 '같은 태양 아래' 전에 참여하였고, 라틴아메리카의 벽화와 추상 전통을 참조하여 여러 색채들로 이루어진 작업을 진행하였다. 그는 런던에 거주하는 동안 지역 주민과 자원봉사자들의 도움으로 지역 놀이터를 변형시키고, 누구나 향유할 수 있는 공간에 지역 사회를 하나로 결합할 수 있는 대규모 야외 그림을 형성함으로써 그의 작품에 대한 새로운 시각을 얻을 수 있게 하였다.[33] 이렇듯 구겐하임 맵 프로젝트는 사람들과 소통할 수 있는 만남의 장소와 협업의 가능성을 제공하였다는 것에서 그 가치를 찾을 수 있으며, 문화 사업의 우수성과 다양성을 높인 프로젝트로 인정받았다.

---

33) Guggenheim Museum. https://www.guggenheim.org/

(사진 99) 쯔엉 탄, '나라는 없다'전, '당신의 아이디어, 나는 이를 위해 춤을 춘다' ⓒThe Guggenheim Museum

(사진 100) 페데리코 헤레로, '같은 태양 아래'전 일부 설치 작품, 런던 펠리칸 지구 놀이터 ⓒUnderthesamesunslg.blogspot.com

UBS와 구겐하임 미술관과의 협력은 문화적 다원주의를 실현하고 의미 있는 국경 초월을 시도한 작업으로서, 남아시아와 동남아시아 · 라틴아메리카 · 중동 및 북아프리카의 현대미술을 수집 · 전시하여 구겐하임의 소장품을 재조정하였다. 특히 구겐하임의 글로벌 전략은 컬렉션의 범위를 확장하며 지역적 한계를 깨뜨리고 지역 사회와의 융합을 시도하였다. UBS 역시 이들 지역에 상당한 관심을 가져왔으며, 세계적으로 다이내믹한 문화적 관습과 역사를 반영하고자 하였다.[34]

UBS는 이외에도 동시대 미술을 지속적으로 지원해 왔고, 새로운 예술에 대한 고객들의 관심에 부응하며 이와 관련한 전문지식과 조언을 제공하고 있다. 특히 내부적으로는 이를 관리할 수 있는 UBS 아트 컬렉션(UBS Art Collection) 부서를 두고, UBS가 사업을 전개하는 지역 사회 내의 예술품 수집과 예술가 지원 등 글로벌한 업무를 진행함으로써 동시대 예술가들의 작품을 지원하고, 지역 문화 발전에도 기여하고자 하였다.

UBS 자산관리(UBS Wealth Management) 최고경영자 유르그 젤트너(Jürg Zeltner, 1967-2020)는, 순수하게 예술을 지원한다고 가장하지 않았다. "예술품이 점점 더 자산의 한 종류가 되면서 UBS는 이러한 특수한 관심 분야에서 우리의 프로필을 높일 수 있는 것을 찾고 있다. 우리는 신흥 시장에 진출하기 위해 점진적으로 전략을 재조정하였는데, 이 프로젝트는 매우 적합해 보였다."[35] 즉 맵 프로젝트는 여

---

34) Wyma, C. *1% Museum: The Guggenheim Goes Global.* Dissent Magazine, Philadelphia, 61(3), 2014, pp.8-9.

전히 일반 대중들에게 낯선 지역인 남아시아와 동남아시아·라틴아메리카 및 중동과 북아프리카 현대미술에 대한 흥미를 유발하기 위한 것이었다. 특히 이들 지역의 동시대 신진작가들의 작품에 주목하는 것은 아직 작품 가격이 그렇게 높지 않고, 장기적으로 시장에서 가치 상승의 가능성이 높기 때문이다.

실제로 전 세계적으로 순자산이 높은 개인의 수가 증가함에 따라 중국·일본·인도·러시아·중동·남아메리카 등지의 미술품 컬렉터수와 지역이 다양화되었다. 또한 아시아와 아프리카·라틴아메리카 및 중동에 이르는 동시대 예술가들은 세계 미술 시장에서 각종 문화와 지역적으로 상징적인 의미를 내포한 서사를 제공하고 있다.[36] 이들 지역 출신 작가들의 작품 가격은 10억 원 이상에 낙찰되는 예가 많아졌는데, 맵 프로젝트 2단계에 참여하였던 멕시코 예술가 가브리엘 오르즈코는 2016년 이후 미술 시장에서 두각을 드러내며 당시 367,500달러(한화 약 4억 870만 원) 정도였던 작품 가격이 2018년 795,000달러(한화 약 8억 8,420만 원)까지 상승하였다.

글로벌 투자자들에게 이러한 제3세계 작가들은 여전히 낯설지만, 이들 지역의 서로 다른 성장 동력을 발전적으로 전망하며 지역 예술가들에게 새로운 지평을 열어줄 수 있다. 따라서 구겐하임은 맵 프로젝트로 그동안 누락된 다원적 지역의 문화와 예술을 새로운 관점

35) Russeth, A. *Guggenheim, UBS Unite for Global Art Initiative Focused on 'Emerging Markets'*. https://observer.com/2012/04/guggenheim-ubs-unite-for-global-art-initiative-focused-on-emerging-markets/

36) Artprice Report: 20 years of Contemporary Art Auction History, p.28. https://www.artprice.com/artprice-reports/the-contemporary-art-market-report-2020

으로 아우르고, 이들 각 지역의 미술관과 큐레이터·예술가·교육자 등과 폭넓은 네트워크를 구성하며 동시대 미술품 컬렉션을 확장하였다. UBS는 이 프로젝트를 통해 예술가들의 성장을 지지하는 예술은행으로서의 업무를 더욱 보완하였다. 또한 이들 지역의 중요한 예술가와 그 아이디어를 대중들과 공유하며 역동적이고 포괄적인 시각과 교류를 장려하였고, 전 세계적으로 창의적 인재를 지원하며 새로운 영감과 혁신을 시도할 수 있는 기회를 제공하였다는 것에서 의미가 있다.

5. 맺음말

21세기가 시작된 이후 동시대 미술에 있어 세계적으로 다양성에 대한 논의는 핵심적인 사항이 되었고, 최근 동시대 미술관에서는 이에 대한 연구가 크게 확대되어 이를 도전적으로 재사유할 수 있도록 제안하며 각각의 소장품을 전시해 왔다.[37] 특히 미술관의 컬렉션은 해당 기관의 토대와 성격을 규정지을 수 있다는 것에서 중요하며, 미술관의 소장품 확대는 미술관 운영의 필수적인 요소이다. 구겐하임 미술관의 글로벌 시대 지역 사회와의 문화적 통합이라는 경영 이념은 미술관의 자체 컬렉션을 지역 사회와 연결하며, 문화와 예술을 통한 경제적 성장이라는 세계적 트렌드와 맥락을 같이한다.

---

37) 클레어 비숍, 구정연 역, 《래디컬 뮤지엄—동시대 미술관에서 무엇이 '동시대적'인가?》, 현실문화, 2016, p.43.

구겐하임 미술관은 오늘날 세계적인 미술관의 의미에 대해 스스로 자문하며 글로벌한 연결 방식으로 제3세계 미술에 대한 적극적인 상호 작용과 문화적 교류를 위한 작품 컬렉션을 지속해 왔다. 이를 위해 구겐하임은 지난 2006년부터 2008년까지 중국과 일본에 대한 아시안 아트 이니셔티브(Asian Art Initiative) 프로젝트를 진행하였고, 2012년부터는 UBS와 함께 세계 미술 계획 프로젝트인 '맵 아트 이니셔티브'를 시작하면서 동시대 미술의 확대에 있어 중요한 역할을 담당하였다.

이는 구겐하임 미술관의 모더니즘 역사를 기반으로 한 서구 중심의 컬렉션을 남아시아와 동남아시아 · 라틴아메리카 · 중동과 북아프리카 지역으로 확대하여 비서구권 예술에 대한 포괄적인 시각 형성에 기여하였고, 이들 세 지역의 문화와 예술을 도표화하였다. 이 프로젝트는 큐레이터 레지던시와 관람객 중심의 교육 프로그램 및 구겐하임 영구 소장품을 위한 작품 구입을 포함하는 UBS와의 다년간 협업으로 여기에 선정된 작품들은 세계 주요 도시에서 순회 전시를 개최하였고, 전시에 참여한 예술가들은 그들이 속한 지역적 상황과 문화적 특징을 반영한 작품을 선보였다.

제3세계에 대한 이러한 프로젝트는 그 지역에 구겐하임을 알리기 위한 것이 아니라 이들 지역과의 소통을 위한 것으로, 구겐하임은 전 세계 예술이 하나로 뒤섞이는 과정을 목도할 수 있는 장이 되었다. 또한 이는 미술관이 지금까지 진행한 최대 규모의 작품 수집과 연구, 전시 발표 및 해석을 대표하는 프로젝트가 되었으며, 이렇게 공공성을 기반으로 미술관은 여러 민족과 분야의 많은 사람들을 흡수하며 각 지역의 사회와 문화 발전의 중요한 실현을 가져올 수 있었다.

이와 같이 오늘날 미술관은 지속적으로 정보를 교류하고 체험하 는 것을 통해 문화적 표현 형식의 즉각적인 성격을 가지며, 하나의 네트워크 안에서 서로 다른 문화는 도발적이고 의미 있는 방식으로 중첩되고 융합할 수 있다. 특히 구겐하임 미술관은 소장품의 시대적 변화를 받아들이고, 과거의 권위적인 성격에서 벗어나 다양한 관람객층과 소통하며 정보·교육·체험 등 창의성과 지적 만남을 확장할 수 있는 매개가 되고자 하였다. 맵 프로젝트와 함께 수반되는 모든 교육 프로그램은 관람객 중심의 맞춤형 교육으로 구성되었고, 역동적이고 포괄적인 문화 교류의 과정에서 발전된 것으로 전시를 보완하였다.

맵 프로젝트는 구겐하임의 세계화 시각을 반영한 것으로 동시대 미술에 대한 투자는 시의적절하고 가치 있는 선택이 되었으며, 다원화된 종합 플랫폼을 제공하였다. 이러한 변화는 최근 구겐하임 아부다비(Guggenheim Abu Dhabi)의 설립 및 핀란드 헬싱키에 새로운 구겐하임 뮤지엄과 관련한 타당성 조사 등 구겐하임의 국제주의 역사를 바탕으로 한 여러 노력이 더해져 발전을 거듭하고 있다.

또한 구겐하임은 글로벌한 범위의 대화와 창의적 활동을 자극하여 기관과 예술가·큐레이터·교육자들 사이의 지속적인 연계를 촉진하였고, 구겐하임의 문화적·예술적 지도를 다시 그리며 동시대 미술 컬렉션을 통한 문화 브랜딩 프로그램을 취하려는 방법으로 이들 지역을 깊게 이해하고 관람객과 소통할 수 있는 기회를 제공하였다는 것에서 의미가 있다.

맵 프로젝트는 예술을 통해 국가를 초월한 세계 문화에 대한 새로운 이해와 혁신을 만들어 나가고자 하였다는 것에서 여전히 현재 진행형이라고 할 수 있다. 특히 글로벌한 시각을 기반으로 현대와 동시대 예술가의 작품을 광범위하게 소장하고 있는 구겐하임은 맵 프로젝트를 통해 새로운 영역을 개척할 수 있는 근원이 되었다. 이로써 동시대 미술과 지역 문화와의 대화를 확장할 수 있었고, 에너지 넘치는 커뮤니티를 창조할 수 있었으며, 이러한 미술관의 작품 컬렉션 시스템은 전 세계를 아우르는 문화적 실천이자 소장품 확장에 대한 방법론으로 하나의 큰 도약이 되었다.

참고문헌

단행본 및 학술지

김건희, 〈세계의 연구소: MIT의 Media Lab〉, 《기계저널》 44(5), 대한기계학회, 2004.

마이클 아처, 이주은·오진경 역, 《1960년 이후의 현대미술》, 시공아트, 2007.

서세호, 〈동티모르 사태와 상록수부대의 성과 및 영향 연구〉, 《군사》(56), 국방부, 2005.

신양섭, 〈대중의 장식(Das Ornament der Masse)에서 지그프리트 크라카우어의 변증법적 분석〉, 《인간·환경·미래》(18), 인간환경미래연구원, 2017.

안드레 레페키, 문지윤 옮김, 《코레오그래피란 무엇인가-퍼포먼스와 움직임의 정치학》, 현실문화, 2014.

에리카 피셔-리히테, 김정숙 역, 《수행성의 미학》, 문학과지성사, 2019.

임산, 〈미술관 '수집'의 개념적 원류와 동시대 '타자성'의 수용〉, 《미술관은 무엇을 수집하는가》(국립현대미술관편), 서울: 국립현대미술관, 2019.

자크 랑시에르, 양창렬 옮김, 《해방된 관객》, 현실문화, 2016.

조앤 영, 〈소장품을 재보정하며: 구겐하임 UBS MAP 세계 미술 계획〉, 《미술관은 무엇을 수집하는가》(국립현대미술관편), 서울: 국립현대미술관, 2019.

최병식, 《뉴 뮤지엄의 탄생》, 동문선, 2010.

클레어 비숍, 구정연 역, 《래디컬 뮤지엄-동시대 미술관에서 무엇이 '동시대적'인가?》, 현실문화, 2016.

트레이시 워, 심철웅 옮김, 《예술가의 몸》, 미메시스, 2007.

파블로 엘게라, 고기탁 옮김, 《사회 참여 예술이란 무엇인가》, 열린책들, 2013.

폴 오닐, 변현주 옮김, 《큐레이팅의 주제들》, 더플로어플랜, 2021.

한스 울리히 오브리스트, 송미숙 옮김, 《큐레이팅의 역사》, 미진사, 2013.

한스 울리히 오브리스트, 양지윤 옮김, 《한스 울리히 오브리스트의 큐레이터 되기》, 아트북프레스, 2020.

할 포스터·로잘린드 크라우스 등저, 배수희 등역, 《1900년 이후의 미술사》, 세미콜론, 2007.

Adams, T. *Review: Critics: Art: Things to do by the book: Hans-Ulrich Obrist's 'never ending' show of conceptual art inspires fresh fun and ingenuity around the festival.* The Observer, 2013.

Behnke, C. *He Curator as Arts Administrator? Comments on Harald Szeemann and the Exhibition "When Attitudes Become Form".* Journal of Arts Management, 2010.

Biryukova, M. *Reconsidering the exhibition When Attitudes Become Form curated by Harald Szeemann: form versus "anti-form" in contemporary art.* Journal of Aesthetics and Culture, 9(1/1), 2017.

Bishop, C. *Delegated Performance: Outsourcing Authenticity,* October 140. The MIT Press, 2012.

Brown, J. *Aiken Lecture: Neri Oxman on Nature-Inspired Engineering.* Targeted News Service(2014, Sep 24).

Björk Opens Virtual Reality Performance Series With Stratasys 3D Printed Mask, Designed by Neri Oxman and the Mediated Matter Group. Business Wire(2016, June 30).

Durrant, N. *How to spend money on memories and air: More and more museums are collecting performance art, but how do you buy an event?* The Times, 2018, p.8.

Fitzgerald, M. *Lifting the lid on living sculpture: Performance-Kaldor Public Art Project.* Sydney Morning Herald, 2013.

Fotiadi, E. *The canon of the author. On individual and shared authorship in exhibition curating.* Journal of Art Historiography 11, 2014.

Fraser, M. *Collecting Forever? On Acquiring a Tino Sehgal.* International Contemporary Art. Toronto. Iss.143, 2019.

Girst, T. *That very funny article, pollyperruque, and the 100th anniversary of duchamp's Fountain.* The Nordic Guo, S.X. Shanghai Urban Space Art Season(SUSAS) 2019: On the Urgency of Public Art an Interview with Journal of Aesthetics, 28(57, 58), 2019.

Green, P. *Who Is Neri Oxman?* New York Times(2018, Oct 6).

Guo, S.X. *Shanghai Urban Space Art Season(SUSAS) 2019: On the Urgency of Public Art an Interview with Hans Ulrich Obrist.* Architectural Practice, 2020.

Rangel, G., Obrist, H.U. *What anti-extinction art can do.* Content Engine LLC.CE Noticias Financieras, English ed. Trans(2020, July 17).

Han, E.J. *Museum of Obsessions: Harald Szeemann and Outsider Art.* Korea Association for History of Modern Art, 2019.

Harris, G. *Art Basel stages '14 Rooms', an exhibition of 'live art'.* FT.com(2014, Jun 13).

Holmes, H. *Neri Oxman Is Bringing Her Ethereal, Post-Human 'Demo' Sculptures to*

MoMA. The New York Observer(2020, Feb 21).

Jin, W.Y. *When Attitudes Become Form: When Europe Meets American Avant-garde art*, Journal of the Association of Western Art History, 19, 2003.

Kos, W. *Wenn wilde Ideen zu Kunstgeschichte werden*. Vienna: Die Presse, 2019.

Laurenson, P., Saaze, V. *Collecting Performance-Based Art: New Challenges and Shifting Perspectives.* In: O. Museums; Three Key Works-And Who Owns Then. Los Angeles Times(2019, Aug 11).

Lawson, L. *Acatia Finbow & Hélia Marçal, Developing a strategy for the conservation of performance-based artworks at Tate.* Published online, 2019.

Lubow, A. *Making Art Out of an Encounter.* New York Times Magazine, 2010.

Marks, T. *Collecting now.* Apollo. 184. Iss.646, 2016.

Müller, H.J. *Harald Szeemann: exhibition maker.* Berlin: Hatje Cantz. 2006

Rosenberg, R. *Nature's Toolbox: Biodiversity, Art and Invention, Leonardo,* Volume 46, Number 1, The MIT Press, 2018.

Parry, J. *Philosophy as Terraforming: Deleuze and Guattari on Designing a New Earth,* Johns Hopkins University Press, Volume 47, Number 3, 2019.

Quinn, A. *Every body is a building, every building is a body.* Financial Times, 2018.

Tauer, K. *Neri Oxman, From MIT to MoMA.* WWD.com(2020, Feb 21).

Ratnam, N. *Performance art Losing its edge.* The Spectator(2011, November 19).

Raza, S. *But a Storm Is Blowing from Paradise: Acquiring Contemporary Art of the Middle East and North Africa.* International Contemporary Art, Toronto, 143, 2019.

Remes(etal.) *Performativity in the Gallery: Staging Interactive Encounters,* 2014.

Roux, C. *The architect of tomorrow: Neri Oxman Caroline Roux meets the designer and MIT professor ahead of her socially conscious MoMA exhibition.* Financial Times (2020, Feb 29).

Scheer, R., Moss, D. *Material Ecology? Building The Future With Nature,* Earth Talk, English ed. Westport: Earth Action Network, Inc.(2020, Jun 30).

Schuetze, C. *Exhibits chat and go home: Art Basel's 14 Rooms are interactive spaces for dialogue on life topics.* International New York Times, 2014.

Schwartz, S. *11 Rooms.* Art Monthly, Iss. 349, 2011.

Speros, W. *Neri Oxman Helms MIT Team's Innovative Sculpture Project.* Hospitality Design(2019, Apr 4).

Scott, I. *Can you collect performance art?* FT.com(2017, Jun 23).

Vankin, D. *Museums; Blink of eye art. And Then? Performance is fleeting-and often missing in museum collections. Here's why.* Los Angeles Times(2019, Aug 11).

Vogel, C. *Inside Art,* New York Times. Late Edition(2009, February 27).

Wainwright, J. *How to Collect Performance Art.* The Art Newspaper, Art Basel Daily
Edition, 2009.

Wyma, C. *1% Museum: The Guggenheim Goes Global.* Dissent Magazine, Philadelphia,
61(3), 2014.

陸蕾平, 〈挑釁與被挑釁的藝術〉, 《美苑》(5), 2006.

邱敏, 〈異質能否共生?-關於《15個房間》〉, 《Art Monthly》(11), 2015.

웹사이트

일민미술관. https://ilmin.org/exhibition/do-it-2017-%EC%84%9C%EC%9A%B8/

Art Fund. https://www.artfund.org/assets/downloads/why-collect-report.pdf.

Artnet. http://www.artnet.com/artists/jordan-wolfson/

Artprice Report: 20 years of Contemporary Art Auction History. https://www.artprice.
com/artprice-reports/the-contemporary-art-market-report-2020

Artsy. *Six Iconic Performance Pieces You'll Find in Hans Ulrich Obrist and Klaus
Biesenbach's "14 Rooms".* https://www. artsy.net/article/editorial-six-iconic-
performance-pieces-youll-find-in

Artsy. *Hans Ulrich Obrist & Klaus Biesenbach on Co-Curating, Living Sculptures, and the
Chance Encounter That Started It All.* https://www.artsy.net/article/editorial-hans-
ulrich-obrist-and-klaus-biesenbach-o

Bruguera at the Guggenheim. Cuban Art News. https:// cubanartnewsarchive.org/2014/
08/05/bruguera-at-the- guggenheim-art-activism-and-10000-postcards-to-the-pope/

BMW Tate Live Performance Room. www.youtube.com/user/ tate/tatelive

Buchhart, D. *Hans Ulrich Obrist: do it.* https://www.kunstforum.de/artikel/hans-ulrich-
obrist-do-it/

Carpenter, E. *Intersubjectivity in Tino Sehgal's This objective of that object.* https://walker
art.org/collections/publications/ performativity/be-the-work/

Catalogue for *'The Kitchen Show.'* https://waysofcurating. withgoogle.com/exhibition/
the-kitchen-show

Clark Beaumont. http://www.clarkbeaumont.com/index.php/tag/bio/2/

Cogley, B. *Neri Oxman's body of work displayed in MoMA exhibition Material. Ecology.*
https://www.dezeen.com/2020/03/04/neri-oxman-material-ecology-moma-
exhibit/?li_source=LI&li_medium=rhs_block_1

Cool Hunting. https://coolhunting.com/culture/art-basel-2014-14-rooms/

David Zwirner. https://www.davidzwirner.com/artists/jordan-wolfson/biography

Debra, M. *Tino Sehgal. Encyclopaedia Britannica.* https://www.britannica.com/biogra phy/Tino-Sehgal#ref1233838

DIY Art: Just Do It, in the Economist. https://curatorsintl.org/press/diy-art-just-do-it-in-the-economist

Do it(australia) Catalogue Contents. https://doit.kaldorartprojects.org.au/catalogue

Do it(around the world) Press Release From Serpentine Galleries. https://curatorsintl. org/special-projects/do-it

Do it(around the world) featured in ARTnews. https://curatorsintl.org/press/

Doing it. https://doingit.fba.up.pt/en/about/do-it/

Do it: the compendium book launch. https://www.e-flux.com/announcements/32727/ do-it-the-compendium-book-launch/

Do It: 20Years of Famous Artists' Irreverent Instructions for Art Anyone Can Make. https://www.brainpickings.org/2013/06/03/do-it-the-compendium-hans-ulrich-obrist/

E-Flux. https://www.e-flux.com/announcements/31306/14-rooms/

Finbow, A. *Tino Sehgal, This is propaganda 2002/2006, in Performance At Tate: Into the Space of Art.* Tate Research Publication. https://www.tate.org.uk/research/ publications/ performance-at-tate/perspectives/tino-sehgal

Fleck, R. *Spinner und Egozentriker. Gespräch mit Harald Szeemann.* https://www.mip. at/attachments/373

Flynt, H. *The Crystallization of Concept Art.* http://www.henryflynt.org/aesthetics/con art.html

Folkwang Museum. https://artmap.com/folkwang/exhibition/12-rooms-2012?print=do

Forbes, A. *Hans Ulrich Obrist and Klaus Biesenbach Bring 14 Rooms to Art Basel.* https:/ /news.artnet.com/market/hans-ulrich-obrist-and-klaus-biesenbach-bring-14-rooms-to-art-basel-8564

Gerlis, M. *Can you buy performance art?* The Financial Times. https://www.ft.com/con tent/615f09ba-bfef-11e8-84cd-9e601db069b8

Getty Research Institute Presents Harald Szeemann: Museum of Obsessions. http:// news.getty.edu/getty-research-institute-presents-harald-szeemann-museum-obsessions.htm

Guggenheim UBS MAP Global Art Initiative Media Release, 2012. https://www.ubs. com/microsites/guggenheim-map/en/archive.html

Goldberg, R. *100 Years: A History of Performance.* https://www.moma.org/explore/

inside_out/2010/04/05/100-years-a-history-of-performance-art/

Guggenheim Museum. https://www.guggenheim.org/

Guggenheim UBS MAP Extends Its Reach to Mexico City and London. https://www.
guggenheim.org/press-release/guggenheim-ubs-map-mexico-city-london

Google Arts & Culture. https://artsandculture.google.com/

Hansulrichobrist. https://www.instagram.com/hansulrichobrist/

Harald Szeemann, Museum of Obsessions. https://artmap.com/kunsthallebern/
exhibition/harald-szeemann-2018

Harris, G. *Performance art in the marketplace.* https://www.ft.com/content/ef939b02-
d19f-11df-b3e1-00144feabdc0

Hatje Cantz. https://www.hatjecantz.de/14-rooms-6289-1.html

Independent Curators International-Do It. https://curatorsintl.org/exhibitions/do-it-1997

Independent Curators International-Search for the do it archive. https://www.e-flux.
com/announcements/34646/

Independent Curators International-Do It(Home). https://curatorsintl.org/special-
projects/do-it

Interview mit Harald Szeemann. https://www.fehe.org/index.php?id=237

Ioanes, A. *Observations on an Event: Yoko Ono: Poetry, Painting, Music, Objects, Events,
and Wish Trees.* http://asapjournal.com/observations-on-an-event-yoko-ono-poetry-
painting-music-objects-events-and-wish-trees-anna-ioanes/

Kaldor Public Art Project. http://kaldorartprojects.org.au/13rooms/santiago-sierra

Kim, L. *Douglas Huebler's "Works from the 1960s".* https://www.art-agenda.com/
features/240775/douglas-huebler-s-works-from-the-1960s

Klebnikov, P. *Museums Inc.,* Forbes. https://www.forbes.com/forbes/2001/0108/068
.html?sh=544371c3a649

Ladanyi, O. *Aguahoja I won design project of the year at Dezeen Awards 2019 for the
"new attributes" of its natural materials.* https://www.dezeen.com/2019/12/23/
aguahoja-i-dezeen- awards-2019-movie/?li_source=LI&li_medium=rhs_block_1

Lescaze, Z. *The Hirshhorn Museum's purchase of a piece by Tino Sehgal reveals a
different kind of acquisition process.* https://www.nytimes.com/2018/11/08/
t-magazine/tino-sehgal-hirshhorn-museum-art.html

Lim, N. *Marcel Duchamp's Readymades: Celebrating the Centennial.* https://www.moma.
org/explore/inside_out/2016/01/15/marcel-duchamps-readymades-celebrating-the-
centennial/

Luma Foundation, *It's Urgent!-Part II.* https://www.e-flux.com/announcements/282928/

it-s-urgent-part-ii/

Max, D.T. *The curator who talked his way to the top.* The New Yorker. https://www. newyorker.com/magazine/2014/12/08/art-conversation

MIT Media Lab. https://www.media.mit.edu/

MoMA. https://www.moma.org/

MoMA. *Ask a Curator:Paola Antonelli on the Future of Design.* MoMA Magazine. https://www.moma.org/magazine/articles/211

MoMA Names Stuart Comer as Media and Performance Art Curator. New York Times. https://artsbeat.blogs.nytimes.com/2013/06/13/moma-names-stuart-comer-as-media-and-performance-art-curator/

Neri Oxman. https://oxman.com/

Olafur Eliasson: Earth perspectives, 2020. https://olafureliasson.net/press/earthperspec tives

Russeth, A. *Guggenheim, UBS Unite for Global Art Initiative Focused on 'Emerging Markets'.* https://observer.com/2012/04/guggenheim-ubs-unite-for-global-art-initiative-focused-on-emerging-markets

Scott, I. *Can you collect performance art?* https://www.ft.com/content/b25e375a-54de-11e7-80b6-9bfa4c1f83d2

Serpentine Galleries. https://youtu.be/MLN47_Gaurk

Shetty, D. *Guggenheim looks East.* The Business Times, Singapore. https://www.straits times.com/lifestyle/arts/see-asia-through-its-artists

Solomon R. Guggenheim Foundation Collections Management Policy. https://www. guggenheim.org/wp-content/uploads/2020/06/guggenheim-collections-management -policy-20200527.pdf.

Stein, D. *Tino Sehgal.* W Magazine. https://www.wmagazine.com/culture/angelina-jolie-churchill-painting-auction-record

Tate. https://www.tate.org.uk/

The Getty Research Institute Acquires Harald Szeemann Archive And Library. http:// www.getty.edu/news/press/center/szeemann.htm

The Guardian. https://www.theguardian.com/artanddesign/2017/may/04/tate-modern-names-extension-after-oligarch-donor-len-blavatnik

TLmag. *Neri Oxman's "Material Ecology"* Bio Art and Design. https://tlmagazine. com/neri-oxmans-material-ecology/

Vankin, D. *Museum Blink-of-Eye Art. And Then? Performance is fleeting-and often missing in museum collections. Here's why.* Los Angeles Times(2019, August 11).

Veitch, M. *MIT Professor Neri Oxman Is As Otherworldly As Her Creations.* Interview Magazine. https://www.interviewmagazine.com/art/neri-oxman-makes-space-honey-moma-exhibition

Vogel, C. *Guggenheim Project Challenges 'Western-Centric View'.* New York Times. https://www.nytimes.com/2012/04/12/arts/design/guggenheim-and-ubs-project-plan-cross-cultural-program.html

Walker Art Center. https://walkerart.org/collections/artists/tino-sehgal

Ways of Curating. https://waysofcurating.withgoogle.com/exhibition/14-rooms-basel

Xu Zhen. https://www.xuzhenart.com/exhibitions-cat/solo-exhibitions/

※ I~III장은 한국기초조형학회 《기초조형학연구》에, VI장은 한국박물관학회 《박물관학보》에, VII 장은 한국조형교육학회 《조형교육》에 수록된 논문을 보완하였다.

I 한스 울리히 오브리스트(Hans Ulrich Obrist)의 '두 잇(Do it)' 실천하기 :
배현진, 〈한스 울리히 오브리스트 '두 잇(Do it)' 전의 특징과 의미〉, 《기초조형학연구》 22(2), 2021.

II 뉴욕 현대미술관의 기억으로서의 '위임된 퍼포먼스(Delegated Performance)'
──티노 세갈(Tino Sehgal)의 작품을 중심으로 :
배현진, 〈뉴욕 현대미술관의 퍼포먼스 아트 컬렉션 확장과 의미
──티노 세갈의 작품을 중심으로〉, 《기초조형학연구》 22(3), 2021.

III 하랄트 제만(Harald Szeemann)의 태도가 전시가 될 때
──'강박의 미술관(Museum of Obsessions)' 전을 중심으로 :
배현진, 〈하랄트 제만의 전시 전략과 의미
──'강박의 미술관' 전을 중심으로〉, 《기초조형학연구》 21(5), 2020.

VI 지속 가능한 테이트 모던(Tate Modern)의 퍼포먼스 아트 컬렉션 :
배현진, 〈동시대 미술관의 퍼포먼스 아트 컬렉션 지속 가능성
──테이트 모던을 중심으로〉, 《박물관학보》(40), 2021.

VII 구겐하임 미술관 컬렉션의 지형 변화와 의미
──구겐하임 UBS 맵 글로벌 아트 이니셔티브를 중심으로 :
배현진, 〈구겐하임 미술관 컬렉션의 지형 변화
──구겐하임 UBS 맵 프로젝트를 중심으로〉, 《조형교육》(78), 2021.